克利尔法务生态丛书

创建法律与经济广泛适用的联系

法务资本

克利尔　李杰　申梓璠　著

法律出版社 | LAW PRESS

总　序

近年来，我国法律服务行业发展迅速，在维护法务对象合法权益、促进社会和谐发展等方面发挥了巨大作用。但是，我们又不得不正视法务领域之中存在的一些现象：法务主体依然是松散型组织，难以真正主导法务活动融入社会经济；法务市场竞争日趋白热化，价格之战最终让法务双方两败俱伤；法务主体更多还是粗放型服务，并未充分释放法务活动的应有价值。反观国际法务行业发展，产业化、规模化、国际化已然成为主流趋势。我国社会发展已经迈入新时代，法务市场需要更有品质、更有价值、更有创新的法务活动，综合国力快速增长、“一带一路”倡议等更是需要法务行业与国际发展接轨。这些促使我们不断思考一系列问题：法务市场究竟需要什么样的法务活动？法务活动的本质是什么？法务活动又需要具备哪些要素？这些法务要素又该如何组织运行？法务行业如何在新问题、新挑战、新机遇面前实现新发展……正是这些思考，我们总结提出了 CLEAR 理念。

CLEAR 既是一个创新理论体系，又是一个创新商业模式，其核心理念是“创建法律与经济广泛适用的联系”(create “law & economics” all-purpose relationship)，即在法律与经济之间建立新规则，导入新元素，创造新价值，构建新生态。作者在 CLEAR 理念指导下，始终坚持理论探索、实践创新，努力探索新领域、新视角和新维度。在对法务经济进行系统性分析过程中，作者积极探究法务活动的本质和要素，进一步提出了法务情报、法务资本、法务技术、法务管理、法务人才、法务科技等诸多创新理论。同时，作者在法务创新理论指导下，立足法务市场客户内在需求，量身设计出法务投资、法务开发、法务金融、法务融资、诉权融资、投资法务等多个法务创新产品，并迅速得到法务市场的强烈回应。随着理论研究、实务创新的加速推进，作者创新提出法务要素多样化、法务活动职能化发展理论，为更多类型法务人才找到多元化发展路径，法务人才也将实现法务职能独立、分工与协作，职能化发展会将专业人才分为诸如程序律师、实体律师、情报律师、调查律师、营销律师、谈判律师、管理律师、秘书律师……

具有内在逻辑性的各模块化、功能化理论在CLEAR理念的统领下逐步构建成完整的CLEAR法务创新理论体系，其为重构新的法务生态确立了发展支点和关联节点，法务经济的系统性分析恰恰对新法务生态做出了系统性诠释。或可预见的是，未来在CLEAR法务生态之中，法务主体将会依托各项法务要素创新出更多的法务产品，真正让法务活动融入社会经济活动，实现法务经济一体化、系统化，为社会和市场创新经济，创造价值！

在创新发展过程中，作者真诚希望能够将CLEAR法务创新理论与法务同行、市场客户、资本主体、在校学生等共同分享，为各方主体提供参考或启示，同时向法务变革注入更多创新因子，为法务行业创新发展略尽绵薄之力。根据法务创新理论的整体战略规划，将陆续推出《法务情报》《法务经济的系统性分析》《法务投资》《法务资本》《法务人才》《法务科技》《法务管理》《法务营销》《法务谈判》《法务开发》《法务金融》《法务融资》《诉权融资》《投资法务》等创新理论成果，组成克利尔法务生态丛书并出版发行，以飨读者。作者深知自身水平有限，系列丛书中肯定存在瑕疵甚至谬误之处，希望读者能够给予更多包容，同时更加感谢读者提出批评和建议！创新是CLEAR理念的灵魂，CLEAR法务理论创新与法务实践创新没有终点，作者也将会陆续推出其他理论创新丛书，不断与读者分享更多、更新的CLEAR创新作品、创新思想。

在本系列丛书创作、出版过程中，得到了法律出版社法商分社薛晗社长和赵明霞老师的指导和帮助，笔者谨借此机会向所有为本丛书创作、出版提供帮助并付出心血的人员表示真挚感谢！

序

总部经济作为一种经济现象，是经济规模化、产业化和全球化的必然产物，符合区域经济“最经济原则”，也符合世界经济发展的资源统配规则。科技发展对经济发展的战略布局产生了积极而深远的影响，诸如北京、上海、深圳，以及早期的曼哈顿、曼彻斯特等核心商务区聚集了诸多世界500强企业总部，其决策、研发和行政中心等核心部门和机构高度集中，生产基地和职能部门遍布全球。

21世纪初期，笔者有幸将总部经济的战略意义和资源统配价值导入法律服务行业的发展当中，引导本行业通过创建、兼并和重组等直接或间接的市场操作，快速推动行业的规模化发展。以律师事务所为主导的法律服务机构的规模化效应在十多年以后站在世界的前沿。

但由于法律服务行业制度、环境与文化等诸多因素影响，“大而散”的现状仍是常态，并普遍存在，资源统配和系统管理难以有效实施。规模化体量虽已局部实现，但产业要素的缺失，导致服务质量与市场需求产生结构性矛盾，难以形成产业化发展和系统化管理，同一个机构输出的服务很难统一标准，质量参差不齐。因此，改革的内因突出，转型升级的迫切性明显，行业发展的产业化红利亟待释放。

笔者又幸能在司法实践和法律服务等二十多年不同法务实践中持续探索和研究，并提出了“CLEAR”法务经济理念——创建法律与经济广泛适用的联系。承此精神，结合市场需求，通过广泛实践与交流，创作了“克利尔”法务经济理论，依此构建以《法务经济的系统性分析》为统领和创造力源，以

《法务资本》为核心和驱动力源,以《法务科技》为工具和助力源的法务经济理论体系,并正在该理论指导下,推动法务经济体系建设和发展。

法务经济是经济法律属性化过程和目标的统一。法务经济作为一种经济形态,秉承 CLEAR 理念,在法务经济理论指导下,致力于将法务经济产业要素通过系统培育、量化生产和有效统配,积极推动法律服务产业化转型、工业化升级和生态化建设;同时,引导和培育新型法务经济主体,逐步构建法务经济的市场应用环境和创新法务商业体系,促进传统经济的法律属性化转型,优化和补偿市场经济发展中微观秩序效率和偏差,推动传统经济有质量发展和可持续发展。

法务经济理论积极响应依法治国背景下的法治经济战略,践行强化司法质效的法治精神和坚持有质量发展的经济治理理念。法务经济主体借助创新市场定位和发展方式,将法务资本广泛应用于社会与经济的各个领域,并在法务经济理论指导下,为法治社会和法治经济的建设和发展贡献微薄力量。

此为法务经济理论创作的动因和使命,亦为《法务资本》写作的时代背景。

克利尔

2019 年 6 月

目　录

前 言

基于“创建法律与经济广泛适用的联系”的核心理念,CLEAR 秉持实践创新、理论创新、逻辑创新,系统分析了法律与经济的根本关系,试图在两者之间建立新规则、导入新元素、开发新措施、创建新模式,创新定义法务经济活动内涵,逐步创建 CLEAR 法务经济理论体系和商业体系,致力于构建 CLEAR 法务经济新生态。

法务资本是资本的创新发展形态,具有法律精神、政治悟性、经济使命和社会责任,既是法务经济活动的核心要素和基础支撑,也是整个法务经济生态的血液。基于对传统经济活动法律缺失和传统法务活动资本缺失的理性审视,CLEAR 创新提出法务资本概念,并在长期法务经济实践探索基础之上,不断发展完善法务资本理论,使之成为 CLEAR 法务经济理论体系的核心组成部分。在法务资本理论的指导下,CLEAR 进一步开展法务资本实践,持续培育、创新法务资本,逐步建立了包含诸多法务资本形态、涵盖诸多法务经济领域的法务资本体系,并使之成为 CLEAR 开展法务经济活动、构建法务经济生态的核心支点。

在法务经济理论指导下,CLEAR 以法务经济商业体系为依托,以法务经济要素和法务经济模式为支点,开展法务经济实践活动。在此基础之上,CLEAR 法务经济积极向传统法务领域和传统经济领域拓展,支持传统法务活动、传统经济活动创新升级,在更为广阔的领域内构建法务经济生态,促进法治经济、法治社会、法治国家建设。毋庸置疑,无论是 CLEAR 法务经济理论还是法务经济实践,都既非完美设计亦非唯一路径,但是 CLEAR 愿意在构建法务经济生态目标指引下，协同各方主体持续创新实践。

本书围绕法务资本展开，系统研究了法务资本的基础理论、应用理论和创新理论，旨在为法务资本实践和创新提供理论参考。同时，本书也是了解法务经济体系的一扇窗。法务资本是创新产物，创新也是法务经济的内在基因。在某种意义上，本书乃至法务资本理论都是一件未完成的作品，或许可以将其视为法务资本创新发展的新起点。

第一编

法务资本基础

法务资本基础理论是整个法务资本理论的重要组成部分，主要研究法务资本的基本概念、特征属性等内容，为法务资本的具体应用和创新发展提供基础性理论支持。本编将在概要叙述法务资本产生背景基础之上，分章论述法务资本的基本概念、特征属性、基本分类、应用领域、基本功能、主要价值、发展阶段等内容。

第一章 ● 法务资本的产生背景

法务资本是 CLEAR 法务经济活动的核心要素，法务资本理论则是 CLEAR 法务经济理论体系的重要组成部分。正是基于对传统法务活动和传统经济活动的理性分析，CLEAR 创新提出法务资本概念，并在长期法务经济实践中培育、创新法务资本，同时逐步创建、完善法务资本理论。本章将在深刻剖析传统法务活动的资本缺失和传统经济活动的法律缺失基础之上，概要解析 CLEAR 法务经济，以便于我们全面认识法务资本的产生背景。

第一节　传统法务活动的资本缺失

从根本上说，传统法务活动是以法务技术为核心的“法律服务活动”，传统法务主体则是单纯的“法律服务主体”。由于缺少法务资本等法务经济要素的必要支持，传统法务主体并未能够成为法务经济主体，难以真正主导开展法务经济活动，这在很大程度上抑制了传统法务活动的应用空间和价值高度。本节将在概要介绍法务经济活动基础之上，解析传统法务活动的基本属性，剖析传统法务领域资本缺失的缘由和影响。

一、法务经济活动概述

在 CLEAR 法务经济理论中，“法务”“法务活动”“法务经济”是一系列极为重要的基础概念。解析法务经济活动，首先需要从认识前述基础概念入手。

在一般概念中,“法务”是指“公司法务”,即在公司企业等组织中专门负责处理法律事务的工作人员。换言之,传统意义上的“法务”是一种特定的法律职业称谓,类如“律师”是为当事人提供法律服务的特定执业人员。在CLEAR法务经济理论中,“法务”并不同于前述“公司法务”概念,而是指“法律事务”,即与法律密切相关的各种事务。根据事务本身与法律关联紧密程度的不同,法务可以分为广义法律事务和狭义法律事务。规则是整个社会活动有序、高效运行的重要前提,而法律则是极为重要的特殊规则,整个社会活动都应当在法律规制之下展开,因此都属于广义法律事务。所谓狭义法律事务,是指已经出现运行异常并且需要法律深度介入加以修复的特定社会活动。例如,侵犯他人合法权益、违反双方合同约定等就属于狭义法律事务。狭义法律事务是整个社会活动中的特殊类别,或者说是广义法律事务在特定情况下的特殊表现。

顾名思义,“法务活动”就是法务主体利用法律处置狭义法律事务或者广义法律事务的活动,前者即为狭义法务活动,后者则是广义法务活动。从经济视角来看,无论是广义法务活动还是狭义法务活动,都是一项经济活动;从法务视角来看,经济活动同样离不开法律规制,也是一项法务活动。但是在一般社会认识中,法务活动和经济活动是截然分开的两类社会活动,或者说大部分社会主体很少用法律思维去审视经济活动,更不善于用经济思维去解读法务活动。一方面,这让法务活动被过度推向法律一侧并相对封闭地存在,掩盖了其经济活动的本质,隔离了经济要素的介入。从更为微观的层面来看,产生“狭义法律事务”的缘由并非只是单纯的法律缺失,而处置“狭义法律事务”的支点更非仅需单一的法律技术。因此,纯粹的“法务活动”往往并不能真正解决“狭义法律事务”的根本需求,或者说在很多情况下只有法律技术并不能彻底修复经济运行秩序的异常。另一方面,这又让经济活动淡化了对法律的主动利用,客观上增加了运行秩序异常的发生概率。短期忽视甚至绕越法律的行为似乎节约了一定成本,乃至可以较为轻松地获取较大利益,但是从更长的发展周期来看,经济活动也将为轻视法律承担更大修复成本。

可以说,过度强调法律的重要性而忽视经济的必要性,让法务活动在认识和实践层面都与经济活动割裂开来，而简单理解法律的限制性且无视其资源性，也让经济活动在常态运行中忽视了法律存在，这些既不利于真正释放法律的功能和价值，也不利于促进经济更好更快发展。正因如此，CLEAR创新定义了“法务经济”，既正视了法务活动的经济本质，又强调了经济活动的法治特征，创建了法律与经济广泛适用的联系，让包括狭义法务活动在内的整个社会活动都具有了“法务经济”属性，从而创新法律价值并促进经济发展。需要特别强调的是，“法务经济”本身就是一种独立的社会活动形态，并非是“法务活动＋经济活动”的简单组合。

在CLEAR法务经济理论中，“法务经济活动”主要是指为了促进社会活动高效、有序运行，法务经济主体综合运用各种法务经济要素处置法律事务的专门活动。此外，法务经济主体为了处置法律事务而开展的基础性、辅助性活动亦属法务经济活动范畴。根据针对法律事务的不同，法务经济活动包括狭义法务经济活动和广义法务经济活动（见图1－1）。

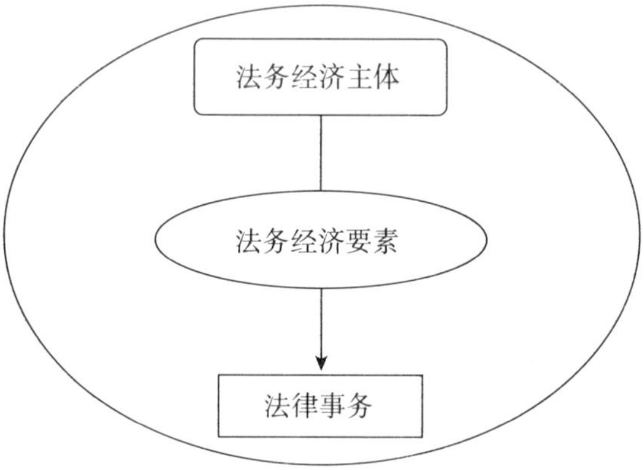

图1－1　法务经济活动

所谓狭义法务经济活动，是指集中运用法务经济要素处置狭义法律事务的法务经济活动。在一般认识中，传统经济活动有序运行之时并不需要法律的强行介入，但是当秩序紊乱而且无法通过协商解决的时候，就需要借助传统法务活动恢复既有秩序。虽然狭义法务经济活动和传统法务活动都需要以法律为重要支点，但是狭义法务经济活动与传统法务活动存在本质区别。鉴于下文将对此进行详细阐述，此处不予展开。

所谓广义法务经济活动，是指运用法务经济要素处置广义法律事务的法务经济活动。正如我们提倡建设法治国家、法治社会一样，整个社会经济活动也应当是法治经济。但是，法律并非传统认识中的重要经济资源，而是一种低阶的事后急救工具，只有在传统经济活动发生运行秩序异常之后才会被暂时利用。因此，完全有必要将法律提升为传统经济活动的核心资源和顶层要素，并在法务经济要素支持下构建全新的广义法务经济活动。

法务经济要素是开展法务经济活动所需的必要元素，主要包括法务技术、法务资本、法务情报、法务科技、法务人才、法务管理等。法律显然是法务经济活动中不可或缺的元素，并在法务技术中得以集中体现。此外，资本、情报、科技、人才、管理等经济元素亦被法律属性化，并以相应的法务经济要素形式支持法务经济活动开展。需要特别强调的是，法务经济要素是经济要素法律属性化之后的特殊形态，并非是法律和资本、情报、科技、人才、管理等经济要素的机械叠加。此外，由于指向对象存在较大差异，狭义法务经济活动和广义法务经济活动对于法务经济要素的具体需求并不完全相同，后者在不同法务经济活动中的形式和内涵方面存在一定差异性。

法务经济主体是社会活动主体的创新形态，管理法务经济要素并主导开展法务经济活动。正如前文所述，法务经济活动是一种独立、创新的社会活动形态，而并非是传统法务活动与传统经济活动的机械叠加，因此必然需要与之匹配的法务经济主体。换言之，法务经济主体是创新形态的社会活动主体，而并非是传统法务主体与传统经济主体两者的简单结合。法务经济主体是法务经济要素的管理者，并在各种法务经济要素支持下主导开展各项法务经济活动。根据主导对象的不同，法务经济主体可以细分为狭义法务经济主体和广义法务经济主体，分别主导狭义法务经济活动和广义法务经济活动。在法务经济要素支持下，狭义法务经济主体完全可能介入某些传统经济领域，参与乃至主导广义法务经济活动，促进广义法务经济生态构建；而广义法务经济主体亦可向狭义法务经济领域导入某些法务经济要素，支持狭义法务经济生态建设。

二、传统法务活动的基本属性

所谓传统法务活动，主要是指律师事务所接受当事人委托并指派所属律师，依托其法律知识和技能提供代理诉讼、出具法律意见等专业法律服务，从而帮助当事人实现防范法律风险、排除不法侵害、维护合法权益等目的的活动。根据业务类型的不同，传统法务活动可以分为诉讼活动和非诉活动，两者在具体业务方式上并不完全相同，但是在本质上并无实质区别。鉴于诉讼活动在传统法务活动中占有较大比重且更具代表性，本书主要将以诉讼活动为研究蓝本，试图分析传统法务活动的基本属性、资本缺失等问题。

法律的本质就是规则，法律理应成为传统经济活动中极为重要的基础要素乃至重要资源，但是基于成本、效率、利益等因素考虑，相当部分的传统经济主体习惯于依托自身的法律本能主导传统经济活动，甚至为了单纯追求利益而有意忽视法律的存在。换言之，大部分传统经济主体并未主动将自身视为“法务经济主体”，反而将自我定位成为一个“潜在法务对象”，更为习惯于在事后寻求法律介入。传统法务主体在理论上应当成为传统经济主体发展的伴随者，有效管控传统经济活动运行中的潜在法律风险，但是，传统法务主体与传统经济主体之间缺乏坚实、稳定的经济纽带，因此更为习惯于寻找现实的传统法务对象，以便在降低成本支出的同时获取更高的法务技术产品对价。总之，传统经济主体与传统法务主体之间并非紧密的伴生关系，它们各自掌控着经济和法律元素并分属不同空间领域，这在一定程度上加剧了经济与法律的割裂。

传统经济主体借助法律本能可以独自应对较为简单的法律问题，但是难以合理处置较为复杂的法律事务。在发生争议问题之后，既有的传统经济运行秩序被打乱，传统经济主体试图以“类法务经济主体”的身份恢复原有经济运行秩序，或者说主导开启了“准法务经济活动”。由于法律规定的庞杂晦涩和法律技能的专业复杂，传统经济主体不得不以“法律服务对象”的身份委托传统法务主体提供专业的法律服务，并因此在“准法务经济活动”之外叠加启动了法律服务活动。简言之，传统经济主体在“准法务经济活动”之中嵌入了法律服务活动，除去自身又叠加了“类法务经济主体”“法律服务对象”等双重身份（见图1-2）。诚然，传统经济主体通过委托得以获取法律服务，但是法律并不会直接投射在传统经济主体意识之中并必然为其带来法律思维，更不会让传统经济主体具有法务经济思维。此外，传统经济主体可能掌握着资本等经济要素，亦可间接持有法律要素，但是两者不仅分属于不同主体掌控，亦不会自动发生化学反应并转化为法务技术和法务资本，更不可能在此基础上支持法务情报、法务科技、法务人才、法务管理等更多法务经济要素的发展。可以说，传统经济主体是“准法务经济活动”的实际主导者、法律服务活动的名义主导者，即便在传统法务活动中叠加了三重身份，仍然并不具有法务经济思维，更是缺少法务经济要素的必要支撑，也因此成为一个缺少内核的“类法务经济主体”，并不能在真正意义上主导开展法务经济活动。

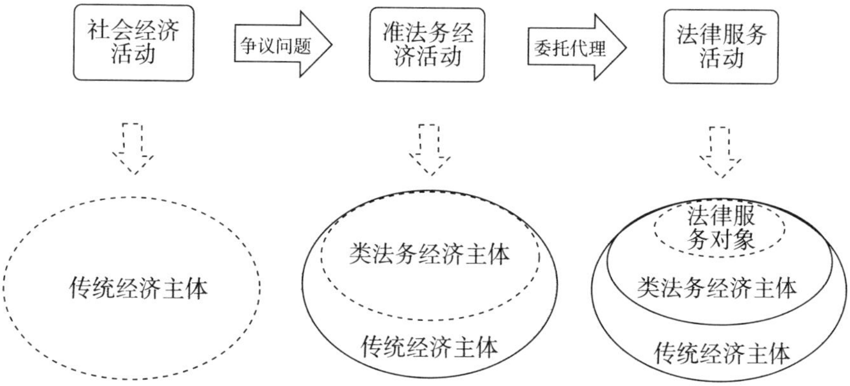

图1-2　传统经济主体在传统法务活动中的三重身份

为了实施“准法务经济活动”，传统经济主体需要与传统法务主体建立法律服务的委托关系，意在从法律服务活动中获得法律要素。从宏观层面来看，委托活动当然是一项经济活动，传统经济主体需要投入资金用以支付代理费用，传统法务主体则需要依托自身具有的法律知识、经验、技巧等，向传统经济主体交付法律服务产品。基于委托代理关系，传统法务主体需要在授权范围内从事法律服务活动，而传统经济主体可以决定重大实质事项乃至解除委托关系。因此，传统经济主体是整个传统法务活动的宏观主导者。但是，法律本身具有极强的专业性，传统法务主体掌握着法务技术这一"核心资源"，也因此而在法律服务活动的微观层面掌握较大话语权，主导着法律服务活动的进程。概言之，传统法务活动在本质上是以法律为核心的"法律服务活动"，而传统法务主体则是宏观层面的辅助者、微观层面的主导者。

正如上文所言，传统经济主体只是缺少内核的"类法务经济主体"，主导实施的亦非真正意义上的法务经济活动，即便如此，传统法务活动仍然只是"准法务经济活动"中相对较为独立的组成部分。诚然，传统经济主体在很多情形下将传统法务活动视为"最后的选择"，寄希望于传统法务主体能够修复经济运行秩序异常，但是传统法务活动显然并不等同于"准法务经济活动"。事实上，相当部分的"准法务经济活动"并未启动传统法务活动，即便在启动传统法务活动期间，仍然可能是在"准法务经济活动"层面解决了经济运行异常问题，而非单一的传统法务活动。从传统法务主体角度来看，其自身提供的是法律服务产品，并非直接指向并解决传统经济活动运行的异常。虽然在某些情况下，法律服务活动的结果与"准法务经济活动"的需求重合，但是并不应当因此而直接将传统法务活动等同于"准法务经济活动"。总之，传统法务活动只是"准法务经济活动"中选择性的组成部分，而传统法务主体仍然是"类法务经济主体"的从属者和辅助者（见图1－3）。

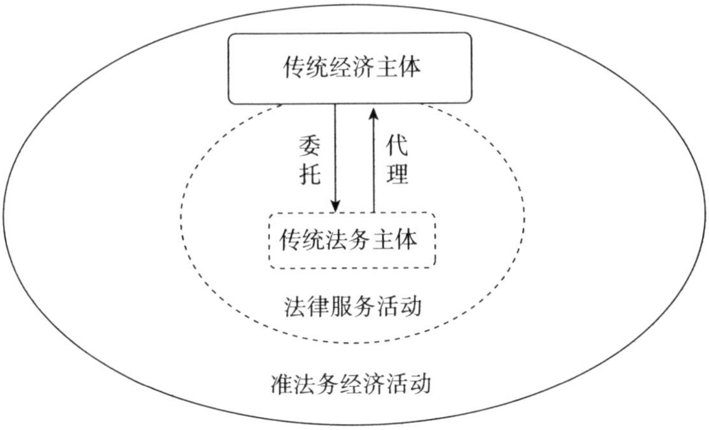

图1－3　准法务经济活动

之所以要厘清“准法务经济活动”与传统法务活动之间的包含关系、“类法务经济主体”与传统法务主体之间的主从关系，并非是为了否定传统法务活动、传统法务主体的独立性和能动性，更非否认两者的重要价值，而是为了通过传统法务活动和“准法务经济活动”准确认知传统经济主体的根本需求，折射传统法务活动和传统法务主体的重要缺失，为法务经济创新发展提供方向参考，以便精准回应社会经济发展需求。

总之，传统法务活动在本质上就是“法律服务活动”，只是“准法务经济活动”的选择性项目。而传统法务主体作为传统经济主体的从属者、协助者，并不能真正主导“准法务经济活动”，能够提供的只是法务技术产品，并不直接指向修复传统经济活动运行异常。随着社会法务需求的不断变化，传统法务活动的内涵和外延也在持续发展，但是并未脱离“法律服务活动”这一基本属性。

三、传统法务领域资本缺失的缘由

正如前文所述，传统经济主体委托传统法务主体提供法律服务固然是一项经济活动，且显然离不开资本的必要支持，但是资本只是停留在委托代理层面，并未真正介入传统法务活动之中。正是由于传统法务活动缺乏资本内在需求、传统法务主体缺少资本承载基础、传统法务行业难以有效引入传统资本等综合原因，传统法务领域仍然处于资本严重缺失的境地。

首先，传统法务活动缺乏资本内在需求。传统法务活动是以法务技术为绝对核心要素的法律服务活动，虽然可能需要传统法务主体开展调查取证、代理出庭等活动并付出体力劳动，但是在本质上仍然属于特殊的智力活动。对于传统法务主体来说，主要依托自身法律知识、经验、技巧等提供法律服务产品，因此更为注重培育、管理法务技术这一核心要素。诚然，传统法务主体需要投入资金提升自身法务技术能力，但是在具体的传统法务活动中，对于资本仍然相对缺乏内在需求。当然，在传统经济主体需求不断提高、传统法务行业竞争日趋激烈等背景下，传统法务活动对于法务情报、法务科技等需求持续扩张，导致自身对于资本的需求也日益强烈。需要稍加说明的是，在开展传统法务活动过程中可能会涉及诉讼费、鉴定费等各项费用支出，从某种意义上来说，这是传统经济主体在“准法务经济活动”中的资本投入，而非传统法务主体为了实施传统法务活动所进行的资本投入。

其次，传统法务主体缺少资本承载基础。律所是传统法务主体的主要存在方式，但是律所并非工商企业，再加上法律的禁止性规定，律所并不具备承载资本的基础条件，更难以向传统法务活动等领域投入资本。对于传统法务人员来说，无论是在资本承载规模还是投资风险管控方面，显然都存在较为明显的先天缺陷，并不具备向传统法务活动常态化投入资本的客观基础。可以说，组织形式的特殊性决定了传统法务主体难以有效承载资本，但是从另一个角度来讲，特殊的组织形式原本就是为了匹配传统法务活动的特性，自然无须为资本创建发展平台。

最后，传统法务领域难以引入传统资本。对于传统资本主体来说，传统法务活动具有明显的个体化主导、智力性劳动等特征，无论是服务主体、服务过程还是服务产品都具有典型的非标性，投资的前期评估和后期管控也都面临极大挑战。同时，传统法务领域本身意味着法律风险，自身并不具有良好的法律风险识别和管控能力，因此传统资本主体总是本能地回避介入其中。此外，无论是传统法务主体还是传统法务人员，显然均非合格的间接投资对象。因此，传统法务领域一直是传统资本的投资禁区。

总之，传统法务活动缺乏对于资本的内在需求，而传统法务主体又缺少承载资本的客观基础，因此并未给资本预留更多生存和发展空间，加之传统资本难以顺利介入，导致传统法务领域长期以来基本与资本绝缘。随着社会经济活动和传统法务行业的发展，传统法务领域或将成为资本的新兴大陆。

四、传统法务领域资本缺失的影响

资本是现代经济活动中极为重要的基础要素，法务资本同样是法务经济活动中不可或缺的核心要素，但是在传统法务领域恰恰缺少了资本的身影。诚然，传统法务行业发展受到各种因素影响，但是资本的缺失在一定程度上影响了传统法务活动产品精细化、整体产业化、行业生态化的发展。

首先，资本缺失导致传统法务活动在产品精细化发展上缺少必要支撑。

诚然,传统法务活动是以法务技术为核心要素的智力型活动,传统法务主体的经验、技能等发挥着重要作用,但是随着社会经济活动的快速化发展,狭义法律事务同时向综合化和专业化两个方向发展,传统法务主体客观上越来越需要借助法务情报、法务科技等外部元素提升传统法务活动的深度和细度,以便向传统法务对象提供精细化产品。但是,资本的缺失阻碍了传统法务要素发展,导致传统法务活动缺少更多要素的必要支撑,进而抑制了传统法务产品的精细化发展。此外,资本缺失也在很大程度上影响了传统法务活动的整体产业化和行业生态化发展,间接导致传统法务活动缺乏产品精细化发展的宏观基础。

其次,资本缺失导致传统法务活动在整体产业化发展上缺少必要支撑。在现代经济活动中,产业资本和金融资本是经济行业产业化发展的基础支撑。诚然,传统法务活动尚未实现产业化发展有着诸多原因,例如,传统法务主体规模化发展具有明显的松散性特征,传统法务运营专业化发展仍然是以个体化主导为基础,传统法务活动标准化发展尚未真正形成市场统一等,但是不得不说,资本缺失是其中一个非常重要的原因。从更深层次的角度来讲,制约传统法务活动整体产业化发展的关键症结并非是简单的缺少生产资本,而是在资本长期缺失背景下导致的传统法务生态产业化发展基础条件的缺乏。

最后,资本缺失导致传统法务活动在行业生态化发展上缺少必要支撑。传统法务行业是整个社会经济生态的有机组成部分,需要跟随社会经济活动发展而变革。随着社会法务需求不断拓展、关联行业领域快速发展,传统法务行业同样需要生态化发展,提升传统法务主体、传统法务运营、传统法务活动等综合效能和品质,平行对接关联行业领域发展,在更高层次、更广领域回应社会法务需求。诚然,传统法务行业生态化发展同样需要诸多因素的综合支持,但是资本缺失让传统法务主体、传统法务运营、传统法务活动等失去了发展支撑,导致整个传统法务行业在一定程度上游离于整个社会经济生态之外。

需要特别说明的是,虽然传统法务领域需要导入资本,而且传统法务活动也是法务资本的延伸应用领域之一,但是法务资本更加需要在法务经济高度和法务经济生态中得以应用，而不能仅限缩在传统法务领域，更不应当以传统法务活动思维和视角看待法务资本。

总之，传统法务活动本质上是“法律法务活动”，而传统法务主体则是“法律服务主体”，同时也是传统经济主体实施“准法务经济活动”的重要协助者。传统法务领域的资本缺失有诸多深层次原因，也在很大程度上制约了传统法务活动的发展创新。法务经济将为社会发展注入创新因子，传统法务行业同样处于创新变革的关键期，站在法务经济视角辨析传统法务活动的基本属性、探讨传统法务领域的资本缺失，既是为了从多角度全面认知法务资本和法务经济，同时也将为传统法务行业的创新发展提供更多思考空间。

第二节　传统经济活动的法律缺失

CLEAR 法务经济理论认为，法律不仅应当成为修复传统经济活动运行秩序异常的重要支点，更应当成为其中的核心要素和顶层资源，促进传统经济活动提升至“法务经济活动”形态。本节将概括解读法律在传统经济活动中的现实定位，并从法律服务主体角度入手解析传统经济活动中法律缺失的个中原因，帮助我们更为深刻地理解法务经济和法务资本。

一、法律在传统经济活动中的价值定位

传统经济活动的有序、高效运行需要各种规则加以规范和引导，法律则是其中不可或缺的重要组成部分。当前，建设法治国家、法治社会已然成为整个社会的普遍共识，民众对于法律的重视程度也与日俱增。经济活动是社会活动中极为重要的组成部分，同样需要在依法治国背景下构建法治经济。毋庸置疑，法律日益成为传统经济活动的重要元素，但是不可否认，法律在很多情况下仍然被粗浅地视为禁行边界，并未提升成为传统经济活动的核心要素和顶层资源，反而被降格作为修复经济秩序异常的急救工具（见图1－4）。

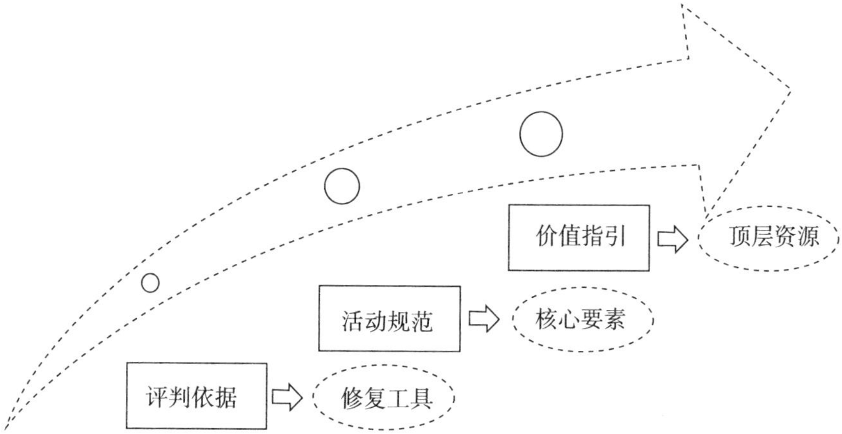

图 1-4　法律在传统经济活动中的价值定位

法律的直接表现形式就是各种社会活动规范,为社会活动主体指示活动边界。在传统经济活动中,法律也主要被视为经济活动的强制规范,用于投射经济活动的禁行边界。随着法治建设的快速推进,合规性审查成为传统经济主体最为主要的一项法律事务。但是在诸多传统经济主体眼中,法律规范往往意味着经济活动需要在约束之下运行,这可能会导致成本的增加或者利润的减少,甚至不得不放弃禁行边界之外的利益领域。在追逐利益的本能驱使下,一些传统经济主体更为热衷于围绕禁行边界寻找法律规范的空白领域、模糊地带乃至绕越路径。诚然,法律规范绝无可能完美无缺,经济活动创新同样极为重要,但是有目的、有意识地逾越禁行边界恰恰是传统经济活动运行出现异常的重要原因。事实上,围绕法律禁行边界寻找经济利益的现象并非个案,因此给传统经济领域造成的伤害量级也更为巨大。例如,2018 年各地 P2P 平台出现较大规模的违约潮,涉案金额及社会影响巨大,如若从法律视角来看,单纯 P2P 商业模式本身显然并无不当,监管部门亦就互联网金融领域出台了诸多法律法规,然而潘多拉魔盒之所以被打开恰恰是因为绕越法律禁行边界的“聪明”之举,而违约潮引发的连锁反应可能将波及诸多经济领域和经济主体。可以说,面对同样的法律规范、相同的禁行边界,一部分传统经济主体看到的是边界之内的合法安全,但是仍有相当部分的传统经济主体看到的是边界之外的经济利益。相较于法律制定，传统经济领域更为缺乏的是对法律的敬畏，更加需要的是积极、正面地将法律规范作为传统法务活动的核心要素。

事实上，法律既是国家管理意志的集中体现，也是社会活动规则的高度凝练，在法律规范之上隐含的是立法者对传统经济活动的价值指引，绝不仅仅意味着限制和禁止，更是一种特殊的规则资源。就传统经济主体而言，不仅需要知悉法律设定的禁行边界，而且应当准确识别并积极利用法律的价值指引，将其作为传统法务活动的顶层资源。但是，相当部分的传统经济主体并不能够准确识别法律之中隐含的价值指引，抑或更加倾向于单纯借助自身经济思维决策发展方向。事实上，社会管理需求与经济自身发展在方向上并不总是完全一致的，法律是国家引领社会经济转向社会管理需求的重要方式。换言之，诸多传统经济主体更多的是将法律视为可以认知法律规范并评判自身活动的合法与否的工具，但是并未将法律视为顶层资源，亦不具备良好的法律思维和法律精神。一些传统经济主体虽然将“不违法”作为经济活动原则，但是并不关注法律的价值引导，亦不擅长用法律思维审视自身发展，当社会价值作出调整并以法律规范的形式确定之后，传统经济主体可能已经出现了方向性错误，但是在经济运行惯性之下早已失去了转向机会。例如，高耗能行业同样可以创造经济价值，甚至在特定历史时期被鼓励扩建增产，但是随着经济发展的升级，节能减排成为新的社会管理需求，需要法律引领乃至强制相关企业关停并转，相当部分的传统经济主体可能因为忽视了法律的价值引导而付出巨大代价。

不可否认，法律具有评判是非、恢复秩序的基本功能，但是相当部分的传统经济主体不仅未将法律视为顶层资源，亦未将法律作为核心要素，而是直接将其视为修复经济运行异常的急救工具。换言之，传统经济主体在事实上隔离了法律与经济的联系，但是在结果上却恰恰更加需要将法律作为经济运行异常的修复工具，并因此而增加了经济运行成本。更为严重的是，即便法律体现的是国家意志，也不能够直接修复经济运行的所有异常，乃至部分经济运行异常本就应当被直接切除，相当部分的传统经济主体由于忽视法律而让经济运行异常陷入不可逆的绝境。

总之，法律可能是社会活动的高阶价值指引、中阶活动规范或者低阶评判依据,其在不同层面、不同阶段都发挥着作用。在传统经济活动中,法律理应被视为顶层资源、核心要素和修复工具,但是相当部分的传统经济主体由于缺乏法律精神、法律思维和法律意识,习惯于自下而上被动截取法律功能,甚至通过反面利用法律实现不当经济目的。从法律功能层级视角来看,传统经济主体的分布呈现出金字塔结构,不仅抑制了法律自身价值的释放,而且未能支持传统经济活动在更高层次上的运行。

二、传统经济活动法律缺失的原因

正如前文所述,法律是社会经济活动保持良性运行的重要规则,法律缺失将会给传统经济活动带来巨大损害,那么法律又缘何会缺位传统经济活动呢?立法司法、法律文化等都是导致传统经济活动中法律缺失的重要因素,鉴于诸多学者对此问题研究论述较多,此处不展开讨论。本书将从传统法务主体视角逆向切入,探讨法律缘何未能深度融入传统经济活动,从而探寻其他解题路径。

相较于资本、设备、原料、技术等其他经济要素而言,法律无疑更为复杂抽象,传统经济主体往往缺乏对其熟练应用的信心和能力,因此更倾向于寻找专业法务主体提供帮助。从另一个角度讲,法律的专业性的确造就了法律职业群体,并且建立了巨大的行业壁垒。单纯从社会经济分工的角度来看,一方面是传统经济主体的客观需求,另一方面是法律职业群体的独立价值,两者完全可以实现完美对接,但是现实并非如此,其中一个重要原因就是法律职业群体的自身缺陷。

从传统经济活动角度看,专案律师、法律顾问、公司法务等是法律职业人员最为主要的存在形态,三者与传统经济主体在从属性上是递进关系,介入传统经济活动的深度亦不完全相同。专案律师是相当部分传统经济主体的主要选择,承接了传统经济主体的大部分法务需求。从组织归属上看,专案律师隶属于律所,根据律所指派向传统经济主体提供代理诉讼等法律服务。可以说,专案律师的特点就是“事后介入,就事论事”,既不在事前同向伴随传统经济活动,也不在事后逆向融入传统经济活动,即便在代理诉讼期间亦仅将目光主要集中于法庭之上,客观上难以将法律要素深度植入传统经济活动之中。法律顾问主要源于执业律师，并不隶属于传统经济主体，而是与之建立较为稳定的委托关系，根据传统经济主体的特定需求提供“响应式”的法律服务，一般情况下难以主动、深入介入传统经济主体的经营决策等内部事务。在某种意义上，法律顾问就是无须代理诉讼的“专案律师”。公司法务直接隶属于传统经济主体，主要由具有法律知识背景的人员担任，为传统经济主体的经营管理活动提供常态化法律服务。随着法治建设快速推进等，越来越多的公司企业开始在内部建立公司法务，并将其推向经营管理体系的更高层级。即便如此，仍有一些公司法务并未能够在经营管理的战略层面体现主导价值。从宏观层面来看，专案律师仍是传统经济主体的主要法律服务提供者，相当部分的传统经济主体并未聘请法律顾问，而公司法务则主要集中于少数大型公司企业（见图 1－5）。

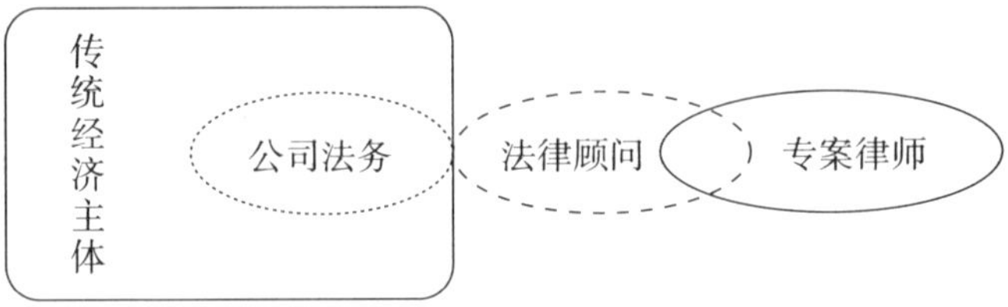

图 1－5 传统经济活动中的三种法律职业人员

就传统经济主体而言，无论是专案律师还是法律顾问均具有非常明显的个体化执业特征，他们虽然掌握了法律这一核心要素，但是并不拥有资本等经济要素，甚至并不具有经济思维和经济知识，或者说法律职业人员就是法律技术工人，更加适合定向解决既存的法律争议或者解析隐含的禁行边界，而并非是适格的传统经济活动经营管理参与者。诚然，某些传统经济主体缺乏法律思维，尚不足以充分认知法律职业人员的内在价值，甚至并不具有法律精神，追求经济利益的欲望远胜于对法律的敬畏，但是不得不说，法律职业人员基于自身的客观基础和执业局限，的确并未与传统经济主体平行站在同一高度，这在很大程度上降低了法律在传统经济活动中的应用起点，同时限缩了法律在其中的应用空间。

那么，具有现代经济组织形式的法律咨询类公司企业，是否可以有效弥补法律职业人员的位阶缺陷呢？亦不尽然。组织形式的升级是为了提升对要素、产品、运营等的承载力，并在此基础上引发综合质变，仅从外在形式上改变显然并不能够得到市场最终认可。换言之，法律职业人员更需要在要素增配、产品开发、运营组织等内在方面进行提升，在新的高度上对话传统经济主体。当然，这需要以组织形式升级作为重要的前提基础。有必要再行延伸一个问题，即在组织形式升级和内在方面提升之后，法律职业人员是否可以真正匹配传统经济活动呢？更为准确地说，法律职业人员具备了基础条件，但是仍然需要以可行方式主动、自然介入传统经济活动，否则仍将游离于传统经济领域之外，甚至被作为高配的经济秩序异常发生之后的修复工具。

总之，法律在传统经济领域的缺失存在多种缘由，但是不得不说，法律职业人员错层存在、法律缺少平行介入传统经济活动的有力支点是一个不可忽视的因素。诚然，法律可以潜移默化进入传统经济主体的意识领域，进而提升传统经济活动的法律属性，但是从经济专业化发展角度来看，法律同样需要被更高层级主体主导，在双方主体平行对接中借助各种法务经济要素，渗透到传统经济活动之中并创新自身价值。

第三节　CLEAR 法务经济概述

基于“创建法律与经济广泛适用的联系”这一核心理念，CLEAR 始终秉持实践创新、理论创新、逻辑创新，创建 CLEAR 法务经济理论，并以此指导 CLEAR 法务经济实践和创新，致力于构建 CLEAR 法务经济新生态。本节将在概要介绍 CLEAR 核心理念基础之上，详细解读 CLEAR 法务经济理论和法务经济实践，并展望法务经济的创新发展。

一、CLEAR 核心理念

CLEAR 的核心理念是“创建法律与经济广泛适用的联系”（Create All - purpose Relationship），即在法律与经济之间建立新规则、导入新元素、开发新措施、创建新模式，促进法律与经济多维度双向融合，增益法律内在价值、提高经济运行品质，最终构建法务经济新生态。

正如前文所述,法律更多的是被视为修复传统经济活动秩序异常的急救工具,并未成为传统经济活动的核心要素和顶层资源,而传统经济活动由于同样缺乏法律主动、平行的深度介入,所以难以在法治轨道之上持续保持有序、高效运行,这就导致法律与经济之间始终处于一种横向错层、纵向割裂的状态,不仅导致法律价值被低估和抑制,也导致经济活动无法实现品质提升。诚然,法律规定庞杂晦涩,程序又严格复杂,法务技术得以成为一个专业产品,但是并不应当因此而将法务活动与经济活动机械割裂开来,分割两者之间的内在联系。从根本上说,法务活动本身就是一项以法律应用为显著特征的特殊经济活动,经济活动有序运行同样离不开包括法律在内的各种规则约束,法律的晦涩、高冷也不应该成为割裂法律与经济联系的理由。正是基于对法律与经济相互关系的理性分析,CLEAR 认为应当在多维度实现法律与经济的广泛联系,即在法律与经济之间建立新规则、导入新元素、开发新措施、创建新模式。

首先是在法律与经济之间建立新规则。在传统认识中,法律与经济在各自领域独立发展,法律是法律,经济是经济,法律只有在经济活动秩序出现异常之时才会暂时性介入,并且法律的应用场景主要集中于法庭之上,而经济更不会主动介入法务领域。概言之,法律只是经济在特定情形下的应急工具,而经济也只是法律在特定场景中的服务对象。CLEAR 认为,法律与经济存在广泛联系并且互为支点,应当在规则层面重新定义法律与经济之间的关系,并在广泛领域建立法律与经济的双向融合,构建狭义层面和广义层面的"法务经济"形态。

其次是在法律与经济之间导入新元素。诚然,我们需要在规则层面重构法律与经济的关系,但是单纯的外在制度设计并不能够实质促进法律与经济在内在机理层面实现深度融合,从而稳固和发展两者之间的关系。这就需要在法律与经济之间交叉导入各种新元素,创建适用于"法务经济"的全新要素,实现法律与经济从机械割裂到机理融合的转化,从而支持法务经济活动运行。换言之,法务活动和经济活动需要在对向元素支持下,相向而行并最终深度融合,从而实现"法务经济"形态。具体而言,法务领域需要导入资本、情报、科技、管理等更多经济要素,而经济领域同样需要导入法律要素，创建法务技术、法务资本、法务情报、法务科技、法务人才、法务管理等诸多法务经济要素（见图1－6）。

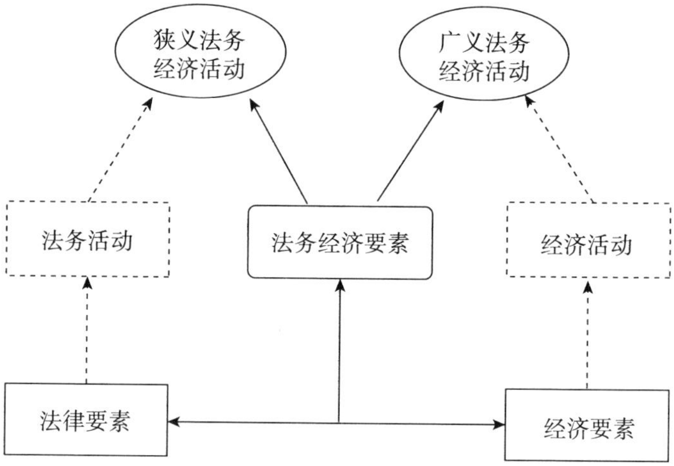

图1－6 创新法务经济要素

再次是在法律与经济之间开发新措施。在法务领域或者经济领域导入新元素，并非是新旧元素的简单堆砌，而是在深度融合基础之上创建全新的法务经济要素；亦非是对法务领域或者经济领域的边缘地带实现补强功能，而是需要在各种法务经济要素相互融合、互为杠杆的基础之上，创新开发新的法务经济措施，从而变革传统法务活动和传统经济活动的核心运行方式。例如，法务技术是传统法务活动中最为核心的法务要素，整个活动都是围绕如何解释法律、如何在法律程序内技巧性地实现法律结果加以展开。实务中，一些传统法务主体也在尝试引入资本，但是对于如何运用资本仍然颇为迷茫，甚至将资本简单用于自身外部包装从而增加营销收益。不可否认，法务主体建设是法务资本的重要应用领域，基础设施升级同样可以在一定程度上提升传统法务主体的营销议价能力，但是在此情况下，法务资本并未真正着力于法务活动组织方式之上，因此难以从根本上变革传统法务活动本身，既不能实现资本应有价值，也难以创新法务活动价值。事实上，法务主体建设的重点领域并不在于基础设施更新，而是各个法务经济系统在法务资本支持之下的持续升级完善。从法务资本的角度来看，也不仅仅是支持法务主体建设，更加需要与法务技术、法务情报、法务科技、法务人才、法务管理等其他法务经济要素相互融合，在法务诉讼之外创新出更多法务经济措施，并以此支持法务经济活动突破单一的代理诉讼方式，向更广领域、更高层次上拓展和跃升，实现狭义法务经济，从而创新法务资本和法务活动的价值。总之，创建法务经济要素的直接目的是支持创新法务经济措施，进而支持开展法务经济活动，最终创新法务经济价值。

最后是在法律与经济之间创建新模式。正如前文所述，法务经济主体在更多法务经济要素支持下，能够创新出更多法务经济措施，在更广领域、更高层次上开展法务经济活动。基于各种法务经济要素和各项法务经济措施，法务经济主体完全能够组合演化出诸多法务经济模式，以最为经济高效的方式解决各种法务经济需求。面对不断变化的法务经济需求，法务经济主体更加需要依托法务经济要素和法务经济措施的创新发展，持续创新更多法务经济模式，回应法务经济需求变化。

创建法律与经济广泛适用的联系，旨在增益法律内在价值、提高经济运行品质。CLEAR 认为，法律与经济的相向融合必将改变传统法务活动和传统经济活动的运行方式，促使两者逐渐转变为“法务经济活动”形态。在狭义法务经济活动中，法律依托法务资本、法务情报、法务科技等其他法务经济要素，将会在更高层次、更广领域、更大深度上运行，增益自身价值。此外，法律也将借助法务资本、法务科技等法务经济要素反向切入传统经济活动，跃升为其中的核心要素和顶层资源，充分释放自身价值。狭义法务经济活动将直接解决传统经济主体需求，以最为高效的方式修复传统经济活动运行异常。此外，法务经济要素的反向切入也将促进传统经济活动转化为广义法务经济活动，提高经济运行品质。

总之，“创建法律与经济广泛适用的联系”是 CLEAR 的核心理念，也是 CLEAR 创立法务经济理论体系、创建法务经济商业体系并构建法务经济生态的顶层纲领。

二、CLEAR 法务经济理论

在“创建法律与经济广泛适用的联系”核心理念指引下，CLEAR 创新提出法务经济概念,并在法务经济实践中不断创新完善,逐步形成了 CLEAR 法务经济理论体系。可以说,CLEAR 法务经济理论不仅是法务经济活动的实践指南,而且也是构建 CLEAR 法务经济生态的重要基石。

(一)CLEAR 法务经济理论源于实践创新、理论创新和逻辑创新

CLEAR 法务经济理论来源于实践创新。创新和变革源于持续的实践反思,正是在长期的法务经济实践中,CLEAR 逐渐意识到传统法务活动虽然对于维持社会正常秩序、维护民众合法权益等有着重要意义,但是由于传统法务主体在组织形式上存在先天基础缺陷等原因,传统法务活动过度依赖法务技术,缺乏法务资本等其他法务经济要素的有效支持,导致其只能对外提供单一的法务技术产品,无法平行对接传统法务对象的根本需求。可以说,传统法务活动在法务要素上的缺失,极大地限缩了自身的应用空间和价值高度。从传统法务需求角度来看,选用传统法务模式并不意味着两者完全契合,虽然更加需要能够直接解决自身根本需求的法务模式,但是在传统法务市场中并无更多选择。正是在深刻认识到传统法务活动先天局限和客观剖析传统法务对象内在需求的基础之上,CLEAR 积极开展实践探索,创新将法务资本等经济要素导入传统法务领域,设计出法务投资、法务开发、法务融资、投资法务等诸多法务经济产品,并在与传统法务对象结合中积累了丰富的法务经济实践经验。总之,法务经济实践的创新探索和经验积累,为 CLEAR 法务经济理论的建立、完善和创新提供了坚实基础。

CLEAR 法务经济理论源于理论创新。在长期法务经济实践基础之上,CLEAR 不断总结实务经验并逐步凝练为法务经济理论。同时,CLEAR 不仅在实践层面创新导入资本、情报、科技、管理等诸多经济要素,而且站在法务经济视角,借鉴资本、情报、管理等其他理论并大胆创新,进一步丰富、拓展 CLEAR 法务经济理论体系。例如,在将情报导入法务经济活动之中时,CLEAR 同时对情报理论进行了细分创新,首次提出法务情报概念并创建法务情报理论,该情报理论不仅成为法务情报实践和创新的指南,也是 CLEAR 法务经济理论体系中的重要组成部分。

CLEAR 法务经济理论源于逻辑创新。事物的发展演进总是存在内在规律,我们不仅需要发现其内在规律并指引开展实践活动,同时需要以事物发

展内在规律为基础,在认识层面开展符合逻辑的创新探索,让理论走在实践之前。创新是 CLEAR 的核心基因,而逻辑创新又是其中最为闪耀的创新主线。基于对传统法务活动和传统经济活动发展的深入剖析,CLEAR 更加注重发现其内在规律,并在符合一般逻辑基础之上将目光投向未曾涉猎的全新领域,乃至大胆预判法务经济活动的未来发展方向。因此,CLEAR 法务经济理论并非只是现实法务经济活动的镜像反映,而是包含了大量颇具超前性、颠覆性但又符合法务经济活动发展规律的理论创新。换言之,CLEAR 并非是基于自身视角探索如何在现有传统法务活动或者传统经济活动之中实现创新,而是剖析法务经济对象根本需求或者说是法务经济活动的内在要求,并以此为目标首先实现自我创新,进而站在未来发展方向之上创新法务经济活动实践。事实上,这种看似"被动、曲折"的创新路径才更具创新价值和创新生命,CLEAR 才可以通过解析法务经济活动内在规律,更为贴合法务经济活动发展的本原路径,乃至前瞻性地掌握法务经济活动的发展方向。

总之,CLEAR 法务经济理论是实践创新、理论创新、逻辑创新的产物,同样将在这一路径之上持续创新。

(二)CLEAR 法务经济理论是系统研究法务经济的理论体系

CLEAR 致力于在法律与经济之间建立"广泛适用"的联系,因此,CLEAR 并非是在传统法务活动或者传统经济活动框架之下进行局部创新,而是需要创建法务经济活动的基因组成,创造性地导入法务经济要素,重构法律与经济之间的相互关系,最终建设一个全新的法务经济生态。换言之,CLERA 创新是从外在形式到内在规则、从微观元素到宏观生态、从具体措施到整体模式的系统创新。因此,CLEAR 需要构建与之匹配的法务经济理论体系,指导 CLEAR 法务经济活动开展和法务经济生态建设。具体而言,CLEAR 法务经济理论体系主要由法务经济元素理论、法务经济措施理论、法务经济模式理论、法务经济生态理论等组成,每一个理论版块又包括若干细分理论(见图 1 - 7)。

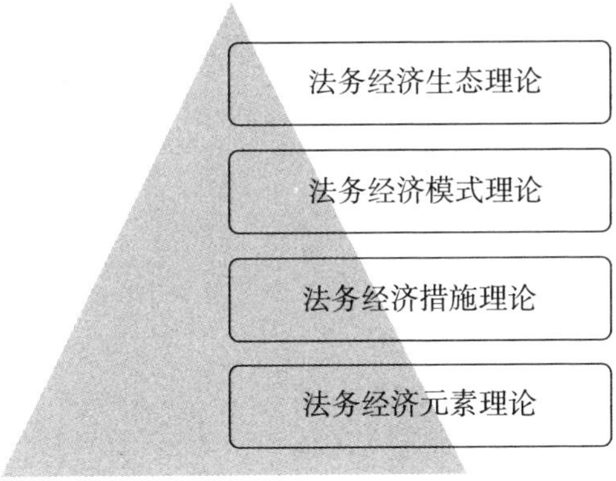

图1－7　CLEAR 法务经济理论体系

法务经济元素理论主要是针对法务经济活动中的各项元素，系统研究其形成、应用及发展的理论。正如前文所述，法务经济活动不再是单纯的法律服务活动，因此，法务经济主体需要在法务技术之外导入法务资本、法务情报、法务科技、法务人才、法务管理等诸多法务经济要素，积极配置各项法务经济资源，从而支持法务经济活动的组织实施。可以说，法务经济元素是构建整个 CLEAR 法务经济生态的基础单元。因此，CLEAR 既需要从法务经济元素本位视角解析其形成和发展，也需要在法务经济活动运行乃至整个法务经济生态发展的宏观层面研究法务经济元素。例如，法务情报是重要的法务经济元素，CLEAR 不仅需要研究法务情报的定义、特征、分类、功能、价值等基础理论，研究其与法务科技、法务资本、法务人才等其他法务经济要素的相互关系，而且需要从法务投资、法务营销等特定法务经济活动视角研究法务情报的具体应用，同时更加需要从整个 CLEAR 法务经济生态层面研究法务情报及其关联因素的持续发展。本书就是关于法务资本这一核心法务经济要素的系统理论研究，也是 CLEAR 法务经济元素理论的重要组成部分。

法务经济措施理论主要是研究各项法务经济措施的基本内涵、具体应用、创新发展的理论。在法务经济活动中，简单堆砌各项法务经济要素和法务经济资源并不能够推动法务经济项目实施，法务经济主体需要在有机组合这些法务经济元素基础之上，高效实施法务营销、法务情报、法务战略、法务诉讼、法务谈判、法务商业等具体法务经济措施，最终实现预期法务经济目的。换言之，法务经济措施既是各项法务经济元素的功能载体，也是法务经济活动的运行支点。因此，CLEAR 需要系统研究法务经济措施的运行、创新等问题，指导法务经济措施实践。

法务经济模式理论主要是研究各种法务经济模式的具体实施、商业运营、创新发展的理论。正如简单堆砌各种法务经济元素并不能够直接推动法务经济活动运行一样，无序排列各种法务经济措施亦无法高效、高质实现预期法务经济目的。因此，法务经济主体需要针对法务经济对象的类型化需求，建立相对成熟、稳定的法务经济活动模型，从而构建各项法务经济元素和法务经济措施有机运行的框架平台。例如，法务经济主体依托各项法务经济元素和法务经济措施，可以创新设计法务投资、法务开发、法务融资等各种法务经济模式，用于解决不同的法务经济需求。对于法务经济对象来说，不同的法务经济模式就是各种各样的法务经济产品。当然，CLEAR 需要在理论层面研究各种法务模式的具体实施、商业运营、创新发展等问题，指导法务经济主体实践。

法务生态理论主要从宏观视角研究整个 CLEAR 法务经济生态的建设和发展，是 CLEAR 法务经济的顶层理论。在 CLEAR 法务经济生态中，不仅包括法务经济主体和法务经济对象的共生发展，而且包括狭义法务经济活动和广义法务经济活动的融合发展，同时还需要法务经济元素、法务经济措施、法务经济模式等在不同维度的创新发展，共同构建丰富多彩的法务经济生态。同时，CLEAR 法务生态虽然自成体系但是绝非封闭存在，需要积极与传统法务行业、传统经济行业等保持横向联系，并在此期间逐步向这些领域延展、渗透，构建更为广阔的 CLEAR 法务经济生态。因此，CLEAR 需要在核心理念指引下，构建和发展法务经济生态理论，指导 CLEAR 法务经济生态建设。

总之，CLEAR 法务经济生态内涵极为丰富，必然需要多角度、多维度地解析法务经济生态，创建包含多层级、多领域的法务经济理论体系。随着法务经济生态建设的持续发展，CLEAR 法务经济理论体系同样需要不断创新。

（三）CLEAR 法务经济理论需要秉持高度开放、持续创新

创新是 CLEAR 的核心基因，CLEAR 法务经济理论需要在秉持高度开放的基础上持续创新，为 CLEAR 法务经济生态可持续发展提供理论指引。

“法务经济”是区别于传统法务和传统经济的创新形态，CLEAR 法务经济理论亦是自成体系，指导法务经济活动实践和法务经济生态建设。但是，这绝不意味着 CLEAR 法务经济理论是封闭系统，恰恰相反，CLEAR 法务经济理论本身即源于法务经济实践和关联理论借鉴，需要保持高度开放性并积极吸收其他理论创新，不断发展完善 CLEAR 法务经济理论体系。从另一个角度来讲，CLEAR 法务经济理论源于 CLEAR 但是并不独属于 CLEAR，更加需要在更多领域被更多主体积极应用、创新、发展，促进法务经济生态构建。

正如前文所述，创新是 CLEAR 的核心基因，CLEAR 法务经济理论即是创新产物。虽然法务经济实践快速发展，但是法务经济仍属创新事物，在法务经济要素、法务经济措施、法务经济模式、法务经济市场、法务经济领域等诸多方面仍有巨大创新空间，必然要求 CLEAR 法务经济理论持续创新，进而指导法务经济实践不断创新。从更为宏观的视角来看，社会活动发展并无止境，法务经济实践亦无尽头，CLEAR 法务经济理论同样应当秉持持续创新内核。

三、CLEAR 法务经济实践

在 CLEAR 法务经济理论指导下，CLEAR 以法务经济主体建设和法务经济要素建设为基础，不断创新法务经济措施和法务经济模式，支持法务经济市场建设和法务经济项目实实践，逐步构建了全新的 CLEAR 法务经济生态（见图 1－8）。

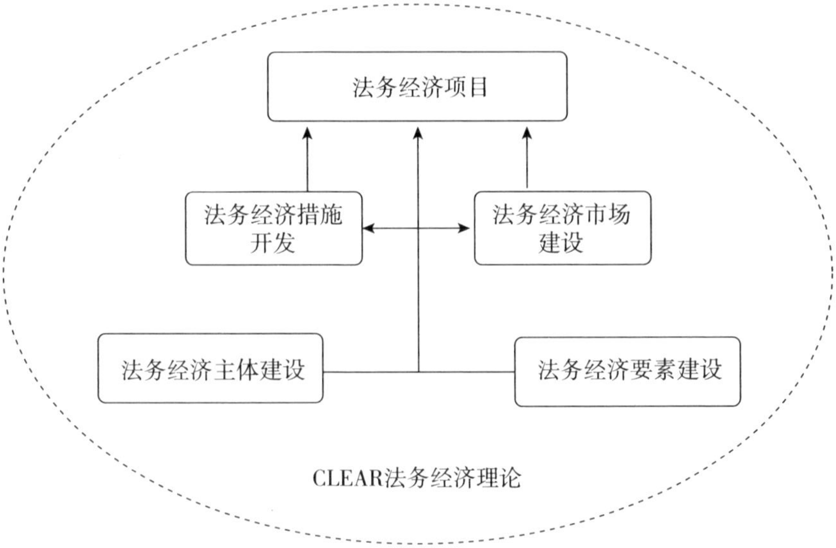

图1-8　CLEAR法务经济实践

（一）法务经济主体建设

CLEAR法务经济实践的重要内容之一，就是在CLEAR法务经济理论指导之下建设各种类型的法务经济主体。

CLEAR法务经济主体不仅是承载和管理各种法务经济元素的平台，而且是主导和开展具体法务经济措施的主体。从整个CLEAR法务经济生态角度来看，法务经济主体在法务经济元素与法务经济项目之间建立联系和转化，是创造和创新法务经济价值的根本因素。根据主要职能侧重不同，法务经济主体主要可以分为要素型法务经济主体、项目型法务经济主体、平台型法务经济主体和综合型法务经济主体，每种类型法务经济主体又可以细分为不同类别。CLEAR需要在法务经济理论指导之下，根据商业体系发展战略建设各种类型的法务经济主体。

法务经济主体在组织形式上需要符合现代经济活动要求。从传统法务活动的视角来看，传统法务主体主要依托自身掌握的法律知识、诉讼经验及技巧，在固定、单一通道定向输出法务技术产品，整个组织运行方式都相对较为简单，因此在很多情况下都是以个体形式存在。诚然，单打独斗的运行方式让传统法务主体具备了相对较强的个体综合能力，但是即便如此，想要有效覆盖所有传统法务专业领域显然也并非易事。因此,传统法务主体基于个体执业特征,自然地选择了向专业化方向发展。换言之,传统法务主体通过对法务技术这一核心法务要素的纵向细分实现了专业化。就法务经济主体而言,实现专业化不仅需要配置法务技术,还需要管理法务资本、法务情报、法务科技、法务人才、法务管理等更多法务经济要素,而且需要在法务诉讼之外的更广领域开展各项法务经济措施,从而对接法务经济对象的根本需求。相较于传统法务活动,法务经济活动无疑具有更为鲜明的经济活动属性,以个体形式存在的传统法务主体显然难以有效承载这些法务经济要素并掌控法务经济活动。因此,法务经济主体更多地需要采用公司企业等现代经济组织形式。

法务经济主体需要实现职能化发展。法务经济活动在内部要素配置和外部活动领域上已然发生了质变,单一主体不仅难以在横向上管理所有法务经济要素,而且难以在纵向上开展各项法务经济措施。此外,法务经济活动需要平行对接传统经济活动的规模化需求,因此自身也需要实现产业化发展,这也反向要求法务经济主体以法务经济要素和法务经济措施为基点,在横向、纵向上实现职能化发展,提高法务经济活动整体运行效能和品质。此处有必要对传统法务主体的专业化发展和法务经济主体的职能化发展作一个简单比较。正如前文所述,传统法务主体的专业化发展是在单一主体、单一要素背景下,以业务领域纵向细分为标志的发展模式。换言之,传统法务主体在专业化发展中是纯粹的减法,更多的是将个体经验能力和时间精力集中于单一领域,并未从根本上改变传统法务活动的内在组织运行方式。法务经济主体的职能化发展是在综合主体、综合要素背景下,以法务经济职能细分为特征的发展模式。从微观视角来看,职能化发展似乎同样是做减法,但是从宏观角度来看,职能化是在诸多个体相互支撑的背景下进一步精细化,促进法务经济活动模块化、集成化,最终实现产业化发展。概言之,法务经济主体的职能化是从根本上改变原有内在组织运行方式,这与传统法务主体的专业化发展存在本质区别。当然,在职能化发展背景下,法务经济主体同样应当实现法务人才的专业化发展,进一步提高法务经济活动的精细化运行。

总之,在法务经济理论指导之下,CLEAR 法务经济主体需要采用公司企业等现代经济组织形式,按照职能化发展要求构建法务经济商业体系,实现法务经济活动的产业化发展。

(二)法务经济要素建设

CLEAR 法务经济实践的另一项重要内容就是建设法务经济要素,即法务经济主体在法务经济理论指导之下,培育、积累、管理、创新法务经济要素,为法务经济主体建设、法务经济措施开展等提供基础支持。

法务经济要素是开展法务经济活动的基础支撑。工欲善其事,必先利其器。就法务经济主体而言,即便具有创新的法务经济思维和完美的法务经济模式,但是如果缺少法务资本、法务技术、法务情报、法务科技、法务人才、法务管理等各项法务经济要素的必要支撑,同样无法主导法务经济活动的高效开展。同时,法务资本、法务人才等法务经济要素不仅广泛应用于具体的法务经济活动,也是法务经济主体建设的必要支撑。特别是在法务经济主体发展初期,法务经济要素的相对缺乏将会成为制约法务经济主体快速发展、影响法务经济活动高效开展的重要因素(见图 1 -9)。

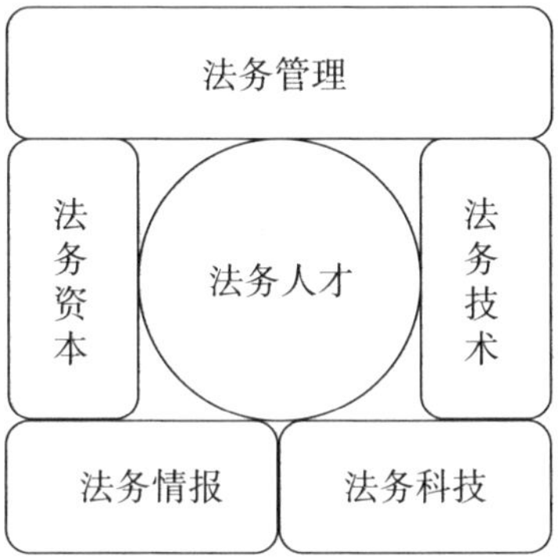

图 1 -9　法务经济要素

法务经济要素并非自然存在,而是创新转化的结果。基于"创建法律与经济广泛适用的联系"核心理念,CLEAR 一方面需要将经济元素导入法务经济领域,创新狭义法务经济活动;另一方面又需要将法律元素推向传统经济顶层,构建广义法务经济活动。需要注意的是,经济元素和法律元素的交叉渗透并非简单的位移,而是在基本属性之上赋予其法务经济特性,从而契合法务经济活动的内在需求。就法务经济主体而言，培育法务经济要素就成为一项非常重要的基础工程。例如，法务资本虽然具有资本的一般属性，但是并不等同于传统资本，或者说法务资本是具有明显法律属性特征的法务经济资本，而非是投入法务活动的传统资本，因此，法务经济主体需要逐步培育法务资本，并在法务经济活动之中创新法务资本细分类型等。

法务经济要素建设是一个持续的动态过程。法务经济活动是一个持续拓展、不断创新的过程，一方面需要法务经济要素随之发展并提供基础支持，另一方面又反向带动法务经济要素创新发展。此外，各种法务经济要素之间并非孤立存在，而是相互融合、互为支点，并将在创新中联动发展。例如，法务科技的创新显然会促进法务情报技术的升级，而这又将进一步促进法务情报人才的发展。

总之，法务经济要素是建设法务经济主体、开展法务经济措施的基础支撑，培育、积累、管理、创新法务经济要素也因此成为 CLEAR 法务经济实践的重要内容之一，而且贯穿法务生态建设始终。

(三)法务经济措施开发

在 CLEAR 法务经济理论指导下，法务经济主体需要借助法务经济要素创新开发各项法务经济措施，直接或间接支持法务经济项目实施。

解决法务经济对象根本需求是实施法务经济项目的直接目标，而这需要以诸多法务经济措施的综合应用为基础，并通过达成若干法务经济战术目标而实现。换言之，实施法务经济项目就是法务经济主体在特定法务经济模式框架下，依托各种法务经济要素支持，综合开展各项法务经济措施的系统工程。法务经济措施是法务经济要素介入法务经济项目的关键支点，也是实现法务经济项目战术目标的直接工具，在整个法务经济活动中极为重要，将在很大程度上决定法务经济项目实施的最终品质。如果说法务经济模式是在宏观层面构建法务经济活动整体结构，那么法务经济措施就是在微观层面实现法务经济活动的具体功能。

法务经济项目各不相同，实施法务经济项目的具体场景更是千差万别，因此 CLEAR 在法务经济实践中需要不断开发新的法务经济措施，实现特定法务经济项目战术目标。根据针对领域的不同，法务经济措施可以细分为法务战略、法务诉讼、法务谈判、法务商业等不同类型。此外,法务经济要素始终处于创新发展之中,法务经济活动同样需要向更为广阔的陌生领域延伸拓展,既给创新法务经济措施创造了基础支撑,又对法务经济措施开发提出了更多课题。因此,法务经济措施必须动态创新,这在很大程度上体现了法务经济主体的内在价值。

(四)法务经济市场建设

创建法务经济市场是 CLEAR 法务经济实践的重要领域之一,对于构建 CLEAR 法务经济生态有着积极意义。

在 CLEAR 法务经济生态中,包括若干类型的法务经济主体,它们主导管理各种法务经济要素。为了高效开展法务经济活动,需要将法务经济要素在不同法务经济主体之间快捷流转、优化配置,解决法务经济要素的相对短缺和有效利用。因此,CLEAR 需要创建不同类型的法务经济要素市场,支持法务经济要素流转。另外,法务经济主体与法务经济对象之间仍然存在信息不对称的情况,因此需要在两者之间构建法务经济产品市场,匹配法务经济需求与法务经济供给。此外,在法务经济活动中存在大量法务中间产品,同样需要借助法务经济市场实现供需链接。

法务经济市场建设主要包括规则建设和基础建设,需要法务资本、法务科技等法务经济要素提供必要支持。无论是法务经济要素流转还是法务经济产品匹配,都需要在清晰、合理的交易规则下实施,法务经济市场建设的首要内容就是建立法务经济市场规则。法务经济市场主要由法务经济市场主体和法务经济市场平台组成,前者是法务经济要素和法务经济产品交易活动的管理主体,后者则是承载前述交易活动的基础平台。与此对应,法务经济市场基础建设主要包括法务经济市场主体建设和法务经济市场平台建设。从法务经济要素市场运营的角度来看,法务资本、法务科技等法务经济要素是重要的流转对象,但是从法务经济市场建设的角度来看,法务资本、法务科技等法务经济要素又是必要的基础支撑。

法务经济市场建设对于构建 CLEAR 法务经济生态有着积极意义。在法务经济发展初期,虽然法务经济主体亟须法务经济要素提供基础支持,但是法务经济主体和法务经济要素均处于培育发展阶段,主要依赖自我发展,并不具备规模化流转法务经济要素的基础；法务经济主体与法务经济对象之间的产品供需亦未达到批量化阶段，主要依赖法务经济主体的自我法务营销。因此，法务经济市场的建设需求一般产生于法务经济发展较为成熟阶段。随着法务经济的日趋成熟，法务经济市场将成为法务经济活动产业化发展的重要支撑，加速了 CLEAR 法务经济生态构建。

（五）法务经济项目实施

在具体法务经济项目中，法务经济主体需要依托各种法务经济要素，开展各项法务经济措施并解决法务经济对象需求，从而创造法务经济价值。

法务经济项目是创造法务经济价值的根本支点。诚然，法务经济主体、法务经济要素、法务经济市场是构建整个法务经济生态的重要基础，但是前者孤立的静态存在并不能够创造任何价值，法务经济主体只有在实施具体法务经济项目之中解决法务经济对象需求，才能在此基础之上创造法务经济价值。当然，从法务经济生态微观层面来看，无论是法务经济主体建设、法务经济要素建设还是法务经济市场建设，乃至法务经济要素的流转、法务经济产品的匹配等，显然都在产生价值。因此更为准确地说，法务经济生态链条需要在实施法务经济项目中实现价值流动和转化。

法务经济项目包括狭义法务经济项目和广义法务经济项目。在狭义法务经济项目中，法务经济主体依托法务经济要素开展各项法务经济措施，修复传统经济活动运行的异常，实现自身的法务经济价值。需要略加说明的是，虽然法务经济对象的根本需求是实施狭义法务经济项目的基本出发点，但是并非法务经济主体的唯一目的，而是需要在修复传统经济活动运行异常的基础之上，尽可能为法务经济对象、法务经济彼方乃至其他传统经济主体创造价值。换言之，法务经济主体是狭义法务经济项目的深度参与者，需要在这一过程之中借助法务经济要素“创造”价值。在广义法务经济项目实施中，狭义法务经济主体并非修复传统经济活动运行异常，而是在法务经济要素支持下，深度介入传统经济主体的经营管理层面，促进传统经济活动升级为“法务经济”形态并实现品质提升。可以说，狭义法务经济项目实施创造的是显性法务经济价值，而广义法务经济项目实施创造的则是隐性法务经济价值。

总之，CLEAR 法务经济实践涵盖了法务经济主体建设、法务经济要素建设、法务经济措施开发、法务经济市场建设、法务经济项目实施等诸多领域。从宏观视角来看，正是在不同纬度和领域构建 CLEAR 法务经济生态。

四、CLEAR 法务经济创新

基于对传统法务活动和传统经济活动的理性审视，CLEAR 坚持实践创新、理论创新、逻辑创新，逐步建立起 CLEAR 法务经济理论，进而指导 CLEAR 法务经济实践。创新既是 CLEAR 的核心基因，也是构建全新法务经济生态的必然选择。鉴于篇幅有限，本书仅对 CLEAR 法务经济的创新领域略作介绍。

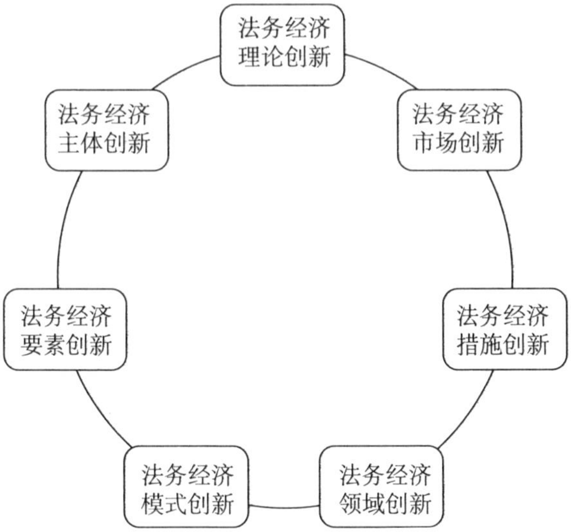

图 1－10 法务经济的创新领域

（一）法务经济理论创新

法务经济理论形成于长期的法务经济实践之中，但是从整个法务经济生态建设的角度来看，法务经济实践在整体上仍然处于发展初期，尚有诸多领域有待探索实践，而法务经济理论则需要在法务经济实践不断探索基础之上持续同步创新。法务经济理论创新是包括法务经济元素理论、法务经济措施理论、法务经济模式理论、法务经济生态理论等在内的整个理论体系创新,既包括对现有法务经济理论的优化完善,也包括对后续法务经济实践探索的总结补充。例如,随着法务融资活动的不断实践,需要对现有的法务融资理论进行修正完善,而更多法务金融活动的创新开发,必将促进法务融资活动的实践创新,这也需要法务融资理论随之发展创新。

(二)法务经济主体创新

作为法务经济要素的管理者、法务经济活动的主导者、法务经济生态的建设者,法务经济主体需要持续创新,匹配自身的多重法务经济角色。法务经济主体创新既包括组织形式上的创新、功能类型上的创新,也包括职能系统创新、基础配置创新,还包括商业运营创新、组织运行创新等内容。例如,随着更多法务经济模式被创新开发,项目型法务经济主体既可能根据不同法务经济模式作进一步细分,实现法务经济项目实施的专业化,亦可能依据若干法务经济模式的关联性,构建某一关联体系的项目型法务经济主体,实现法务经济项目实施的综合化。

(三)法务经济市场创新

随着法务经济生态建设的持续推进,法务经济主体将会出现更多细分类别,加之法务经济要素和法务经济模式的持续创新,不同法务经济主体之间的法务经济要素流转、法务经济主体与法务经济对象之间的法务经济产品匹配等活动亦在创新发展,这也要求法务经济市场必须随之创新。法务经济市场创新主要包括法务经济市场规则创新和法务经济市场基础创新,从而优化法务经济要素流转和法务经济产品匹配的效能。例如,随着法务金融活动的创新发展,将会出现更多法务金融产品,法务金融市场同样需要随之创新,支持不同类型的法务金融资本高效流转,促进法务金融活动发展。

(四)法务经济要素创新

法务经济要素是法务经济活动的基础支持,也是构成法务经济生态的基本单元。法务经济要素的创新将为法务经济措施创新、法务经济模式创新乃至整个法务经济生态创新提供底层支撑。法务经济要素创新不仅包括法务资本等原有法务经济要素的单体创新和组合创新,还包括更多新兴法务经济要素的种类创新。例如,在法务经济要素、法务经济措施、法务经济模式、法务经济领域等综合创新之下,法务人才需要同步创新,在诉讼律师、资本律师、谈判律师、情报律师等法务人才之外,完全可能出现新兴法务人才类别。

(五)法务经济措施创新

法务经济措施直接推动法务经济项目实施等,将在很大程度上决定法务经济目标的实现程度。随着法务经济模式和法务经济领域的持续创新,反向要求法务经济措施同步创新,而法务经济要素创新则将为此提供更多基础支撑。法务经济措施创新既包括以法务经济要素有机配置为特征的单项法务经济措施创新,也包括以法务经济措施组合应用为特征的综合法务经济措施创新。例如,在法务金融资本创新发展背景之下,法务商业措施完全可能细分创新,成为解决法务经济对象需求的重要途径。

(六)法务经济模式创新

法务经济模式是组合、承载法务经济措施的平台,也是整个法务经济项目实施的框架基础。随着法务经济要素和法务经济措施的持续创新,加之法务经济需求的不断变化,法务经济模式能够而且应当积极创新。对法务经济主体而言,一方面需要对既有法务经济模式创新完善,另一方面更加需要创建新的法务经济模式,促进法务经济活动向更为广阔的领域拓展,匹配法务经济需求变化。

(七)法务经济领域创新

从微观角度看,法务经济要素创新、法务经济措施创新、法务经济模式创新等是为了支持法务经济项目实施,但是从宏观层面看,前述创新则是为了支持法务经济领域创新,即在更广领域开展法务经济活动,从而构建法务经济生态。法务经济领域创新既包括狭义法务经济领域创新和广义法务经济领域创新,还包括传统法务领域创新。例如,在法务资本、法务科技等创新发展基础之上,投资法务同样可能实现创新,向更多传统经济领域和传统法务领域延伸,创新法务经济领域。

总之,法务经济创新是包括法务经济理论创新、法务经济主体创新、法务经济市场创新、法务经济要素创新、法务经济措施创新、法务经济模式创新、法务经济领域创新在内的立体创新,每一领域之内的创新均非独立创新,而是基于整个法务经济生态创新作出的联动创新。

第二章 ● 法务资本概述

法务资本是法务经济活动的核心要素，也是法务经济生态的血液，在法务经济活动开展和法务经济生态建设中发挥着不可替代的作用。作为法务经济主体的细分类型，法务资本主体是法务资本的管理者和应用者，对于保持法务资本属性十分重要。在法务经济活动中，法务资本完成资本循环并创造法务经济价值。本章将在解读法务资本基本概念的基础上，概要介绍法务资本主体和法务资本循环。

第一节 法务资本概念

广义资本泛指参与社会经济活动的各种资源，包括物质资本、人力资本、自然资源、技术知识等，狭义资本则仅指以货币、资金为主要存在形式的资本。在现代经济活动中，除了人力、原料、设备、技术等传统经济元素之外，科技、情报等创新经济元素也被广泛应用，作用愈加重要，但是狭义资本依然是其中不可或缺的核心元素，驱动着整个社会经济发展。在法务经济活动中，法务资本、法务技术、法务情报、法务科技、法务人才、法务管理等各种法务经济要素均属广义法务资本。CLEAR 法务经济理论中的“法务资本”特指狭义法务资本，即以实现法务经济价值为核心目的，介入并支持法务经济活动开展的资本。

法务资本是具有鲜明法律属性的资本形态。法务资本在本质上是一种资本，同样具有资本的基本属性。例如，资本需要通过投入生产经营活动最终实现增殖目的，法务资本同样具有增殖性特征，也需要在法务经济活动之中实现价值增益。但是，法务资本同时具有鲜明的法律属性，需要秉持法律精神、追求法律价值，这也是法务资本区别于传统资本而独立存在的本质特征。需要略加说明的是，虽然法务资本也会投入法务诉讼领域，而且法务资本形成初期的主要应用领域就是法务诉讼项目，但是并不应当简单地反向认为法务资本就是应用于法务诉讼领域的资本。准确地来讲，法务资本是支持法务经济活动开展的特殊资本。事实上，法务诉讼活动只是狭义法务经济活动中的一部分，法务资本不仅可以参与法务诉讼活动，而且可以积极介入法务谈判、法务商业等更为广阔的法务经济领域，支持各项法务经济活动开展。此外，法务资本还应当积极介入传统经济领域，在广义法务经济活动层面创新价值，支持构建广义法务经济生态。换言之，法务资本在本质上是一种资本，但其核心灵魂具有鲜明的法律属性，并非因其可以投向法务诉讼领域而成为“法务资本”，更非是指应用于法务诉讼领域的细分资本（见图2－1）。

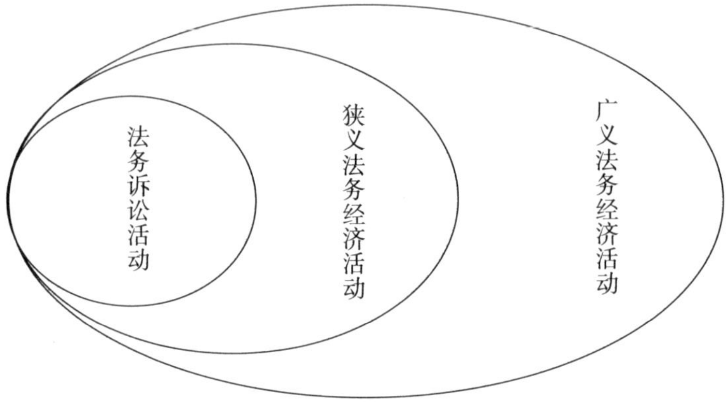

图2－1　法务资本的应用领域

法务资本需要以法务经济活动作为价值支点。作为一种特殊资本形态，法务资本并不会凭空创造价值，必须介入到具体法务经济活动之中，并在支持后者实现法务经济目的基础上创造自身价值。换言之，法务资本伴生于法务经济活动。需要略加说明的是，法务经济活动并非仅指狭义法务经济活动，还包括广义法务经济活动。从微观角度来看，法务经济活动亦非仅指直接实施具体法务经济项目的活动，还包括法务经济主体建设及运营、法务经济要素建设及流转、法务经济市场建设及运营等各项法务经济活动。当然，不同法务经济活动的直接目的并不相同，法务资本在其中的价值内涵也不尽相同。

法务资本应当追求创造法务经济价值。在传统经济活动中，资本更多的是追求经济价值，即为社会创造更多物质财富，满足人们物质需求并促进整个社会持续发展。毋庸讳言，法务资本同样追求和创造经济价值，但是法务资本是法律属性化的资本，其价值目标并非只是单纯地追求经济效益，实现法律价值同样是其核心目标，这也是法务资本与传统资本极为重要的内在区别。当然，优先追求法律价值并不意味着法务资本可以无视经济效率和经济效益，恰恰相反，法务资本更加需要积极促进传统经济活动高效发展，最大限度创新经济价值。事实上，一方面，传统法务活动更加侧重于追求法律价值，但是由于客观上缺少法务资本支持，传统法务主体往往忽视乃至放弃对于经济活动价值的维护和创造，并不利于在实现公平正义之上促进经济发展、创新经济价值；另一方面，传统经济活动更加注重于追求经济价值，在很多情况下未能主动将法律作为核心要素和顶层资源，甚至将法律视为障碍和禁锢，一厢情愿地单纯追求经济利益，也恰恰因此而偏离正常轨道并伤及自身良性发展，并未能够创造有品质的经济价值。法务资本就是要在融合法律与经济基础之上，支持重构“法务经济”关系并创造“法务经济”价值。

法务资本在本质上体现了法务经济生产关系。在法务经济活动中，法务资本是以法务货币资本、法务生产资本、法务商品资本等特定形式存在。例如在法务情报业务中，法务情报主体将所需资金投入法务情报业务，通过各种渠道和方式搜集获取法务情报信息，经过加工之后形成法务情报产品，用于支持法务情报利用主体决策具体法务经济措施。在这个过程中，法务情报资本表现为“法务情报资金”“法务情报信息”“法务情报产品”等特定形式并实现资本循环。但是，法务货币资本、法务生产资本、法务商品资本等本身并不是法务资本，只有介入并支持法务经济活动运行才能创造价值，并因此而成为“法务资本”。换言之，法务资本并非是指静态的资金、产品，从本质上讲体现的是法务经济生产关系。

法务资本是法务经济活动的核心要素。正如前文所述，法务资本需要以法务经济活动为价值支点，必须介入并支持法务经济活动开展才能创造自身价值，而从法务经济活动的角度来看，法务资本同样是其核心支点。在具体法务经济项目实施中，法务经济主体需要投入法务资本支持开展具体的法务经济措施；在法务经济主体建设及运营、法务经济要素建设及流转、法务经济市场建设及运营等法务经济活动中，法务资本同样是不可或缺的基础支撑要素。例如，法务科技是重要的法务经济要素，但是培育、管理法务科技同样需要投入大量法务科技资本，用于法务科技的研发、运行、维护、创新等活动。可以说，法务资本是法务经济活动的血液，在多个领域直接或者间接支持法务经济活动的开展。

总之，法务资本是具有法律属性的特殊资本，也是法务经济活动中的核心要素，被广泛应用于法务经济项目实施、法务经济主体建设、法务经济要素建设等各种法务经济活动中，并在此过程中创造自身的法务经济价值。

第二节　法务资本主体

法务资本主体是管理、应用法务资本的特定法务经济主体，对于保持法务资本基本属性极为重要。法务资本需要在法务资本主体的直接支配之下介入法务经济活动，实现自身的资本循环并创造法务经济价值。本节将详细解读法务资本主体，帮助我们更为全面、准确地理解法务资本。

法务资本主体是支配法务资本的特定法务经济主体。法务资本是法务经济活动乃至整个法务经济生态的血液，但是在本质上体现的是法务经济生产关系，需要在特定法务经济主体支配之下参与法务经济活动。正如法务技术掌握在律师等法务技术主体手中一样，法务资本则被法务资本主体所支配。需要略加说明的是，法务经济活动本身就是一个动态过程，而法务资本亦需要历经介入——转化——退出的循环，因此，特定的法务资本与法务资本主体之间并非绝对、唯一的对应关系。换言之，特定的法务资本完全可能依照顺序或者同时被若干法务资本主体所支配。例如在法务投资中，项目执行成员是法务担保资本的初始支配主体，但是在将法务担保资本投入特定法务投资项目之后，法务投资主体将成为法务担保资本在这一阶段的主要支配主体，而法务担保资本则被转化为法务项目资本，用于支持法务投资主体开展法务战略、法务诉讼、法务谈判、法务商业等各项法务经济措施。

法务资本主体是法务经济主体的细分类型。开展法务经济活动需要法务资本、法务技术、法务情报、法务科技、法务人才、法务管理等各种法务经济要素的支持，完全是一项系统工程，这也要求法务经济主体应当是综合性主体。在某些情况下，法务资本主体与法务经济主体可能是重合的，特别是在法务资本发展初期更是如此。从产业化、职能化、专业化发展角度来看，完全可能而且应当出现法务资本主体、法务情报主体等各种法务经济要素主体，专门管理相应的法务经济要素，并向法务经济活动配置所需的法务经济要素。在法务资本成熟期，将会孕育出各种法务金融资本，法务金融主体也将成为更为独立、更为专业的法务资本主体。根据所支配法务资本具体类型的不同，法务资本主体又可以进一步细分为法务私有资本主体、法务产业资本主体、法务金融资本主体等不同类型。

法务资本主体在组织形式上呈现出多样性的特征。在经济活动产业化发展背景下，现代经济主体主要是以公司企业等形式出现。由于传统法务活动的特殊性，传统法务主体实质上是以个体形式存在，但是法务经济活动更为复杂、精细，单个人员难以有效承载诸多法务经济要素，更是难以高效实施各项法务经济措施，因此，客观上要求法务经济主体主要以公司企业等现代经济组织形式存在。法务资本主体作为细分法务经济主体，在组织形式上亦是以公司企业等作为主要存在形式，特别是在法务经济活动产业化、法务资本金融化发展背景之下更是如此。另外，在法务经济活动尚处于初期探索阶段之时，法务资本形成并非易事，个体人员反而是法务资本主体的重要组织形式。同时，法务经济活动的智力性特征极为明显，法务经济人员自身能动性对于法务经济活动品质有着较大影响，因此法务经济主体需要借助法务私有资本，将法务经济人员与法务经济项目进行风险权益绑定。在此情形下，法务私有资本主体与法务经济人员合二为一，这是一种较为特殊的法务资本主体组织形式。

法务资本主体对于保持法务资本属性极为重要。法务资本是法律属性化的特殊资本,并因此而成为法务经济活动的配套资本。一旦失去"法务经济"属性,法务资本将与传统资本并无二致,并将影响所介入活动的"法务经济"属性。就单纯货币角度而言,法务资本与传统资本并无区别,但正是在法务资本主体的"法务经济"意识主导之下,法务资本介入经济活动并建立法务经济生产关系,确保经济活动在"法务经济"轨道上运行。换言之,脱离法务资本主体主导,法务资本可能就将失去"法务经济"属性,法务资本主体亦无法借此构建法务经济生产关系,整个经济活动可能重回传统经济轨道。

总之,法务资本主体是法务资本的直接支配主体,对于保持法务资本基本属性极为重要。一般而言,法务资本主体是以公司企业等现代经济组织形式出现的,而法务经济人员则是较为特殊的法务资本主体存在形式。

第三节　法务资本循环

作为核心法务经济要素,法务资本需要积极介入法务经济活动,在解决法务经济需求之上创造法务经济价值。在此过程中,法务资本同步完成自身循环并实现资本增殖。法务资本包括若干不同的细分类型,应用于诸多不同的法务经济领域,在资本循环具体形式上并不完全相同。本节将以法务产业资本支持具体法务经济项目实施为例,简要论述法务资本循环(见图2－2)。

法务经济项目是法务产业资本实现法务经济价值的直接支点,但是在投入法务经济项目之前,法务产业资本需要首先分配一定的法务建设资本和法务运营资本,投向法务经济主体建设、法务经济要素建设、法务经济系统运营等领域,为实施法务经济项目创建客观基础。具体而言,法务产业资本不仅需要支持法务经济主体建立法务营销、法务情报、项目执行等若干法务经济系统,为实施法务经济项目提供平台支撑,而且还需要支持法务经济主体培育和管理法务技术、法务科技、法务人才等诸多法务经济要素,为实施法务经济项目提供要素支撑,此外还需要支持法务经济系统开展法务营

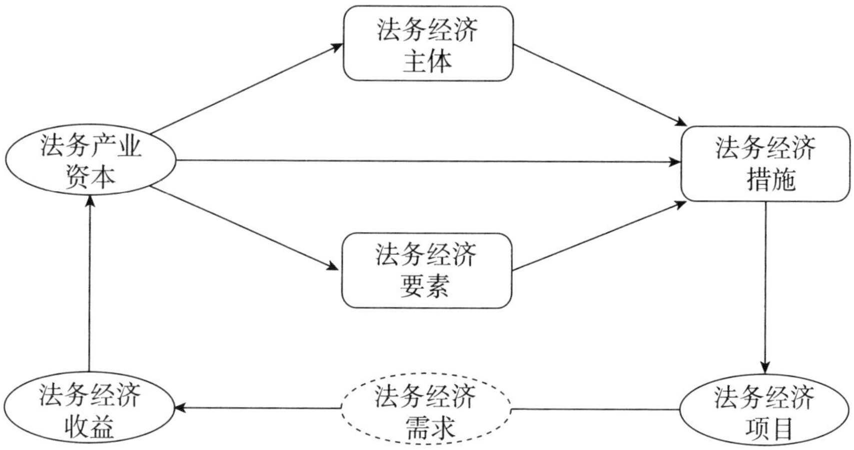

图 2－2　法务产业资本循环

销、风险评估、法务情报等专项法务经济活动,为实施法务经济项目提供运营支撑。在此过程中,法务建设资本和法务运营资本由法务货币资本形态转化为若干法务经济系统、诸多法务经济要素、专项法务经济活动等法务生产资本形态,并借助具体的法务经济措施持续性支持法务经济项目实施,最终在多个法务经济项目中逐步完成资本循环。

除了法务建设资本和法务运营资本之外,法务产业资本还需要分配一定规模的法务项目资本,直接支持法务经济主体开展具体的法务经济措施。针对不同的法务经济项目,法务经济主体可以采取法务投资、法务开发、法务融资、投资法务等不同的法务经济模式,并在具体法务经济模式中综合采取法务战略、法务诉讼、法务谈判、法务商业等各种法务经济措施,解决法务经济对象的根本需求。在具体法务经济措施中,法务项目资本的介入方式多种多样。例如,法务项目资本在法务诉讼中可以用于支付诉讼必要费用,在法务谈判中可以用于支付法务情报费用等。在此过程中,法务项目资本同样是由法务货币资本形态,以各种方式转化为具体的法务经济措施,最终借助法务经济项目完成资本循环。

法务经济项目是法务产业资本最终投向目标。从外在形式上看,法务经济对象获得由若干法务经济措施组合而成的法务经济产品,并因此而向法务经济主体支付相应对价,后者则在转让法务经济产品之后取得法务经济收益,完成法务产业资本的循环和积累。但是从内在本质上看,法务经济主体依托各种法务经济措施,直接或者间接作用于传统经济活动秩序异常本身,积极解决法务经济对象根本需求,在创新和创造法务经济价值基础之上取得自身法务经济收益。换言之,各种法务经济措施的组合只是法务经济的表象产品,或者说是法务经济的中间产品,真正的法务经济产品是修复社会经济秩序异常、解决法务经济对象需求,法务产业资本在这一阶段才从法务生产资本转化为法务货币资本。正因如此,法务经济将解决法务经济对象需求称为"项目",整个法务经济项目实施就是一个"法务经济产品"。在完成法务经济项目后,法务经济收益转化为法务产业资本,实现资本增殖并开始下一个法务产业资本循环。

法务产业资本循环是一个周而复始的动态性过程,任何一个环节的停滞都将影响法务经济活动的顺利进行,进而影响法务产业资本积累。对法务经济主体而言,必须合理配置法务建设资本、法务运营资本、法务项目资本等相对比例,有效管控每一环节的潜在风险,保证法务产业资本循环顺畅、高效。在法务经济实务中,由于法务私有资本、法务金融资本等其他法务资本的并行介入,法务产业资本循环也将更为复杂、多变。此外,在不同法务经济模式下,法务资本循环亦有所不同。

总之,法务资本是具有法律属性的特殊资本,也是法务经济活动中不可或缺的核心要素,需要在法务资本主体管理并秉持法律属性的前提下,积极介入法务经济活动并完成资本循环,创造法务经济价值。

第三章 ● 法务资本的特征及属性

资本是现代经济活动的核心要素，具有垫支性、运动性、增殖性、风险性等基本特征。作为一种法律属性化的资本形态，法务资本在具有垫支性、运动性、增殖性、风险性、法务性等基本特征的同时，还具有法律精神、政治悟性、经济使命、社会责任等基本属性，并因此平行匹配法务经济活动。本章将在概要介绍法务资本基本特征的基础之上，深入论述法务资本具有的法律精神、政治悟性、经济使命、社会责任等基本属性，便于我们更为精准地理解法务资本的独特内涵。

第一节　法务资本的基本特征

正如前文所述，资本是现代经济活动的核心要素，虽然在某些阶段以货币、原料、设备、商品等形式存在，但是基于其垫支性、运动性、增殖性、风险性等基本特征，是区别于资金、资产而独立存在的。法务资本是资本的创新形态，除了具有垫支性、运动性、增殖性、风险性等基本特征之外，还具有法务性特征，在微观表现形式上也与传统资本存在差异。

法务资本具有垫支性特征。社会经济活动离不开资本的支持，但是从另一方面来讲，社会经济活动又是资本存在和创造价值的支点。换言之，资本并无可能跳开社会经济活动而凭空创造价值，必须先行投入社会经济活动之中，转化为所需经济要素从而推动生产经营，并在此基础上实现自我增殖。例如，生产者需要拿出一定的货币资本，购买原料、设备等各种生产所需的生产资料，最终通过生产、销售商品实现资本增殖。狭义法务经济活动并不直接生产有形商品，亦不需要购买有形的原料、设备等，但是同样需要投入法务技术、法务情报、法务人才等各种法务经济要素，这些都需要法务经济主体先行投入法务资本，用于培育、管理、配置这些法务经济要素，乃至直接用于支持开展具体法务经济措施，在实现法务经济活动价值的同时创造法务资本价值。例如，法务经济主体需要借助法务情报产品支持自身合理决策具体法务经济措施，但是法务情报产品并非天然存在，需要通过收集、加工法务情报信息才能获得，而这显然需要先行投入法务情报资本从而支持开展法务情报业务、生产法务情报产品。

法务资本具有运动性特征。所有的生产经营活动都是一个运动过程，资本不仅需要先行投入其中，而且需要伴随生产经营活动实现形态转化，最终完成资本循环并创造资本价值。以产业资本为例，必须在“货币资本→生产资本→商品资本”的循环中创造价值，一旦运动停止并固定于某一形态，产业资本就将失去生命，演变并固定为资金、资产。因此，运动性是资本与资金、资产等一个非常重要的区别。就法务资本而言，同样需要在支持法务经济活动开展的过程中不断运动转化，完成自身循环。以法务情报资本为例，法务情报业务主体需要先行将其投向法务情报信息收集活动，从而获取所需的法务情报信息，之后另行投入法务情报资本用于加工法务情报信息并获得法务情报产品，而法务情报利用主体则需为取得法务情报产品支付相应对价，法务情报资本则顺利完成资本循环。当自身不再介入法务经济活动或者法务经济活动停滞时，法务资本都将失去资本运动性，转化为资金或者资产。就法务资本而言，不仅需要在法务经济活动之中完成资本循环，而且需要尽可能加速法务资本运动、缩短资本循环周期，从而提高法务资本效率。

法务资本具有增殖性特征。社会经济活动的主要目的就是创造价值，资本的一系列运动亦是在此基础上实现自身增殖，因此增殖性成为资本的本质属性。当然，资本具有增殖性并不等同于资本应当唯利是图，更不意味着投入资本必然就将产生相应的资本收益。在本质上，狭义法务经济活动是特殊的经济活动，广义法务经济活动更是传统经济活动的优化升级，法务经济活动必然需要在经济层面创造价值,而法务资本同样具有增殖性特征。需要强调的是,基于法务经济属性,法务资本不仅需要积极追求经济价值,而且更加需要努力实现法律价值,这也是法务资本与传统资本之间一个非常重要的区别。

法务资本具有风险性特征。诚然,增殖是资本的基本目的,但是资本必须以垫支方式介入社会经济活动,并在完成资本循环之后实现增殖目的,而社会经济活动面临诸多外部和内部的不确定性因素,导致整个资本循环不可避免地存在各种风险,并不必然按照预想路径发展。在一些情况下,资本不仅未能实现增殖目的,甚至连原有价值亦会受到损害。从某种意义上说,社会经济活动的宏观风险决定了资本的微观风险,虽然难以完全消除资本的风险性,但是对资本微观风险的有效管控也将反向降低社会经济活动的宏观风险。毫无疑问,法务资本必然也具有风险性,但是法务资本应当基于自身的法务经济内核,有效管控自身以及整个法务经济活动的各种风险,促进法务经济活动以更为安全、更为稳定的方式运行。

法务资本具有法务性特征。从外在形式上看,法务资本是法务经济活动的配套资本,需要投向法务经济领域并支持法务经济活动开展。从目标价值来看,法务资本不仅需要借助法务经济活动创造经济价值,而且需要追求实现法律价值。因此,法务资本具有法务性特征,特别是在狭义法务经济领域,法务资本的法务性特征更为明显,这也是法务资本与传统资本之间一个非常明显的区别性特征。

总之,法务资本在本质上是一种特殊资本,除了具有垫支性、运动性、增殖性和风险性等资本所具有的基本特征之外,还同时具有法务性特征。此外,法务资本在微观表现形式上与传统资本并不完全相同,这也要求法务资本主体在“法务经济”指引下管理和创新法务资本。

第二节　法务资本具有法律精神

正如本书所述,法务资本之所以区别于传统资本而独立存在并非因其能够介入法务领域,而是缘于自身具有的法律属性。法务资本法律属性的内涵之一就是具有法律精神,相较于传统资本而言具有更强的法律风险意识、法律秩序意识和法律公正意识。

一、法务资本具有法律风险意识

传统资本往往回避介入法务领域,其中一个重要原因就是厌恶法务领域之中的法律风险。但是,这种反应更多是源于对陌生事物的本能抗拒,而非来自清晰认知之后的理性判断。事实上,法务领域之中的法律风险并非都是不可识别、不可管控的。从法务经济主体乃至传统法务主体的视角来看,法务领域中很多所谓风险远未达到传统资本主体认知中的级别程度。传统资本的本能反应完全符合认知规律,但是恰恰说明传统资本并不具有良好的法律风险识别和管控能力,即便在传统经济领域,法律仍然是一处专业空间,传统资本亦非可以应对自如。例如,创新经济领域需要资本支持,而且可能给予资本更高的投资收益,因此大量传统资本纷纷涌入其中。诚然,创新允许变革和突破,但是创新经济领域并非法外之地,创新首先应在消除法律硬伤的背景之下展开。对于相当部分的传统资本而言,在介入创新领域之前并未有效识别其中的法律风险,投资过程之中更是难以对潜在的法律风险进行有效管控,甚至一些传统资本完全是盲目跟随,对于法律风险几乎没有认知力和免疫力。更有一些传统资本在本位领域尚可凭借法律经验避开法律风险,而一旦跨入其他陌生领域就带有相当大的法律盲目性,甚至直接闯入法律禁区并遭受重大损失。从另一个方面来看,在相对缺乏识别和管控法律风险能力的背景下,传统资本更加习惯于投向自身的熟悉领域,这在一定程度上束缚了传统资本的积极流动,并不利于传统经济领域的创新发展。总之,传统经济领域充满各种风险,而法律风险则是其中的重要内容之一,传统资本相对缺乏有效识别和管控法律风险的意识和能力,导致传统资本一方面带有盲目性,更易引发法律争议并造成经济秩序运行的异常;另一方面,传统经济领域又带有消极性,在法律风险面前过度谨慎并盲目排斥,这些都不利于传统资本理性支持传统经济活动发展。

法务资本是法律属性化的特殊资本,显然更具备有效识别、管控法律风险的意识。风险性是法务资本的基本特征之一,如果从法律视角来看,法务资本面临的风险既可能是法律风险,亦可能是经济风险、社会风险等各种非法律风险。在狭义法务经济活动中,法务资本需要支持法务经济主体直接处置法律争议,而在广义法务经济活动中,法务资本需要支持广义法务经济主体有效化解法律风险,而这必然需要法务资本能够有效识别和管控法律风险,否则将无异于传统资本。当然,法务资本不仅应当有效识别和管控自身在法务经济活动中的法律风险,而且需要有效识别和管控法务经济活动在整个法务经济生态中的法律风险,特别是在法务资本介入传统经济领域之中时,更加需要有效识别和管控传统经济活动在社会经济环境中的法律风险。需要说明的是,在经济发展全球化背景之下,法务资本不仅需要有效识别和管控本国法律背景下的法律风险,同时需要有效识别和管控所涉域外法律风险。

在法务技术、法务情报、法务科技、法务人才、法务管理等法务经济要素的综合支持下,法务资本能够更为有效地识别和管控法律风险。相较于传统资本,法务资本具有更强的法律风险意识,更善于在法务经济活动中识别和管控法律风险。与此同时,法务资本必然需要主动支持法务情报、法务科技、法务人才等其他法务经济要素发展,借助后者更为有效地识别和管控法律风险。例如,法务情报资本将积极介入法务情报业务开展并生产法务情报产品,支持法务经济主体合理、准确决策,从而有效识别和管控法律风险。

可以说,法务资本的法律风险意识源于内在的法律属性,并将传导至其他法务经济要素和整个法务经济活动,转化为强大的法律风险识别和管控能力。

二、法务资本具有法律秩序意识

秩序是包括经济活动在内的各项社会活动的发展基础,法律则是建立和维护秩序的重要规范。作为法律属性化的特殊资本,法务资本具有良好的法律秩序意识,更加注重建立和优化法律秩序。

法务资本是法务经济活动的配套资本,法律秩序意识是其重要属性。稳定且可期的运行秩序是开展经济活动、创造经济价值的必要基础,狭义法务经济活动的直接目标就是修复传统经济运行的异常,即恢复传统经济活动原有秩序或者建立新的经济活动秩序，而广义法务经济活动的直接目标则是优化传统经济活动运行品质，其中的应有之义即是让经济活动在法律轨道之上有序运行。从某种意义上讲，法务经济活动就是在修复、优化以法律秩序为基础的经济活动运行环境。作为法务经济活动的配套资本，法务资本更需具有法律秩序意识，并将其内化于具体法务经济活动之中，支持修复、优化传统经济活动秩序，从而构建以法律秩序为底层基础的法务经济生态。

法务资本具有的法律秩序意识构筑于更高经济层面。诚然，并非每一项具体的法务经济活动都存在复杂关系，但是法务资本的整体法律秩序意识不仅需要构筑在特定经济行业层面，而且需要上升至整个国内经济乃至国际经济层面，以宏观法律秩序意识支持微观法务经济活动。正如前文所述，全球化成为这一时期经济发展的显著特征，无论是传统经济主体还是传统经济活动都不可能脱离这一背景基础。同样，传统经济主体和传统经济活动都是整个国际法律秩序之下的组成单元，并无可能置身其外。整个国际法律秩序并非完全协调一致，而是呈现出空间性、层级性差异，甚至在某些领域存在实质性冲突。对于传统经济主体和传统经济活动而言，在跨空间、跨层级过程之中可能面临较大挑战。但是，相当部分传统资本并未在更高经济层面形成法律秩序意识，它们看似是经济活动的参与者，实则是法律秩序的破坏者，往往会在无意识中造成巨大损失。法务资本的法律秩序意识构筑于更高经济层面，得以支持法务经济活动在更高法律秩序维度运行，这让法务资本和法务经济活动都具有更好的适应性。

法务资本具有的法律秩序意识构筑于更广的社会层面。从更为广阔的视角来看，经济活动只是社会活动的一部分，必然与其他社会活动存在各种关联，并无可能独立发展。换言之，经济秩序是整个社会秩序的有机组成，并将对社会整体发展产生重要影响。因此，法务资本的法律秩序意识并非局限于经济活动层面，而是构筑于整个社会活动层面之上，以社会整体发展的视角审视法务经济活动秩序。

三、法务资本具有法律公正意识

公平正义是社会良性发展的根本基础，经济活动整体发展同样需要坚持公平正义,法律即是维护公平正义的外在保障。基于自身法律属性,法务资本具有法律公正意识,支持法务经济活动秉持公平正义。

社会发展和经济活动需要以秩序为前提,而秩序又需要以公平正义为基础。缺乏稳定的秩序,社会发展和经济活动都将难以为继,而缺少公平正义的秩序更将对社会发展和经济活动造成巨大伤害。法律作为社会管理的特殊形式,其目的并不仅仅是为了确立社会发展和经济活动的外在基本秩序,更是在于构建内在公平正义。毋庸讳言,法律秩序并不能在各个领域、各个层面完全覆盖经济活动,而且在某些情况下完全可能出现失灵的情况。在法律秩序缺失、失灵乃至冲突的情形下,公平正义基本准则的价值将更为重要。现实中,一些传统资本并非无法认知法律秩序,甚至有意将法律秩序作为竞争工具,貌似完全是在法律秩序范围之内追求经济价值,但是恰恰忽视了公平正义,给整个经济活动造成巨大伤害。作为法律属性化的资本形态,法务资本不仅能够遵守法律确立的经济秩序,更加需要维护法律追求的公平正义。对于法务资本来说,需要站在整个社会和经济公平正义、良性发展的高度,支持法务经济活动的开展。

总之,法务资本是具有法律精神的资本形态,不仅能够有效识别和管理法律风险,而且需要在更高经济层面、更广社会层面构筑法律秩序意识,同时将公平正义作为基因内核,在更高层面支持法务经济活动运行。

第三节 法务资本具有政治悟性

在一般社会认识中,法律就是最高规格的社会管理规范,严格遵守法律意味着绝对符合社会管理要求。事实上,法律只是国家制定的强制性规范,而非社会管理规范的全部,符合法律规定并不完全等同于符合社会管理要求。法务资本的另一项重要属性就是具有政治悟性,即不仅能够准确认知、积极适应自身所处的当前政治环境,而且能够前瞻性地把握政治生态发展趋势。

为了更为准确地理解法务资本的政治悟性,有必要首先对政治、经济和法律三者之间的关系略作解读。所谓政治,从本质上讲是规范化的社会管理。随着人类社会交往的持续规模化、标准化，就需要对此加以规范、引导，以维护社会交往的秩序性、效率性，社会管理应运而生。在社会管理中，既有社会组织机构等主导的规范化管理，同时又存在民众个体等实施的非规范化管理，前者即为政治。诚然，政治虽并非直接具体可见，却是社会良性存在和发展的必要基础，无时无刻不在影响着整个社会发展。需要略加说明的是，政治并非是与国家完全对应的一个概念，而是存在于不同的空间范畴。例如，基于国家概念，政治可以分为国内政治和国际政治，前者是后者的组成部分。虽然每个国家都会产生相应的国内政治，但是随着国际交往的日趋频繁，所有国家共同构建并依附于整个国际社会，任何国家都不可能建设封闭的自我社会管理，而是需要在国际政治背景之下实施国内社会管理。从社会角度来说，经济是规模化、标准化的人类社会交往活动，也是社会存在的根本基础。经济活动推动了社会管理的产生，而社会管理又在持续发展中进一步催生了政治。简言之，政治是经济的产物。法律与政治同为社会上层建筑，亦是经济的产物，但是法律是体现国家意志的社会管理，需要以政治为根本和前提。换言之，政治在外延上更为广泛，而法律则是政治在国家治理中的特殊表现。总之，经济是社会的存在基础，决定了包括政治、法律在内的社会上层建筑，法律则是政治在国家治理层面的特殊反映，与政治一样都会对经济反向产生影响。

在传统经济活动中，相当部分的传统经济主体对于政治、法律、经济三者之间关系的认识存在诸多误区：经济活动就是生产经营，运行异常之后才需要法律；经济活动只要遵守法律规定即可，无须顾及政治；经济活动只要懂政治即可，其次才是法律……认识上的偏差，给经济运行秩序带来了巨大风险。例如，为了促进和保障经济良性发展，国家制定的诸多法律法规理应成为社会经济主体坚守的基本规则，但是在激烈地招商引资竞争中，传统经济主体有时会获得一些超法律的优惠承诺，并因此而选择性地忽视了法律的存在。当传统经济主体以此为基础构建未来经济活动之时，即意味着其自身开始游走在法律保护界限之外。一旦风险爆发，构建于此之上的整个经济活动都可能土崩瓦解，甚至波及其他更多领域，传统经济主体也将为此付出沉重代价。诚然，传统经济主体并非唯一的风险根源，但其自身重视政治、忽视法律的特性显然助推了经济活动的无效运行。

法务资本具有的“政治悟性”，是指能够准确认知、积极适应所处的政治环境，同时能够前瞻性地把握政治发展趋势。诚然，经济基础决定上层建筑，政治是第二性的，但是政治同样能够对经济活动产生反向影响，甚至在特定时空环境下对微观经济带来重大影响。例如，国家为了保护自然环境、促进持续发展，制定了专门政策严格限制高能耗、高污染行业无序发展，必然会影响某些企业的生产经营乃至生死存亡。因此，微观经济活动也需要准确认知所处的宏观政治环境，并在此框架之下生存发展。此外，无论是经济基础还是上层建筑都始终处于运动之中，固然，经济发展决定了政治演变，但是微观经济活动同时需要前瞻性地把握政治发展趋势，为自身发展变革赢得更为有利的时空环境。

需要特别强调的是，正如法务资本的法律秩序意识构筑于更高经济层面和社会层面一般，法务资本的政治悟性同样需要构筑于更高政治层面。在全球经济、文化等活动交流愈加频繁密切的背景下，各个国家需要构建共同的国际政治生态，并更为紧密地融入其中。因此，法务资本的政治悟性是以国内政治为基础、构筑于国际政治层面的政治悟性。

第四节　法务资本具有经济使命

在具有法律精神、政治悟性之外，法务资本的另一项基本属性就是具有经济使命，促进经济活动高品质发展。就法务资本而言，其不仅需要积极支持狭义法务经济活动开展，构建狭义法务经济生态，而且需要积极介入广义法务经济活动开展，同时积极改良传统资本基本属性，构建广义法务经济生态，全方位提升经济整体运行品质。

经济活动的根本目标就是创造更多物质文化财富并满足人们生存发展需要，同时实现解决民众就业、保护生态环境等其他经济目的。资本是经济活动的重要支点，介入其中的直接目的就是在推动经济活动发展的基础上创造额外价值。虽然对于资本的逐利性当然无可厚非，甚至需要鼓励资本合理创造更多额外价值，从而以更大规模支持经济活动快速发展，但是，一些资本过度强调实现自我增殖，反而损害了经济活动本身乃至波及更多社会领域，既不利于经济活动良性发展，亦不利于社会可持续发展。例如，家用电器可以提升民众生活的舒适度，这就需要投入资本、人力、土地等多种经济要素实施生产经营活动，诚然，资本需要在此期间实现增殖，但是整个生产经营活动同时需要实现解决民众就业、节约自然资源、保护生态环境等问题的其他目的，因此资本除了购买设备和原料之外，还需要积极投向技术改造、污染治理等领域，而这些并不会直接给资本带来货币价值。一旦资本进入唯利是图状态，整个经济活动也将被带入单纯追逐资本利益的轨道，忽视对其他经济目的的追求。在上例中，一些资本竭力减少治理废弃物的环保投入，放任环境污染的发生和扩大，固然在一定程度上实现了单方利益最大化，但是对整个经济、社会的良性发展而言无疑是巨大损害，甚至所致损失已经远远超过资本创造的价值。出于追逐利益最大化的本能反应，资本总是习惯为经济活动锦上添花，并在此期间安全、稳定地获取最多利益，但是恰恰排斥为经济活动雪中送炭，从而保证自身相对安全。不得不说，当资本将追逐利益作为唯一目标之时，往往会凌驾于经济活动之上，甚至选择性抛弃某些经济活动，非常不利于经济活动的良性发展。总之，资本是经济活动的重要支点，也需要在经济活动之中创造额外价值，但是经济活动需要实现综合目的，资本的无约束扩张、选择性介入将会损害经济活动本身的良性发展。

法务资本具有经济使命的内涵之一，就是在支持狭义法务经济活动开展的基础上，积极构建狭义法务经济生态。诚然，法律风险具有较强的传导性和破坏性，但是在传统经济活动运行秩序出现异常之时，并不应当不加区分地直接将其切除。事实上，传统经济活动陷入运行异常并不等于传统经济主体的现有资产为负，也不意味着传统经济活动的预期价值为零，因此需要以法务经济视角审视传统经济活动运行异常，将修复既有运行异常这一过程作为特殊的经济活动，减少经济损失、创造经济价值、创新经济机会。在传统资本缺位的情况下，法务资本更加需要积极支持狭义法务经济活动开展，将修复传统经济运行秩序异常作为经济使命之一，在极端环境下提升传统经济运行品质，构建狭义法务经济生态。需要特别说明的是，狭义法务经济活动并非限于简单修复传统经济活动运行的异常，而是需要在此过程中积极重构新的交易环境，促进新的经济活动开展，并在此过程中创造法务经济价值。

法务资本所具有的经济使命的内涵之一，就是积极支持广义法务经济活动开展并创造法务经济价值。在本质上，法务资本就是一种具有法律属性的资本形态，相较于传统资本而言，其更加符合社会发展方向。因此，法务资本不仅需要支持狭义法务经济活动开展，而且应当积极介入传统经济领域，支持广义法务经济活动开展，并在更为广阔的传统经济领域创造法务经济价值。例如，基于自身具有的法律属性，法务金融资本不仅需要支持狭义法务经济生态建设，同样需要积极介入传统经济领域，提升传统经济活动运行品质。需要略加说明的是，基于自身具有法律精神、政治悟性等基本属性，法务资本并非不加分辨地支持所有经济活动的开展，那些缺乏法律精神、政治悟性的传统经济活动并非其介入对象。从另一个角度看，法务资本是以提高介入标准或者说淘汰某些传统经济活动的方式，提高整个传统经济活动的运行品质。

法务资本所具有的经济使命的内涵之二，就是积极同化传统经济要素并构建广义法务经济生态。法务资本相较于传统资本具有更高品质，固然可以直接介入传统经济活动并提升其运行品质，但是拓展至整个传统经济领域仍然需要一定过程。因此，法务资本需要通过支持特定法务经济活动、借助法务经济要素延伸渗透等各种途径，逐步同化资本、科技等各种传统经济要素，建设更为宽广的法务经济要素基础，加速广义法务经济生态构建。

总之，法务资本的基本属性之一就是具有经济使命，其以自身高品质直接支持狭义法务经济活动和广义法务经济活动开展，同时将自身法律属性赋予传统经济要素，共同构建狭义法务经济生态和广义法务经济生态，提升经济活动运行的整体品质。

第五节　法务资本具有社会责任

法务资本的基本属性之一就是具有社会责任，这一基本属性要求法务资本不仅要追求自身的经济价值,而且应当站在社会良性发展的高度和视角,支持法务经济活动开展和法务经济生态构建,促进整个社会优化发展。

资本是重要的经济要素,在支持经济活动开展基础之上创造自身经济利益。从社会发展的角度来看,经济活动又是社会活动的一部分,既支持又依赖社会整体发展。因此,资本是社会活动的有机组成,应当在社会发展层面承担更多责任。但是,传统资本在很多时候只是停留在经济层面,甚至只是关注自身的经济利益,忽视应有的社会责任。例如,大量传统资本为了攫取更多经济利益,纷纷涌入某地能源领域并进行野蛮式开采,亦不对采空区进行回填,导致采矿区地表大面积塌陷,整个地区生态受到极大破坏,居民不得不搬离旧有居所,即便是采矿业自身亦因不合理开采而不得不放弃继续开采。在很多情况下,传统资本的自私贪婪不仅会损害到传统经济活动,而且将破坏整个社会的良性发展,最终也将损害到资本自身的利益。

法律是社会管理的特殊方式,法律与经济的关系实质上是社会发展与经济活动的关系。不可否认,经济活动是社会存在和发展的重要基础,在资本驱动下具有极强的扩张性,但是在任何情况下都不应当背离社会发展的整体方向,否则将失去存在和发展的意义。因此,社会管理需要以法律等各种形式对经济活动加以引导、规范、修正等,一方面促进经济活动的快速发展以满足社会物质文化需求,另一方面规范经济活动的良性发展以符合社会整体发展方向。换言之,法律是社会发展管理经济活动的特殊表达方式,并不应当将法律从社会管理中机械剥离出来单独解读,而是需要透过法律看到整个社会发展需求和社会管理意愿。当然,并非所有的社会发展需求和社会管理意愿都会以法律规范的形式明确表现出来,但是这并不意味着条文之外的部分不是法律所追求的应有价值,更不意味着其不是社会管理的内在需要。

法务资本是法律属性化的资本,应当站在法律层面透视社会发展需求和社会管理意愿,进而审视并支持法务经济活动开展。正如前文所述,法律是社会管理的一种特殊表达,而在某种意义上,法律既是社会管理的最高标准,又是社会管理的最低标准。一方面,法律具有国家强制性,显然是经济活动的最高标准,即便为了创造经济价值或者追求资本利益亦不得逾越法律规范;另一方面,法律只是社会管理内在需要的部分表达,符合法律条文规范只是资本和经济活动的基础标准。当然,该种解读并非是将法律泛化,而是说需要秉持对法律的真正尊重,建立正确的法律意识。就法务资本而言,显然并非是在法律条文规范层面看待自身及经济活动,而是通过法律把握整个社会发展需求和社会管理意愿,在整个社会发展层面审视经济活动。

总之,法务资本是法律属性化的资本形态,具有垫支性、运动性、增殖性、风险性、法务性等基本特征,更为重要的是具有法律精神、政治悟性、经济使命、社会责任等基本属性。作为资本的一种优化形态,法务资本既是法务经济活动和法务经济生态的必然选择,也是法治国家和法治社会的内在要求。

第四章 ● 法务资本的基本分类

法务资本是法务经济活动不可或缺的核心要素，也是整个法务经济生态中极为重要的基本元素。法务经济活动包括法务经济项目实施、法务经济措施开展、法务经济市场建设、法务经济要素建设、法务经济主体建设等多种形态，必然需要法务资本演化出丰富样态，以匹配多样的法务经济活动。根据主要功能、应用领域、发展形态等不同，法务资本可以分为不同类型，并具有不同的特征和价值。研究法务资本的分类，既是从不同角度更为全面地认知法务资本本身，也是从法务资本的视角更为精确地解读法务经济活动和法务经济生态。

第一节 根据主要功能的分类

法务资本是法务经济生态的血液，为整个法务经济生态建设和发展输送营养。从微观角度来看，法务经济生态又包含了法务经济主体、法务经济市场、法务经济活动、法务经济元素等若干组织单元，这些都离不开法务资本的支持。根据主要功能的不同，法务资本可以分为法务建设资本、法务运营资本、法务项目资本和法务发展资本等不同类型，每个法务资本类型又可以细分为不同类别，在不同领域支持法务经济活动开展（见图4－1）。

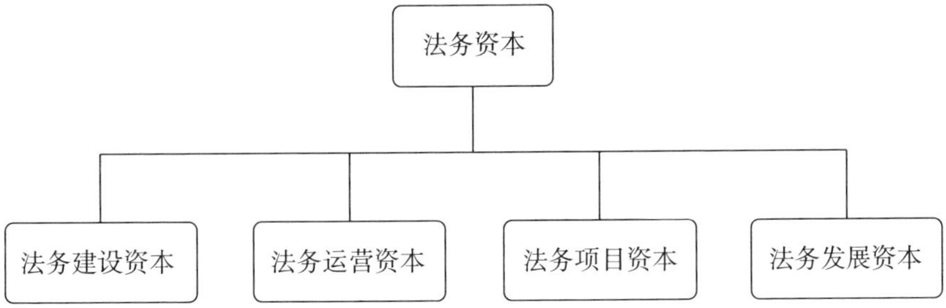

图4-1　法务资本根据主要功能的分类

一、法务建设资本

所谓法务建设资本,是指主要用于支持法务经济主体建设、法务经济元素建设和法务经济市场建设的法务资本。

法务经济活动是实现法务经济目标、创造法务经济价值的基点,但是开展法务经济活动本身也需要一定基础:不仅要有各类法务经济主体主导实施,而且需要投入各种法务经济元素等。例如,实施法务投资项目不仅需要配置法务资本、法务情报、法务技术等法务经济要素,而且需要有专门的法务投资主体管理这些法务经济要素、执行各项法务经济措施,两者缺一不可。因此,法务经济主体在开展法务经济活动之前,首先需要将法务建设资本投入法务经济主体建设、法务经济元素建设、法务经济市场建设等领域,为开展具体法务经济活动创建基础条件。根据应用领域的不同,法务建设资本又可以细分为法务经济主体建设资本、法务经济元素建设资本、法务经济市场建设资本等类别。

法务经济主体建设资本主要用于支持法务经济主体的基础建设。法务经济活动是一项系统工程,这也要求法务经济主体应当是一个由职能系统、法务人才、基础设施等组成的有机体系。为了具备开展法务经济活动的基础条件并匹配不断变化的法务经济活动需求,法务经济主体需要持续投入法务经济主体建设资本,支持职能系统建设、法务人才建设、法务设施建设等。

法务经济元素建设资本主要用于支持法务经济要素建设和法务经济资

源建设。开展法务经济活动不仅需要投入法务资本、法务技术、法务情报、法务人才、法务科技、法务管理等各种法务经济要素，推动法务经济活动的基本运行，同时还可能需要投入特定的法务经济资源，进一步提升法务经济活动的效能和品质。就法务经济主体而言，需要不断培育、积累、完善、更新这些法务经济要素和法务经济资源，法务经济元素建设资本将为此提供必要支持。例如，法务人才是高效开展法务经济活动的支撑要素，但是传统法务市场并未储备管理律师、营销律师、诉讼律师、谈判律师、情报律师、调查律师、资本律师、科技律师等法务人才，法务经济主体就需要按照法务经济标准自行培育所需法务人才，而这显然离不开法务经济要素建设资本的持续投入。

法务经济市场建设资本主要用于支持法务经济市场的基础建设。在法务经济生态发展较为成熟之时，法务经济要素、法务经济中间产品需要在不同法务经济主体之间规模化流转，法务经济产品也需要在法务经济主体与法务经济对象之间匹配，这就需要构建专门的法务经济市场并为此提供基础条件。对法务经济市场主体而言，法务资本和法务科技将是核心支撑要素。

总之，法务建设资本是法务经济主体建设、法务经济元素建设、法务经济市场建设的必要基础，需要法务经济主体的持续性投入，并将在若干具体法务经济项目实施中逐步完成资本循环并实现资本增殖。

二、法务运营资本

所谓法务运营资本，是指主要用于支持法务经济系统基础运营的法务资本。

在法务建设资本支持下，法务经济主体可以建立法务营销系统、法务情报系统、法务资本系统、项目执行系统等若干法务经济系统，分别管理相应的法务经济要素并协作开展特定的法务经济活动，实现法务经济活动模块化发展，而法务运营资本则需要为各个法务经济系统提供资金支持，保障法务经济系统在非实施法务经济项目时期的基础运营。例如，法务营销系统需要持续运营，利用各种营销渠道搜集潜在法务经济项目信息，以便从中筛选、锁定法务经济项目。在此期间,即便法务营销系统未能发现法务经济项目,法务经济主体仍然需要持续投入法务运营资本,支持法务营销系统的基础运营。

法务运营资本并不直接投向法务经济主体、法务经济要素、法务经济市场等基础建设,亦不直接投向具体法务经济项目实施,而是需要在若干法务经济项目实施中完成自身循环。

三、法务项目资本

所谓法务项目资本,是指直接介入并支持具体法务经济项目实施的法务资本。

法务经济主体之所以投入法务建设资本和法务运营资本,根本目的是支持法务经济项目实施,从而解决法务经济需求、创造法务经济价值。在实施法务经济项目过程中,法务经济主体仍然需要投入法务项目资本,用于支持配置特定法务经济要素和开展具体法务经济措施。换言之,无论是法务建设资本、法务运营资本还是法务项目资本,都需要在具体法务经济项目实施中完成资本循环,但是法务建设资本和法务运营资本并不直接指向特定的法务经济项目,而法务项目资本则对应特定的法务经济项目,并在单个法务经济项目实施中完成资本循环。

根据法务经济项目类型的不同,法务项目资本可以细分为法务投资项目资本、法务开发项目资本、法务融资项目资本、投资法务项目资本等不同类别。基于法务经济模式的差异性,不同类别的法务项目资本在具体应用上存在较大差别。例如,法务投资项目资本则是投向具体的法务投资项目,主要用于支持开展法务战略、法务诉讼、法务谈判、法务商业等各项法务经济措施;法务融资项目资本投向具体的法务融资项目,主要用于支持向法务融资对象融出资金;而投资法务项目资本则是投向具体的投资法务项目,一个重要的应用领域是法务股权投资。可以说,法务经济活动以法务经济项目为中心展开,无论是法务经济主体还是法务项目资本,都应当多样发展并匹配法务经济项目的特定需求。

法务经济项目实施包含若干法务经济措施,因此法务项目资本又可以细分为法务战略资本、法务诉讼资本、法务谈判资本、法务商业资本等不同类别，支持法务经济主体开展不同的法务经济措施。例如，在法务投资项目实施中，法务投资主体为了掌握法务谈判主动权，需要获取关于法务投资彼方的更多法务情报，这就需要投入法务情报资本并用于开展法务情报业务，同时投入法务谈判资本支持开展法务谈判活动。当然，在不同类型的法务经济项目中，法务项目资本的细分应用领域并不完全相同。例如，在法务融资项目实施中，并不需要开展法务诉讼活动，因此无须从法务项目资本中分配相应的法务诉讼资本。

总之，法务项目资本直接投向具体的法务经济项目，并需要根据法务经济项目的具体类型、特殊需求等方面的不同，进一步细分为不同类别，支持法务经济主体开展各项法务经济措施并实现法务经济目标，最终在具体法务经济项目中完成自身循环。

四、法务发展资本

所谓法务发展资本，是指主要用于支持法务经济主体持续发展的法务资本。

在法务建设资本、法务运营资本和法务项目资本支持下，法务经济主体可以实施具体法务经济项目，实现相对封闭的阶段性发展。但是，法务经济主体是整个法务经济生态的有机组成，并无可能封闭式的独立发展，既需要充分应对各种不确定性风险，又需要不断创新保持发展动力，还应当承担法务经济生态建设的公益使命，从而在自身持续性发展基础之上实现与法务经济生态的协同性发展。当然，法务经济主体实现上述目标的基础因素众多，而法务发展资本显然是其中一个重要支点。根据主要功能和应用领域的不同，法务发展资本可以分为法务风险资本、法务创新资本、法务公益资本等不同类别。

法务风险资本是法务经济主体的“风险对冲基金”，主要用于化解法务经济主体在基础建设、基础运营、项目实施等过程中出现的不确定性风险，保障法务经济主体持续性发展。从整个法务资本层面来看，法务风险资本并不直接参与法务经济活动并创造法务经济收益，而且必然会分割法务建设资本、法务运营资本、法务项目资本等份额,在一定程度上影响了法务资本的整体效率,但是从法务经济主体持续发展的角度来看,法务风险资本仍然不可或缺。或可预想的是,在法务保险资本发展较为成熟之时,法务风险资本完全可能被法务保险资本替代,从而提高法务资本的整体效率。

法务创新资本主要用于支持法务经济主体开展法务经济理论研究、法务经济产品研发等创新活动,推动法务经济生态创新发展。随着法务经济实践的持续深入和法务经济环境的不断变化,法务经济理论必然需要同步创新发展。此外,为了回应不断变化的法务经济需求,法务经济主体应当在法务经济理论、法务经济要素、法务经济措施等创新发展支持下,开展法务经济产品创新研发等活动。这些都需要法务创新资本的不断投入,从而支持法务经济主体的持续发展。

法务公益资本主要用于支持法务经济主体开展公益性法务经济活动,促进法务经济生态良性发展。法务资本具有经济使命和社会责任,因此需要在商业性法务经济活动之外,积极开展公益性法务经济活动。例如,为了解决公众性法务经济需求,法务经济主体需要积极开展公益性法务经济项目;为了促进法务经济生态基础性发展,法务经济主体需要建设公益性法务经济平台等。毋庸置疑,公益性法务经济活动同样离不开法务资本的支持,法务公益资本并不以商业营利为直接目的,但是对于整个法务经济生态建设有着积极意义。

总之,法务资本根据主要功能的不同,可以分为法务建设资本、法务运营资本、法务项目资本和法务发展资本,在不同领域支持法务经济主体发展、法务经济活动实施和法务经济生态建设。

第二节　根据应用领域的分类

为了解决法务经济对象的不同需求,法务经济主体在法务技术、法务情报、法务科技、法务人才等诸多法务经济要素支持下,提供法务投资、法务开发、法务融资、投资法务等各种法务经济产品,而法务资本则是支撑法务经济要素建设和法务经济产品供给的底层要素。根据直接应用领域的不同,法务资本主要可以分为法务情报资本、法务科技资本、法务教育资本、法务投资资本、法务融资资本、投资法务资本等不同类型(见图4－2)。

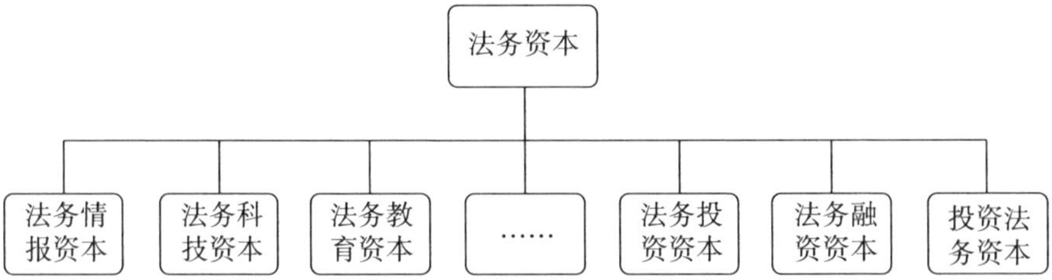

图4－2　法务资本根据应用领域的分类

法务情报资本的直接指向对象是法务情报业务,主要用于支持法务情报业务的主体建设、基础运营和项目实施。法务情报是法务经济活动的基础要素,法务情报业务则是生产法务情报产品的专项活动。开展法务情报业务不仅需要有适格的法务情报主体,建立法务情报信息搜集系统、法务情报信息加工系统、法务情报技术系统等职能系统,物建法务情报秘密主体和法务情报协作主体,而且需要保持常态化运行,开发和管理各种法务情报资源,为具体法务情报业务开展提供基础支撑。此外,无论是收集还是加工法务情报信息,都需要法务情报业务系统和法务情报业务人员的持续投入,乃至需要法务情报业务资金的直接支持。简言之,法务情报资本是直接或者间接支持法务情报产品生产的基础要素。

法务科技资本的直接指向对象是法务科技建设,主要用于支持法务科技的研发、运营及维护。就法务经济主体而言,不仅需要有效管理各种法务经济元素、高效开展各项法务经济活动,而且需要与法务经济对象等其他主体在法务营销、项目管理等环节交互信息,此外还应当积极借助法务嵌入科技切入传统经济领域并构建广义法务经济生态。因此,法务科技主体需要建设法务运营科技、法务交互科技、法务嵌入科技等不同类型的法务科技,而法务科技资本则为法务科技的研发、运营及维护提供基础资金支持。此外,法务科技资本还可用于支持法务科技主体的基础建设和基础运营等方面。

法务教育资本的直接指向对象是法务教育活动,主要用于支持各类法务人才的教育培养。法务经济活动既不同于传统经济活动也区别于传统法务活动,有着独特的核心理念和价值追求,要求法务经济主体和法务经济人员应当具有共同的法务经济文化和理念,这对于实施法务经济活动、构建法务经济生态都极为重要。同时,为了实现法务经济目的,法务经济活动需要创新导入诸多法务经济要素,并在此基础上综合实施各项法务经济措施,客观上要求法务人才实现体系化、职能化、专业化发展。法务经济生态中的法务人才在内涵和外延上都要大于传统法务人员,管理律师、程序律师、实体律师、情报律师、调查律师、营销律师、谈判律师、资本律师、科技律师、秘书律师……从某种意义上讲,这些法务人才都是法务经济的定制人才。因此,法务教育主体需要定向培养法务经济人员的文化理念和实务技能,而法务教育资本则为此提供必要的资金支持。

法务投资资本的直接指向对象是法务投资活动,主要用于支持法务投资主体实施具体的法务投资项目。法务投资是 CLEAR 基于法务经济理论创新设计的一种法务经济产品,简言之就是法务投资主体直接向法务经济项目投入包括法务资本在内的各种法务经济要素,并在法务投资对象实现利益基础之上取得相应法务经济收益。在具体的法务投资项目中,法务投资资本一方面通过作用于法务经济要素并间接支持项目实施,另一方面则直接用于支持法务投资主体开展各项法务经济措施。

法务融资资本的直接指向对象是法务融资活动,主要用于支持法务融资主体实施具体的法务融资项目。法务融资也是 CLEAR 基于法务经济理论创新设计的法务经济产品,特指法务经济主体在实施具体法务经济项目过程中,叠加向法务经济对象、法务经济彼方等特定对象融出资金的法务经济活动。法务融资将会直接解决法务融资对象的资金需求,既可直接用于解决法务融资对象面临的法务争议,也可投向法务融资对象其他生产经营活动,间接解决其法务争议。对法务融资而言,法务融资资本无疑是最为关键的法务经济要素。需要略加说明的是,法务融资资本并不仅仅可被用作融出资金,还将支持法务融资主体开展法务情报、风险管理等辅助活动,提高法务融资活动本身的安全性。

投资法务资本的直接指向对象是投资法务活动,主要用于支持投资法务主体实施具体的投资法务项目。投资法务是 CLEAR 基于法务经济理论创新设计的法务经济产品，投资法务主体通过法务股权投资获得投资法务对象的潜在法务经济项目，同时在投资法务对象经营管理层面提供法务经济战略，引导投资法务对象转型升级为广义法务经济主体。在投资法务中，投资法务资本不仅用于支持投资法务主体的对外股权投资，而且也将是实施延伸法务经济项目和平行法务经济战略的重要支撑要素。当然，投资法务资本同样可以应用于支持投资法务主体的基础建设和运营等活动。

总之，法务资本是整个法务经济生态的血液，其广泛应用于诸多法务经济领域，在法务经济要素建设、法务经济措施开展、法务经济项目实施等不同纬度支持法务经济活动开展。除了上述细分类型之外，法务资本还包括法务诉讼资本、法务谈判资本、法务开发资本等诸多类型，鉴于篇幅所限，不再一一论述。随着法务经济生态的发展创新，法务经济活动将会向更多领域拓展，法务资本也将会衍生细分出更多法务资本类型。

第三节　根据发展形态的分类

根据发展形态的不同，法务资本可以分为法务产业资本、法务私有资本和法务金融资本等不同类型，每一法务资本类型又可以细分为不同类别，具有不同的特征和功能，共同支持法务经济生态构建。

一、法务产业资本

所谓法务产业资本，是指法务产业主体所有并用于支持法务产业活动的法务资本。

法务产业资本属于法务产业主体自身所有。法务产业主体是法务经济主体主要类型之一，主导开展法务产业活动并直接解决法务经济需求。在开展法务经济活动时，法务产业主体可能会同时主导管理法务产业资本、法务私有资本、法务金融资本等各种形态的法务资本。其中，法务产业资本完全属于法务产业主体自身所有，而法务私有资本、法务金融资本则分别来自法务经济人员和法务金融主体，虽然同样用于支持开展法务经济活动，但是并不会直接沉淀于法务产业主体，而且需要从法务产业主体的法务经济收益中分配一定的投资收益。

法务产业资本主要用于支持法务产业主体开展法务产业活动。对法务产业主体而言,法务产业资本是自有资本,需要在自身直接管理之下用于支持基础建设、基础运营、项目实施等活动,并不介入其他法务经济主体主导的法务经济活动。在这一点上,法务产业资本与法务金融资本有着根本区别。需要略加说明的是,法务产业资本只是投向法务产业活动,但是并不一定直接投向法务产业主体自身。例如,法务融资主体所有的法务产业资本最终流转至法务融资对象,用于支持后者开展生产经营等活动,但是从"法务融资"活动本身来讲,法务融资主体依然是主导者。

法务产业资本是支持法务经济活动产业化发展的基础资本。作为创新经济领域,发展初期的法务经济并非传统金融资本的关注对象,而法务产业主体自身亦不具备抵御传统金融资本风险的基础能力。因此,法务产业主体主要依托原始法务产业资本和法务私有资本逐步发展。但是,法务私有资本存在先天规模缺陷,并不足以支撑法务产业主体实现快速产业化发展。虽然法务产业资本积累需要一定周期,而且可能面临诸多风险,却是法务产业主体发展过程中非常重要的必经之路。即便在法务经济日趋成熟、法务金融资本逐步形成之际,法务产业资本仍然是法务产业主体保持自身法务经济属性、实现快速产业化发展的基础支撑。

法务产业资本是法务金融资本的重要形成基础之一。在法务经济发展初期,法务产业主体可能会面临法务产业资本相对不足的困境,虽然在客观上需要法务金融资本支持,但是同样并不具备孕育法务金融资本的前提基础。随着法务经济活动产业化发展,法务产业主体一方面积累了较大规模的法务产业资本,为法务金融资本产生积聚了基础条件;另一方面又需要积极借助法务金融资本加速法务经济活动产业化发展,为法务法务金融资本发展创造基础空间。法务产业资本中的一部分将会从中分离,成为原始法务金融资本的重要来源。在法务经济生态较为成熟之时,传统金融资本完全可能被法律属性化,成为原始法务金融资本的另一个重要来源。

法务产业资本是法务私有资本和法务金融资本的重要支点。在法务经济活动中,法务私有资本和法务金融资本主要用于支持法务经济项目实施。

对法务产业主体来说，虽然可以导入法务私有资本和法务金融资本，但是仍然需要以法务产业资本作为基础，来支持自身对法务经济项目实施的主导性。对法务私有资本和法务金融资本来说，同样需要以法务产业资本介入为基础，并在法务产业资本主导之下发挥自身的补充作用。此外，法务产业资本在很多情况下不仅是法务私有资本和法务金融资本的风险屏障，而且是两者的收益保障。

总之，法务产业资本广泛应用于法务经济活动的诸多领域，是法务经济产业化发展的关键基础，也是法务私有资本和法务金融资本的重要应用支点，对于整个法务资本发展有着极为重要的意义。

二、法务私有资本

所谓法务私有资本，是指源于法务经济人员并暂时性介入特定法务经济活动的法务资本。

法务私有资本的初始形态是法务经济人员的个人资产。在特定法务经济活动启动之前，法务经济人员直接管理个人资产，并未介入法务经济活动，因此，该形态下的法务资本并不具有资本的基本属性，更不能被称为法务资本。在开展特定法务经济活动过程中，法务经济人员将个人资产投入其中并支持法务经济活动开展，因此而成为法务私有资本。法务私有资本在法务经济活动中实现增殖，转化为法务经济收益并流转至法务经济人员，完成“个人资产→法务私有资本→法务经济收益→个人资产”的循环。需要略作说明的是，此处的“法务经济人员”并不局限于律师等特定法律职业人员，参与实施法务经济活动的法务情报人员、法务科技人员等都属于法务经济人员范畴（见图4－3）。

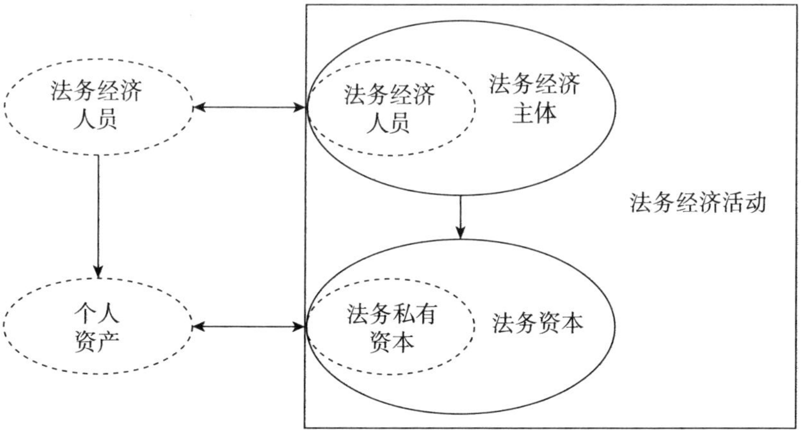

图 4-3　法务私有资本

法务私有资本只是暂时性介入特定法务经济活动。法务经济活动离不开法务资本的支持,而法务资本亦无法脱离法务经济活动独立存在。法务私有资本显然也需要介入法务经济活动之中,从而实现自身的资本价值。但是,法务私有资本不同于法务产业资本,并不属于法务经济主体长期所有,而是在开展特定法务经济活动之时介入其中,并在法务经济活动完毕之后转化为法务经济收益分配至法务经济人员,失去法务资本的基本属性。

法务私有资本的管理主体是法务经济主体。虽然法务私有资本的初始形态是法务经济人员的个人资产,某些情况下法务经济人员亦会直接参与实施特定法务经济活动,但是法务私有资本必须被置于法务经济主体的直接有效管理之下,而法务经济人员也不再是法务私有资本的管理主体。例如在法务投资中,为了实现风险绑定和收益绑定,项目执行成员必须投入一定的法务私有资本,虽然项目执行成员完全可能利用这些法务私有资本实施具体的法务措施,但是法务投资主体才是法务私有资本的真正管理主体,项目执行成员并不能够实质管理这些法务私有资本。

法务私有资本只是暂时性介入法务经济活动,需要在较短周期内回归到法务经济人员个人资产状态,因此并不适宜投向法务经济主体建设、法务经济要素建设、法务经济系统运营等法务经济基础领域。在一般情况下,法务私有资本主要用于支持实施特定法务经济项目。换言之,法务私有资本主要以法务流动资本的形式出现。当然,在法务经济发展初期,法务私有资本是法务资本的主要形式,需要应用于更为广泛的领域,其中一部分则逐步转化为法务产业资本。

法务经济活动中,法务私有资本具有法务资本的一般功能,不再赘述。需要着重说明的是,法务私有资本同时具有特殊的管理价值。法务私有资本源于法务经济人员的个人资产,虽然在法务经济活动之中并非由法务经济人员加以管理,但是法务经济活动的品质高低决定法务经济活动的收益大小,而这又直接关系法务经济人员的资本收益,因此法务私有资本在法务经济人员与法务经济活动之间建立了天然联系。在某些情况下,法务经济人员不仅向法务经济活动提供了法务私有资本,而且自身亦会直接参与实施法务项目,在一定程度上影响法务经济活动的品质。因此,法务经济主体需要以法务私有资本为媒介,充分利用其管理价值,从而提高法务经济活动开展的效能和法务经济项目实施的品质。

根据介入法务经济活动必要性的不同,法务私有资本可以分为法务众筹资本和法务担保资本。在法务经济活动中,法务众筹资本可以选择性介入,主要用于弥补法务产业资本的相对不足,同时在一定程度上实现不特定法务经济人员与法务经济项目的风险和利益绑定,而法务担保资本则是必要性介入,主要用于实现项目执行成员与法务经济主体的风险和利益绑定,同时在一定程度上弥补法务产业资本的相对不足。就法务经济主体而言,需要根据法务经济活动的内在需求,合理配置法务众筹资本和法务担保资本。

从整个法务资本发展视角来看,法务私有资本是法务资本的发展雏形,对于法务经济主体的早期形成有着重要价值,而且孕育出了法务产业资本,即便在法务经济产业化发展过程中,依然是法务产业资本的重要补充并发挥着独特价值。在法务经济发展初期,法务经济主体首先是以个体形式出现的,原始法务资本的主要形态就是法务私有资本。换言之,法务经济主体与法务经济人员处于混同状态,法务私有资本则成为法务产业资本的主要发展起源。随着法务经济发展的日趋成熟,法务经济主体开始升级为公司企业等组织形式,法务产业资本逐步完成循环积累并成为法务资本的主要形式,法务私有资本的重要性相对下降,但依然是法务产业资本的重要补充。正如前文所述,法务经济活动带有明显的智力性特征,法务经济人员是其中极为重要的能动因素,因此,即便是在法务经济活动产业化发展阶段,法务经济主体依然需要高度重视法务私有资本的管理价值。

总之,法务私有资本是法务资本发展初期的主要形态,孕育了法务产业资本和法务经济主体。基于自身具有的管理价值和货币价值,法务私有资本成为法务产业资本的重要补充,不仅能够促进法务经济产业化发展,而且能够有效提升法务经济项目品质。在法务经济发展的较长时期,法务私有资本都将是法务资本的重要组成。

三、法务金融资本

所谓法务金融资本,是指在法务经济生态中直接用于支持法务金融活动的法务资本。

法务金融资本是在法务经济生态发展到一定阶段的产物。法务资本是法务经济活动的必要支撑,法务资本的相对短缺几乎贯穿于法务经济的形成和发展阶段,成为制约法务经济活动发展和法务经济生态构建的关键因素。即便是在法务经济主体积累了一定规模的法务产业资本的成熟阶段,面对法务经济活动产业化快速发展和法务经济活动向传统经济领域的快速延伸,法务产业资本仍然可能存在相对不足。虽然法务经济主体对于法务资本的需求长期存在,而法务金融资本亦能够支持资金融通并有效解决前述问题,但是,法务金融资本的形成和发展还需要具备诸多基础条件,或者说,当法务经济生态发展到一定阶段之时,在诸多先决条件都已具备的情况下,法务金融资本才会应运而生。

法务金融资本形成不仅需要具有规模化的资金融通需求,而且需要具有相应的原始法务金融资本、适格的法务金融主体等基础条件。首先,正如前文所述,在法务经济形成初期就存在法务资本相对不足的问题,但是法务经济活动并未实现规模化发展,法务经济主体的资金融通需求亦未达到一定规模,并不足以支持法务金融资本形成和发展。随着法务经济活动规模化、产业化发展,法务经济主体需要规模化地导入法务资本,这为法务金融资本形成和发展创造了重要的基础条件。其次，法务金融资本形成需要具有相应的原始法务金融资本。基于法务金融活动的特性，法务金融资本需要以一定规模为基础，满足法务经济主体规模化的资金融通需求，这也对原始法务金融资本的数量规模提出了较高要求。换言之，在法务私有资本绝对规模较小、法务产业资本整体相对不足、传统资本保持谨慎介入的情形下，难以形成一定规模的原始法务金融资本。最后，法务金融资本形成需要具有适格的法务金融主体。法务金融资本必须以法务金融活动为必要支点，而后者本身就是一项专业的法务经济活动，需要适格的法务经济主体加以主导开展。需要略加说明的是，适格的法务金融主体不仅需要符合组织机构、特殊资格等形式要求，还应当具备法务金融人才、法务金融科技、法务金融产品等内在元素，才能够支持自身开展法务金融活动。

原始法务金融资本主要源于法务产业资本的分离和传统金融资本的转化。在法务经济成熟期，法务经济活动产业化快速发展，一方面法务产业资本得以迅速积累，另一方面又需要更大规模的法务资本支持产业化加速发展。部分法务产业资本将从法务项目资本等形态分离出来，成为原始法务金融资本。此外，随着法务经济的日趋成熟，法务经济领域蕴含的巨大价值将被传统资本所认知，成熟的法务经济主体、标准的法务经济产品等将为传统资本介入法务经济领域提供中间通道，传统金融资本也将被导入法务金融领域。需要特别强调的是，传统金融资本在导入的同时也将被法律属性化，转化为法务金融资本并置于法务金融主体的直接主导之下，用于支持法务金融活动的开展。

法务金融资本是法务金融活动的必要支持。虽然法务金融活动既可以演化出诸多形式，也可以叠加某些附属活动，但是其核心基点仍然是资金融通。显而易见，法务金融资本是法务金融活动中最为核心的法务经济要素。当然，法务金融活动是一项特殊的法务经济活动，并非只是简单的资金融通，法务金融资本并不等同于法务金融资金，亦不只是被用作融出资金，而是在法务金融主体建设、法务金融要素建设、法务金融项目实施等诸多领域全方位支持法务金融活动。例如，法务金融主体为了追求法务金融项目资本的安全性和效益性，需要积极导入法务金融情报、法务金融科技、法务金融人才等其他法务金融要素，这些显然都离不开法务金融资本的基础支持。

根据具体形式的不同，法务金融资本可以细分为法务信托资本、法务基金资本、法务保险资本、法务保理资本等不同类型。其中，法务信托资本是以信托形式存在的法务金融资本，用于支持法务信托活动开展，广泛应用于法务信托基础建设、法务经济产业发展、其他法务金融活动等法务经济领域。法务基金资本是指用于支持法务基金活动开展的法务金融资本，主要用于支持法务基金主体建设、法务基金要素建设、法务基金系统运营、法务基金项目实施等。法务保险资本是以保险形式存在的法务金融资本，主要用于支持法务保险主体向法务经济主体、传统经济主体、传统法务主体等各类法务保险对象提供法务保险产品。法务保理资本是指用于支持法务保理活动开展的法务金融资本，主要用于支持法务保理主体建设、法务保理要素建设、法务保理系统运营、法务保理项目实施等。

总之，法务私有资本、法务产业资本、法务金融资本是法务资本的主要发展形态，不仅在管理主体、应用领域、主要功能等方面存在较大差异，而且在法务资本不同发展阶段，其相对价值、存在方式等亦不相同。从根本上讲，法务资本形态的多样性既是法务经济活动精细化、产业化发展的内在需要，也是法务经济生态创新发展的外在表现。

第五章 ● 法务资本的应用领域

法务资本发端于狭义法务经济活动，被广泛应用于法务经济主体建设、法务经济要素建设、法务经济市场建设、法务经济系统运营、法务经济项目实施等诸多法务经济领域，成为构建狭义法务经济生态的核心要素。在此基础上，法务资本必将借助各种法务经济媒介，向传统法务领域和传统经济领域延伸，支持狭义法务经济生态拓展和广义法务经济生态构建。从某种意义上讲，有经济活动的领域就应当有法律，法务资本在应用领域上并无边界。本章将分别从法务经济领域、传统法务领域、传统经济领域三个方面，对法务资本的应用领域进行详细解读。

第一节 法务经济领域

狭义法务经济领域是法务资本形成、发展的初始领域，对于法务资本有着强烈需求，而法务资本作为核心法务经济要素，也被广泛应用于法务经济主体建设、法务经济要素建设、法务经济市场建设、法务经济系统运营、法务经济项目实施等诸多法务经济领域。鉴于部分内容已在法务资本的基本分类一章中有所涉及，本节仅对此作概要性解读。

法务经济主体是各种法务经济要素的管理者、各项法务经济活动的实施者，也是法务经济生态中最为重要的主体。根据主要功能的不同，法务经济主体可以分为综合型法务经济主体、要素型法务经济主体、项目型法务经济主体、平台型法务经济主体等不同类型。在法务经济需求不断变化、法务

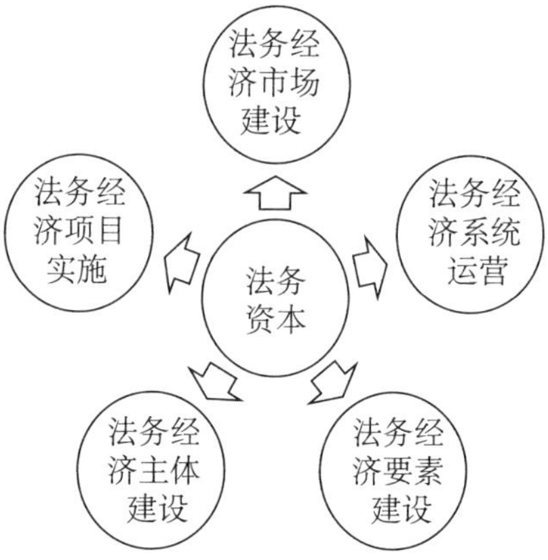

图 5－1　法务资本在法务经济领域的应用

经济生态持续发展的背景下，法务经济主体同样需要持续建设和完善。法务资本是法务经济主体建设中的关键要素，主要用于法务经济系统建设、法务经济人员建设、法务经济设施建设等诸多领域（见图 5－1）。

法务经济要素是实施法务经济活动的基础支撑，但是法务经济本身是创新事物，法务经济要素既非天然存在又缺乏行业积累，而是需要经过法务经济主体有意识地培育和管理，才能介入并支持法务经济活动开展。事实上，法务资本本身亦需要历经从无到有、从小到大的建设过程。对于法务情报、法务科技、法务人才等其他法务经济要素而言，法务资本则是其建设过程中的必要支撑。例如，法务资本不仅用于支持法务情报主体建设，而且用于支持开展法务情报业务；不仅用于法务科技主体建设，而且用于支持法务科技研发、维护、运营等；不仅用于支持各种法务人才基础培养，而且用于支持法务人才职能化发展等。

法务经济市场是流转法务经济要素和匹配法务经济产品的交易场所，主要包括法务经济要素市场和法务经济产品市场两大类型。法务经济市场建设则是建立、完善、创新各类法务经济市场的一系列活动，主要包括设计法务经济市场基本规则、设立法务经济市场管理主体、建立法务经济市场基础平台、构建法务经济市场商业体系等方面。法务经济市场建设需要法务资本、法务科技、法务人才、法务管理等诸多法务经济要素支持，其中法务资本是重要的基础要素，特别是在法务经济市场基础平台，建立和法务经济市场商业体系构建等领域更是不可或缺。

为了实现职能化运营,法务经济主体根据主要功能侧重的不同,需要在内部建立相应的法务经济系统,主导各项法务经济活动的职能化开展。法务经济系统主要是以组织机构形式存在,其中一些则需要保持常态化运营,开展基础性法务经济活动。对于法务经济主体而言,需要持续性向法务经济系统投入法务运营资本,支持法务经济系统运营的各项必要性支出。

除了前述基础应用领域之外,法务资本最为主要的直接应用领域就是法务经济项目实施。为了解决法务经济对象的差异性需求,法务经济产品在类型上需要保持多样性,因此,法务项目资本在不同的法务经济项目中有着不同的具体应用领域。概括而言,法务项目资本主要用于支持法务经济措施开展和支付项目关联主体收益。例如,为了高效实施法务经济项目,项目执行机构不仅需要配置管理律师、诉讼律师、谈判律师、情报律师、资本律师、秘书律师等各类法务人才,而且可能需要积极借助法务情报秘密主体、法务情报协作主体、法务谈判协作主体等提供必要协作,还可能需要从法务经济人员、项目执行成员、法务金融主体等各类主体导入法务私有资本和法务金融资,因此,法务经济项目是在法务经济主体主导之下由多主体、多人员参与实施的综合工程。就法务经济主体而言,需要在法务项目资本支持下向这些参与主体支付相应收益,特别是在法务经济项目未能取得预期收益的情形下,就需要法务风险资本直接提供支持。

总之,法务资本是狭义法务经济生态的血液,广泛应用于各个法务经济领域。随着法务经济活动的不断深入和拓展,法务资本将会随之延伸到更多法务经济领域并提供基础支撑。

第二节　传统法务领域

除了狭义法务经济领域之外,传统法务领域也是法务资本的重要应用领域之一。但是,传统法务领域是一个既成体系,法务资本的介入不仅需要寻找合适切口,而且是一个渐进过程。即便如此,法务资本至少可以在支持供给法务中间产品、支持法务活动产业化发展、支持传统法务生态升级等领域加以应用。

正如本书所述，传统法务领域基于各种原因缺乏资本支持，同时亦未给资本预留更多发展空间。但是，这并不意味着传统法务领域对于资本不存在内在需求，特别是在外界因素强势介入的触动下，被抑制的内在需求将会被激活、放大。例如，传统法务对象在传统法务市场虽并无太多选择，但是在面对法务经济主体和法务经济产品之时，却完全可能转化为法务经济对象。从深层次来讲，传统法务对象是在内在需求驱动下选择了法务资本及其支撑构建的法务经济活动。换言之，法务经济活动与传统法务活动并非是在同一层面的直接对立，而是不同维度的迭代发展，法务经济活动或将逐步分解传统法务活动既有领域，抑或是传统法务活动逐渐改良升级为法务经济活动。在这一过程之中，法务资本需要积极介入传统法务领域，在支持法务经济活动的延伸渗透和传统法务活动的创新升级的同时，拓展更多创新发展空间。

支持法务中间产品供给是法务资本在传统法务领域的重要应用之一。传统法务活动并未给资本预留更多发展空间，传统法务主体亦不能够有效承载资本，但是法务资本完全可能在法务经济主体主导之下，切入传统法务活动之外的关联领域，支持生产法务中间产品并供给传统法务主体和传统法务对象。例如，法务资本可以支持法务情报业务，为传统法务主体乃至传统法务对象提供法务情报产品；可以支持法务科技建设，为传统法务主体开展法务营销、客户管理等提供法务科技产品等。换言之，法务经济主体完全可以而且应当在法务资本支持之下，为传统法务领域提供法务中间产品，支持传统法务活动在业务层面提升品质。

支持传统法务活动产业化发展是法务资本的另一个重要应用领域。正如前文所述，传统法务活动虽然在一定程度上实现了规模化发展，但是对产业化发展而言仍然缺少若干基础要件，其中一个重要的深层次缘由即是法务资本缺失。对法务经济主体而言，直接针对法务经济对象并解决其根本需求固然是价值目标，促进传统法务活动提档升级同样是重要的法务经济使命，这不仅将间接促进传统法务对象更好地解决自身需求，而且会让整个狭义法务经济生态更为完整、和谐。当然，在传统法务主体存在先天局限的背景下，法务经济主体需要在法务资本支持下，从传统法务主体建设、传统法务活动重组等角度切入，构筑以体系化、职能化、流程化、标准化为主要特征的行业基础，促进传统法务活动从个体化、规模化向产业化转变。

法务资本在传统法务领域的另一应用就是支持传统法务生态升级。如果说支持传统法务活动产业化发展是温和改良，那么支持传统法务生态升级则是深层变革。正如前文所述，传统法务主体存在先天缺陷，这在很大程度上限制了传统法务活动的高度和深度，但是，这并不妨碍法务经济主体依托法务资本自上切入传统法务领域，在整个法务经济生态背景下支持传统法务生态升级。换言之，传统法务主体、传统法务活动将会嵌入法务经济体系，并在法务经济主体主导之下融入整个法务经济生态，而法务资本则是这一过程之中最为重要的杠杆支点。

总之，传统法务领域对于资本有巨大的内在需求，法务资本应当在构建狭义法务经济生态背景之下，在促进传统法务措施品质提升、传统法务活动产业发展、传统法务生态转型升级等不同层次和领域，为法务经济主体、法务经济要素、法务经济模式等切入传统法务领域提供重要支点。

第三节　传统经济领域

CLEAR 法务经济不仅需要构建狭义法务经济生态，而且致力于构建广义法务经济生态，而法务资本则是其中不可或缺的核心支撑要素。从这个角度来看，传统经济领域将是法务资本更为广阔的应用领域。

在理论上，传统资本完全可能被法律属性化并升级为法务资本，从而支持传统经济活动提升至“法务经济”形态。但是，这首先就需要以传统经济领域的整体量变积累为基础，推动传统资本跨越质变临界点。更进一步说，需要在构建狭义法务经济生态基础之上，借助狭义法务经济活动的渐进式反向切入，促进传统经济领域的量变累积并最终实现“法务经济”质变。因此，本书主要是站在狭义法务经济主体的视角，研究法务资本是如何从狭义法务经济领域延伸至传统经济领域，并在支持传统经济活动过程中被逐渐同步提升至“法务经济”形态的。

法务资本、法务科技、法务情报等法务经济要素是狭义法务经济活动的必要支撑，而从更为微观的角度来看，资本、科技、情报等经济要素则是法律的支撑，它们让法律可以在更有高度、更为广阔的狭义法务经济领域创造价值。从另一个角度看，作为更高层级的资本形态，法务资本完全可以基于自身的资本属性，借助狭义法务经济活动或者其他法务经济要素等支点，便捷、安全地反向切入传统经济领域，并将自身“法律”属性推向传统经济活动的顶层领域。具体而言，法务资本既可以依托投资法务、法务融资、法务保险、法务保理等狭义法务经济活动，直接切入法务股权、法务债权、法务金融等传统经济领域，也可以借助法务情报、法务科技等其他法务经济要素，间接切入法务情报领域、法务科技领域的延展空间(见图5－2)。

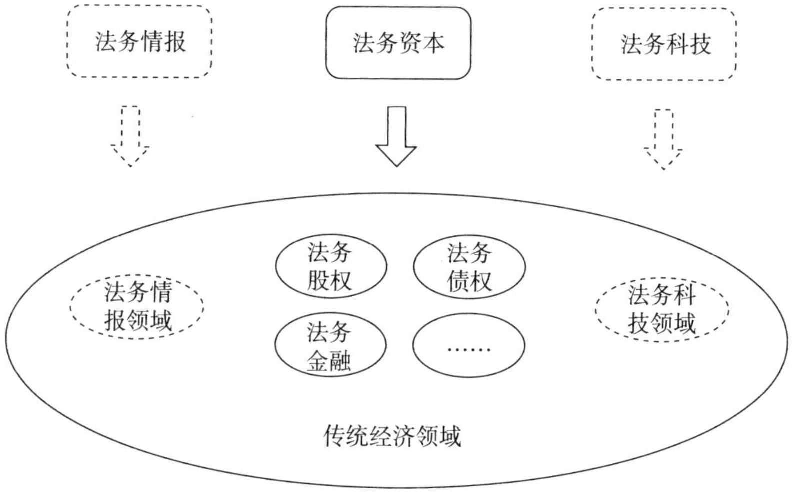

图5－2　法务资本在传统经济领域中的应用空间

首先来看法务股权领域。股东出资是公司产业资本的初始来源，股权则是公司经营管理的重要基础，将在很大程度上决定经济主体和经济活动的基本属性。在某种意义上，法务股权将是法务资本反向介入传统经济领域并构建广义法务经济生态的重要切口。理论上，法务资本完全可能仅仅基于资本属性而介入法务股权领域，但是在投资法务、法务融资等狭义法务经济活动支持下，法务资本将会更为便捷、安全地植入传统经济主体，逐步改良传统经济主体基本属性并构建广义法务经济主体，从而在局部区域开展广义法务经济活动,持续积累“法务经济”量变。

其次来看法务债权领域。从某种意义上讲,传统经济主体无时无刻不处于债权债务关系之中,合理处置债权债务不仅能够降低传统经济活动潜在风险,而且能在此基础上促进传统经济活动运行,从而创造更多经济价值。反之,正常的债权债务亦可能偏离预设范围,将传统经济活动引入秩序异常境地。对法务资本而言,完全可以在法务保险、法务保理等法务经济活动支持下,前置式介入传统经济主体的债权债务处置,这不仅能够有效避免传统经济活动陷入秩序异常境地,而且能够将静态的债权债务转化为流动的经济活动,创新经济价值。

再次来看法务金融领域。基于自身的资本本质,法务金融资本不仅需要投向狭义法务经济领域,支持狭义法务经济活动开展,而且应当积极投向传统经济领域,支持广义法务经济生态构建。法务资本将借助法务信托、法务保理等方式介入传统经济领域,支持传统经济主体的各项生产经营活动,并在此基础之上将自身法律属性赋予传统降级主体和传统经济活动。当然,法务金融资本主要依托于部分法务产业资本的分离和集中,自身培育、发展也需要经历较长周期,但是从未来发展方向上来看,法务金融资本将会成为“法务经济”广泛切入传统经济领域的重要方式之一。

复次来看法务情报领域。在传统经济领域,经济情报越来越受到传统经济主体的重视,乃至被视为重要的新兴生产要素。如同法务资本一样,法务情报虽然起源于狭义法务经济领域,但是基于自身的“法务经济”属性,其完全能够而且应当积极介入传统经济领域,支持构建广义法务经济生态。在法务资本、法务技术、法务科技等其他法务经济要素支持下,法务情报将成为切入传统经济领域的重要媒介之一,并在传统经济活动中构建区域性“法务情报领域”。对法务资本而言,其不仅是支持法务情报切入传统经济领域的重要支点,而且将以法务情报领域为跳板,纵向延伸到关联传统经济领域。

最后来看法务科技领域。在现代经济发展中,科技已然成为最为主要的新兴经济要素,迅速渗透到传统经济领域的各个角落。从某种意义上讲,科技在诸多领域重构了传统经济活动的组织运行方式,或者说建立了“科技经济”新模式。相较于法务情报，法务科技将会以更为直接、更为迅速的方式切入传统经济领域，并成为传统经济活动的底层支撑。正如法务资本与法务情报的交互支撑一样，传统资本不仅支持法务科技切入传统经济领域并构建法务科技领域，而且得以依托法务科技领域向其关联传统经济领域渗透。无论是法务资本与法务情报之间，还是法务资本与法务科技之间，两者的循环交互支撑都将在传统经济领域为法务资本打开广阔空间。

需要有所强调的是，狭义法务经济活动的创新拓展需要积累诸多支持因素，法务资本反向切入传统经济领域则是一个渐进过程，除了前述应用领域之外，尚有诸多传统经济领域需要被创新开发。同时，法务资本在反向介入传统经济领域过程中，绝非是失去法律属性并还原为传统资本，而是居于“法务经济”高度优化传统经济活动品质，从而被提升为广义法务经济活动。此外，某些不符合“法务经济”发展的传统经济领域显然并非法务资本的应用空间，并且将会在广义法务经济生态构建中被舍弃。与此相对，法务资本将会基于自身的“法务经济”高度，支持传统经济主体拓展创新领域。因此，法务资本的应用领域并不完全重合于既有传统经济领域，应既有所舍弃亦有所拓展。

总之，法务资本是法律属性化的资本，也是法务经济活动的配套资本。法务资本不仅需要支持狭义法务经济生态建设，而且需要积极介入传统法务领域，拓展狭义法务经济生态空间，同时需要借助法务经济主体、法务经济模式、法务经济要素等法务经济媒介，反向切入传统经济领域，在更为广阔的空间创造法务经济价值。

第六章 ● 法务资本的基本功能

法务资本是法务经济活动中不可或缺的核心要素，也是法务经济生态的血液，广泛应用于法务经济生态的各个领域，具有支持法务经济生态基础建设、推动法务经济措施综合开展、提升法务经济项目实施品质、加速法务经济活动产业发展、解决各类经济主体资金需求、促进传统法务行业创新发展、推进广义法务经济生态构建等基本功能。

第一节 支持法务经济生态基础建设

狭义法务经济活动的根本目标是高效修复经济运行异常、有效提升经济运行品质，而高效开展狭义法务经济活动需要以适格的法务经济主体、充足的法务经济要素、成熟的法务经济市场等作为必要基础。法务资本的基本功能之一就是支持法务经济生态基础建设，为开展法务经济活动创造必要基础条件。

一、支持法务经济主体建设

法务经济主体是法务经济要素的管理者、法务经济措施的执行者、法务经济项目的主导者，居于整个法务经济生态的中心位置。法务资本的基本功能之一就是支持各类法务经济主体建设，提高法务经济主体的管理力、执行力和主导力。

为了高效实施法务经济项目，法务经济主体需要配置法务技术、法务资本、法务情报、法务科技、法务人才、法务管理等各种法务经济要素，调配各种法务经济资源，依托法务情报系统、法务资本系统、法务科技系统、项目执行系统等各个法务经济系统，开展法务战略、法务营销、法务谈判、法务诉讼、法务商业等各项法务经济措施。简言之，法务经济项目实施是一项涉及多要素、多系统、多措施的综合工程。因此，法务经济主体需要以公司企业等现代经济组织形式出现，并要求在内部建立各种职能系统、配置各种法务人才、配备各种设施平台等，从而有效承载并高效管理整个法务经济活动。为了适应法务经济产业化发展需求，法务经济主体需要进一步细分为综合型法务经济主体、要素型法务经济主体、项目型法务经济主体、平台型法务经济主体等不同类型，每种类型又可以细分为不同类别，以开展专业化法务经济活动。

对法务经济主体来说，其自身的基础建设显然离不开法务建设资本的必要支持。特别是在法务经济产业化发展阶段，法务经济活动不断向综合化、职能化、精细化方向发展，将会对法务经济主体基础能力提出更高要求，更加需要法务建设资本的持续投入并实现提档升级。法务建设资本对于法务经济主体建设的支持，虽然并不会直接转化为法务经济收益，但是能够有效降低法务经济活动风险、提高法务经济活动品质、增益法务经济活动价值，这些都将在后续法务经济活动中隐性体现。

二、支持法务经济要素建设

在支持法务经济生态基础建设中，法务资本的另一项细分功能就是支持法务经济要素建设。

正如前文所述，法务经济活动是一项系统工程，需要法务资本、法务技术、法务情报、法务科技、法务人才、法务管理等各种法务经济要素的支持。但是，法务经济要素并非天然存在，需要法务经济主体持续性建设管理。从更为微观的角度来看，不同类型的法务经济活动对于法务经济要素有着不同的要求，因此法务经济主体需要定制各种法务经济要素，匹配具体法务经济活动的特定需求（见图 6－1）。

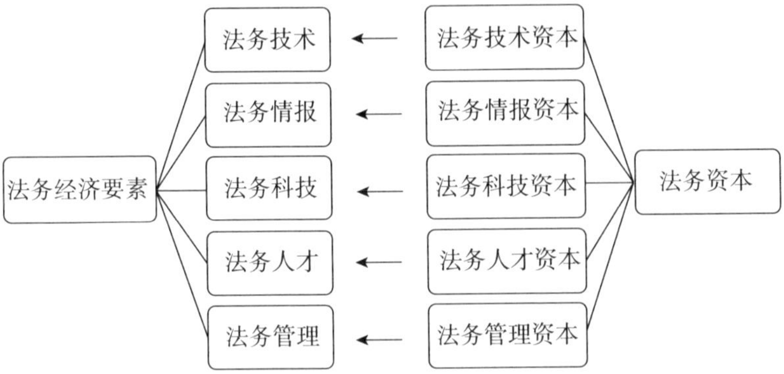

图6－1　法务资本促进法务经济要素发展

从法务经济市场的角度看，实施法务经济项目固然是法务经济活动，配置所需法务经济要素则是法务经济项目实施的组成部分，而从法务经济生态的微观角度看，生产、管理法务经济要素的活动本身也是一项法务经济活动，特别是在法务经济产业化发展阶段，生产、管理法务经济要素将成为独立的法务经济活动，而且可能进一步完成行业细分。在这项法务经济活动中，法务资本同样是不可或缺的核心要素，将为生产、管理法务经济要素提供必要支持。例如，法务人才资本将为法务教育活动提供基础支持，培养管理律师、资本律师等各类法务人才有利于支持各项法务经济活动开展。

三、支持法务经济市场建设

在支持法务经济生态基础建设中，法务资本的另一项细分功能就是支持法务经济市场建设。

在法务经济发展初期，法务经济要素配置和法务经济产品供给主要依赖法务经济主体的自行管理，但是在法务经济活动产业化发展阶段，无论是法务经济要素的调配还是法务经济产品的对接，都需要借助法务经济市场提高交易效率。对于平台型法务经济主体而言，则需要在法务资本支持下建设各类法务经济市场。

总之，法务资本的主要功能之一就是支持法务经济主体建设、法务经济要素建设、法务经济市场建设等。促进法务经济生态基础建设，一方面能为开展狭义法务经济活动提供必要支撑，另一方面能为狭义法务经济活动反向切入传统经济领域提供基础支持。

第二节　推动法务经济措施综合开展

法务资本的另一项基本功能就是推动法务战略、法务诉讼、法务谈判、法务商业等各项法务经济措施综合开展，从而支持法务经济项目实现预期目标（见图6－2）。

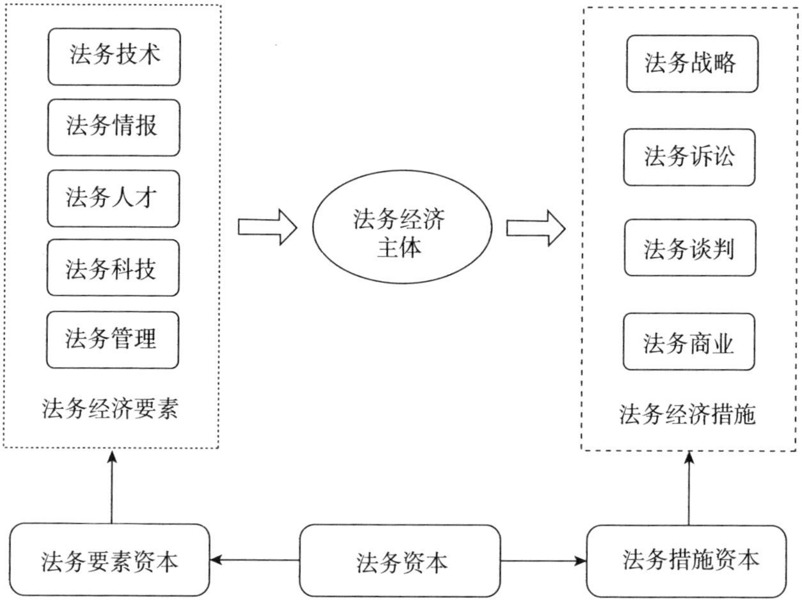

图6－2　推动法务经济措施综合开展

法务经济措施指向具体的法务经济项目，是实现法务经济项目预期目标的直接路径。静态组合的法务经济要素并不会推动法务经济项目实施，法务经济主体需要在诸多法务经济要素支持下，综合开展具体的法务战略、法务诉讼、法务谈判、法务商业等各项法务经济措施，从而修复传统经济运行异常。例如，在某一破产重整类法务投资项目中，法务投资主体不仅需要在宏观层面制定和实施法务战略，积极创建各方主体利益再平衡基础，而且需要开展法务诉讼和法务谈判，对法务投资对象的债权债务人加以整合，此外还需要依托法务商业，重建法务投资对象内外部的生产经营环境，最终在各项法务经济措施的综合作用下,实现对法务投资对象的破产重整。

从微观层面来看,各项法务经济措施都是缩微的法务经济活动。例如,在法务经济项目实施中,法务谈判是具体的法务经济措施,但是从法务谈判层面看,法务谈判人员需要在法务情报、法务技术等支持下开展法务谈判前期准备工作,获取法务谈判对象的基本情况、谈判底线、谈判预期、谈判痛点等法务谈判情报,制定具体的法务谈判措施并配置法务谈判人员,乃至需要营造特定的法务谈判环境,最终通过一系列法务谈判措施实现预期目标。在某种意义上,法务谈判本身就是一项微观的法务经济活动和法务经济产品。

法务资本能够为开展法务经济措施提供必要支持。开展法务经济措施不仅需要法务经济系统和法务经济人员的积极主导,而且需要配置各项法务经济要素,某些情况下还需要支付各种必要费用,这些显然都离不开法务资本的必要支持。例如,在诉讼类法务投资项目中,法务投资主体需要开展法务诉讼等各项法务经济措施,法务资本则需要直接投向法务诉讼领域并用于诉讼费、鉴定费、情报费等各项费用支出。可以说,法务经济措施是法务经济项目的发动机,而法务资本则是法务经济措施的燃料油。

总之,法务资本将直接或者间接支持法务经济主体综合开展各项法务经济措施,从而推进法务经济项目总体实施,最终实现预期法务经济目的。

第三节　提升法务经济项目实施品质

实施法务经济项目的直接目的是修复传统经济活动运行秩序异常,但是法务经济项目的实施是一项系统工程,除了受到法务经济对象、法务经济环境等多种外部因素影响之外,还要受到法务经济主体、法务经济要素、法务经济措施、法务经济人员等内部因素影响。法务资本的主要功能之一就是从多角度介入法务经济活动内部因素,提升法务经济项目实施品质。

法务建设资本支持法务经济主体建设和法务经济要素建设,能够间接提升法务经济项目实施品质。正如本书所述,法务经济项目实施是一项在法务经济主体主导下,依托各个法务经济系统,导入各种法务经济要素并开展各项法务经济措施的系统工程。一方面,这将有助于解决法务经济对象根本需求、低耗高效修复传统经济运行异常;另一方面,法务经济项目不仅需要在更高层次、更广领域、更细精度下运行,而且将在更多环节受到更多因素的影响,因此对于法务经济主体的主导力、法务经济要素的成熟度、法务经济措施的效率性等都有着更高要求。对于法务资本而言,通过支持法务经济主体建设和法务经济要素建设,能够让法务经济项目实施具备更为优质的基础,间接提升法务经济项目内在品质。例如,法务教育资本积极支持法务人才建设,一方面固然可以从中实现自身资本循环,另一方面将会为法务经济项目实施提供非常重要的间接支持,优化法务经济项目品质。法务资本的间接支持并不会显性映射在具体法务经济项目之上,却是提升法务经济项目内在品质的关键因素。

法务项目资本支持法务经济措施开展,能够直接提升法务经济项目实施品质。无论是法务经济主体还是法务经济要素,都需要借助具体的法务经济措施作用于法务经济项目,因此,法务经济措施的质量高低在很大程度上决定了法务经济项目的实施品质。法务项目资本基于自身的资本属性,可以为开展法务经济措施提供更为坚实的基础。鉴于前文已对此专题作过论述,此处不再赘述。

法务项目资本的综合应用,能够隐性提升法务经济项目实施品质。为了支持法务经济项目实施,法务经济主体可能需要配置法务产业资本、法务私有资本、法务金融资本等各种法务项目资本。就法务经济主体而言,不仅需要考量法务产业资本的风险性和效率性,而且可能需要支付法务私有资本和法务金融资本的投资收益,这将促使法务经济主体更为关注法务经济项目的实施品质,从而降低法务项目资本潜在风险性、提高法务项目资本周转效率性。就法务经济人员而言,法务私有资本成为其自身与法务经济项目的绑定纽带,促使其更为积极地开展法务经济措施,在提升法务经济项目实施品质的基础上实现投资收益最大化。

总之,法务资本不仅能够通过支持法务经济基础建设和法务经济措施的开展,间接或者直接提升法务经济项目实施品质,而且自身也将成为法务经济项目实施中极为重要的隐性因素,以便进一步提升法务经济项目实施品质。

第四节　加速法务经济活动产业发展

虽然经济活动运行秩序异常的起因、法务经济对象的根本需求等各不相同，法务经济项目同样存在较大差异性，但是法务经济活动本身已经具备了产业化发展的基础条件，而法务资本的另一项基本功能就是加速法务经济活动的产业化发展。

诚然，法务经济活动仍属创新事物，无论是法务经济主体还是法务经济要素均尚处发展初期，整个法务经济行业并未完全实现规模化发展，但是，法务经济活动通过在顶层架构中将法务经济产品标准化，已完全具备产业化发展的前提基础。在法务经济活动中，法务技术仍然是极为重要的法务经济要素，但是在相对价值和作用方式上已经有别于传统法务活动，不仅转化为了其他法务经济要素的下方支撑，而且不再是整个法务经济产品的内在核心组成。以法务融资为例，法务技术固然是法务融资活动中的重要支撑，但是法务融资显然并非单纯法务技术的结晶，而是法务技术隐性支撑下形成的法务金融产品。换言之，传统法务产品是以法务技术支撑构成的纯粹智力产品，而法务经济活动生产的是以诸多法务经济要素支撑构成的具有法律属性的法务经济产品。在法务经济主体职能化发展、法务经济要素类型化建设、法务经济产品模块化组合、法务经济活动流程化实施的背景下，即便法务经济产品最终呈现差异性，但是法务经济活动本身完全可以实现标准化，并进而实现产业化发展。

法务资本不仅将快速推动法务经济活动的规模化发展，也将为法务经济活动产业化发展提供强劲驱动力。在法务资本支持下，法务经济主体和法务经济要素将快速完成规模化建设，法务经济活动也将会被快速复制并实现规模化发展。在法务资本特别是法务金融资本的进一步驱动下，法务经济活动将会在规模化基础之上跃升至产业化发展。需要略加说明的是，法务经济活动的产业化发展对象并不仅指法务经济项目实施，法务经济要素建设、法务经济中间产品供给等都将在法务资本支持下，加速实现产业化发展。可以说，法务经济活动已经具备产业化发展的基础条件，法务经济活动或将在法务资本驱动之下迎来产业化发展浪潮。

法务资本还将强势介入传统法务领域,促进传统法务活动产业化发展并推进其向法务经济活动领域发展的变革。在传统法务领域,传统法务主体在一定程度上实现了规模化,但是由于缺少产品标准、缺乏资本驱动,传统法务活动并未能够实现产业化发展。在法务经济活动中,法务产业资本迅速积累并促进法务金融资本的发展,法务资本不仅用于支持开展法务经济活动,而且必然会从各个维度向传统法务领域渗透,促进传统法务主体职能化发展、传统法务活动模块化运行,并在此基础上实现传统法务活动产业化发展。此外,在法务资本的介入带动下,其他法务经济要素必然同步跟进,在微观层面支持传统法务活动的产业化发展。

总之,法务资本既是微观法务经济活动的核心要素,也是法务经济活动规模化发展的重要基础,特别是在法务产业资本和法务金融资本的叠加作用下,将会加速法务经济活动的产业化发展。同时,法务资本也将在各个纬度直接或间接支持传统法务活动的产业化发展。

第五节　解决各类经济主体资金需求

从特定法务经济主体视角来看,法务资本是开展特定法务经济活动的核心要素,但是从法务经济活动关联主体角度来看,法务资本完全可能被直接用于解决法务经济主体、法务经济对象、法务经济彼方、传统经济主体、传统法务主体等各方经济主体的资金需求(见图 6 -3)。

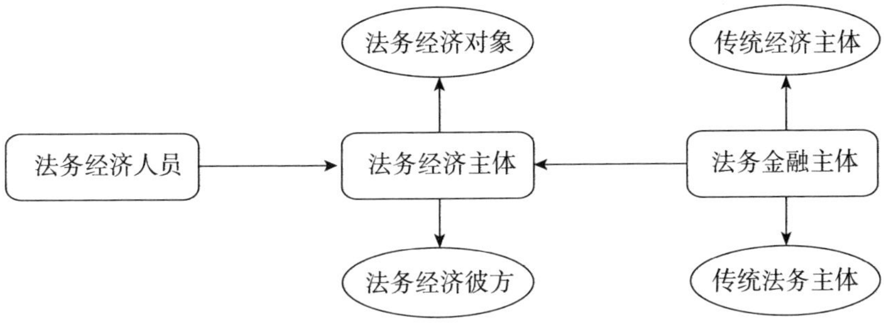

图 6 -3　法务资本解决各方经济主体资金需求

首先,法务私有资本、法务金融资本能够有效解决法务经济主体自身的资金需求。法务资本是法务经济主体开展各种法务经济活动的必要前提,但是法务经济主体完全可能出现法务产业资本相对不足等情形,这就需要积极导入法务私有资本、法务金融资本等加以弥补。法务私有资本的初始形态是法务经济人员的个人资产,法务经济主体通过融入法务私有资本用以补充法务产业资本的相对不足,支持法务经济项目实施,而法务经济人员则将通过分配法务经济项目收益实现个人资产增值。从法务经济人员的角度来讲,将个人资产转化为法务私有资本并最终取得对应法务经济项目收益的过程就是跨时间、跨空间的价值交换,本质上就是一种法务金融活动,而法务经济主体就是这轮法务资本循环中的资金需求主体。在法务金融活动中,法务经济主体是法务金融对象,而法务金融资本则被用于弥补法务产业资本的相对不足,特别是在法务经济活动产业化发展过程中,法务经济主体对于法务金融资本的需求将更为强烈。

其次,法务项目资本能够有效解决法务经济对象乃至法务经济彼方的资金需求。在直观认识中,法务资本是由法务经济主体掌控并被用于法务经济活动的,并不会涉及法务经济对象等其他主体。事实上,法务经济活动并不仅仅涵盖法务经济要素、法务经济资源、法务经济措施等法务经济主体直接管理的对象,法务经济对象本身及其关联目标同样是法务经济活动中的重要组成。因此,法务资本完全可能延伸至法务经济对象及其关联目标。例如,在法务投资模式中,法务资本将会被用于支付受理费、保全费、鉴定费等诉讼费用,从而解决法务投资对象资金需求,而在传统意义上这些费用都应当由法务投资对象自行负担。再如,在法务融资模式中,法务资本将会基于实施中的法务投资、法务开发等项目,另行向法务经济对象提供融资,法务资本也会因此进入法务经济对象的经济领域,解决法务经济对象在非法务经济领域中的资金需求。在某些情况下,法务资本不仅可以解决法务经济对象的资金需求,同样可以解决法务经济彼方的资金需求。例如,在法务开发模式中,法务资本完全可以投向法务经济彼方,从而清除法务开发项目之中的法律纠纷。

再次,法务金融资本能够有效解决传统法务主体的资金需求。传统法务主体虽然并非资本的有效载体，但是传统法务活动在实现规模化、产业化发展过程中，同样需要法务资本支持。此外，传统法务主体、传统法务活动完全可能融入狭义法务经济生态，并在法务金融资本支持下实现职能化、产业化发展。需要延伸说明的是，传统法务主体虽然难以有效承载资本，但是并不妨碍其以合适方式嵌入法务经济活动之中，成为法务资本的局部利用者。

最后，法务金融资本有助于解决传统经济主体的资金需求。正如前文所述，法务资本虽然成长于狭义法务经济领域，但是法务经济的目标不仅是构建狭义法务经济生态，更需要构建广义法务经济生态。法务金融资本作为切入传统经济领域的重要载体，不仅应当支持狭义法务经济生态建设，而且需要介入传统经济活动并构建广义法务经济生态。就传统经济主体而言，法务金融资本具有法律属性，不仅能够解决自身资金需求，而且更加有利于提升传统经济活动品质。

总之，法务资本发端于狭义法务经济领域，并将向传统法务领域和传统经济领域拓展，能够有效解决法务经济主体、法务经济对象、法务经济彼方、传统法务主体、传统经济主体等各方主体的资金需求。

第六节　促进传统法务行业创新发展

传统法务行业需要创新发展，而狭义法务经济活动同样需要延伸拓展，传统法务主体、传统法务要素、传统法务活动完全可能在多个维度融入狭义法务经济生态。作为核心法务经济要素，法务资本将快速渗透到传统法务行业并促进其创新发展。

虽然法务经济尚属创新事物，但是传统法务行业融入狭义法务经济生态将是发展趋势。从根本上说，法务经济具有更高的顶层设计，具备更多法务经济要素，能够更为直接地链接传统经济领域，可以更加精准地切中传统经济活动需求，因此更具创新空间和发展价值。虽然传统经济领域是法务经济更为广阔的价值空间，但是基于传统经济对象的现实需求，狭义法务经济活动必然需要同时向传统法务领域渗透，并介入传统法务行业。此外，面对传统经济活动提出的更高法务需求，传统法务行业迫切需要从个体化发展向规模化、产业化发展升级，但是基于自身存在的诸多先天缺陷，必然需要借助外部导入因素实现创新，而法务经济的介入将会为其提供变革支点。

狭义法务经济将会多领域、多维度介入传统法务领域。在很多情况下，法务经济活动与传统法务活动指向的主体对象完全重合，或者说，同一个传统经济主体完全可能成为法务经济对象或者传统法务对象。因此，法务经济活动与传统法务活动在法务市场分配上必然存在形式上的冲突，但是两者在本质上存在的内涵差异，并非同纬竞争，也绝非水火不容。事实上，狭义法务经济活动并非是从传统法务行业之中简单地切割传统法务对象，而是在更高层面和更广领域全方位地介入传统法务案件、传统法务主体、传统法务要素、传统法务活动等诸多传统法务领域。

法务资本是狭义法务经济切入传统法务领域的重要支点，也将促进传统法务行业的创新发展。正如前文所述，狭义法务经济将会全方位介入传统法务领域的传统法务案件、传统法务主体、传统法务要素、传统法务活动等诸多领域，而切入支点既包括法务经济主体，也包括法务经济要素、法务经济模式等。其中，法务资本既是极为重要的直接切入支点，也是不可或缺的基础支撑要素。例如，法务保理资本可以直接介入传统法务活动交易，创建传统法务市场交易模式，而法务科技资本则可支持法务科技在传统法务领域中的基础建设，从而支持传统法务活动的组织运营变革。就传统法务行业而言，法务资本的介入将加速传统法务主体基础建设，促进传统法务活动向规模化和产业化方向发展，也将支持传统法务活动从个体化执业向职能化发展的转变等。可以说，法务资本一方面将为传统法务活动的规模化、产业化发展提供基础支持；另一方面也将为传统法务行业向法务经济转型升级提供核心要素。

总之，传统法务行业需要创新发展，法务资本是狭义法务经济切入传统法务领域的重要支点，并将为传统法务行业的创新发展提供极为重要的基础支撑。

第七节　推进广义法务经济生态构建

法务经济的重要目标之一就是促进传统经济活动转型升级为广义法务经济活动，并构建广义法务经济生态。法务资本的最后一项主要功能就是切入传统经济领域，推进广义法务经济生态构建。

在传统经济运行异常之时，狭义法务经济主体依托诸多法务经济要素主导开展狭义法务经济活动，从而低耗、高效修复经济运行秩序异常，创造法务经济价值。在宏观层面，狭义法务经济主体得以借助法务经济要素的创新导入，构建以法务经济要素和法务经济活动为中心的狭义法务经济生态。就狭义法务经济主体而言，传统经济领域是更为广阔的法务经济空间，更加需要构建广义法务经济生态。但是，如何切入传统经济活动并同样将其提升到法务经济高度并非易事。狭义法务经济主体并无可能直接主导所有传统经济活动，法务经济措施亦无可能直接复制到传统经济活动之中，法务经济要素反向切入传统经济领域并将后者法律属性化则是可行路径之一。

资本是传统经济活动的核心要素，而法务资本同样是法务经济活动的核心要素，因此法务资本成为反向切入传统经济领域的最佳选择。以投资法务为例，法务产业资本以股权投资的方式被嵌入传统经济主体之中，并在经营管理的战略层面发挥关键作用，促进投资法务对象逐步从传统经济主体提升至广义法务经济主体。随着更多传统经济主体认可法务型股东的价值，投资法务股权资本将成为构建广义法务经济生态的重要通道。从法务金融视角来看，法务金融资本将会以更为规模化的方式切入传统经济领域，并将自身法律属性传导至传统经济活动，加速推进广义法务经济生态构建。

法务科技、法务情报、法务管理等其他法务经济要素亦是构建广义法务经济生态的重要支点，而法务资本则是前述法务经济要素切入传统经济领域的必要支撑。例如，法务科技主体不仅需要建设法务运营科技、法务交互科技，而且需要建设法务嵌入科技，将法务科技前移至传统经济领域，一方面是为狭义法务经济活动延伸采集法务营销信息，另一方面则是以此为支点构建广义法务经济活动。当然,无论是法务嵌入科技的基础建设还是运营管理,乃至法务科技主体本身的创新发展,显然都离不开法务科技资本的支持。可以说,法务经济要素是狭义法务经济主体构建广义法务经济生态的支点,而法务资本则是支点的支点。

法务资本发端于狭义法务经济活动,但是并不局限于狭义法务经济生态,一方面,其将会借助投资法务、法务融资、法务金融等通道直接切入传统经济领域;另一方面,其将会支持法务科技、法务情报、法务管理等其他法务经济要素间接切入传统经济领域,从而推进广义法务经济生态构建。

总之,法务资本是法务经济活动的核心要素,不仅可被应用于狭义法务经济领域,而且必然需要向传统法务领域和传统经济领域延伸拓展。法务资本具有支持法务经济生态基础建设、推动法务经济措施综合开展、提升法务经济项目实施品质、加速法务经济活动产业发展、解决各类经济主体资金需求、促进传统法务行业创新发展、推进广义法务经济生态构建等基本功能,将为建设狭义法务经济生态和广义法务经济生态提供必要的基础支撑。

第七章 ● 法务资本的主要价值

基于“创建法律与经济广泛适用的联系”核心理念和长期法务经济实践的探索，CLEAR 创新提出法务资本概念并逐步构建法务资本理论，以进一步指导法务资本的原始培育、具体应用、创新发展等法务经济实践活动。CLEAR 法务资本的理论构建和商业实践，既是对传统法务活动的创新突破，也是对传统经济活动的创新提升，对于创新资本发展、提升法律价值、促进社会发展等都有着重要价值。

第一节　创新资本发展

资本是社会经济发展的核心要素，资本的发展将会极大地促进整个社会经济的深层变革。法务资本的出现并非是对传统资本的应用细分，而是在更高层次上创建资本新形态，在更广经济领域中创设资本新业态，并在社会经济活动中创造资本新价值(见图 7－1)。

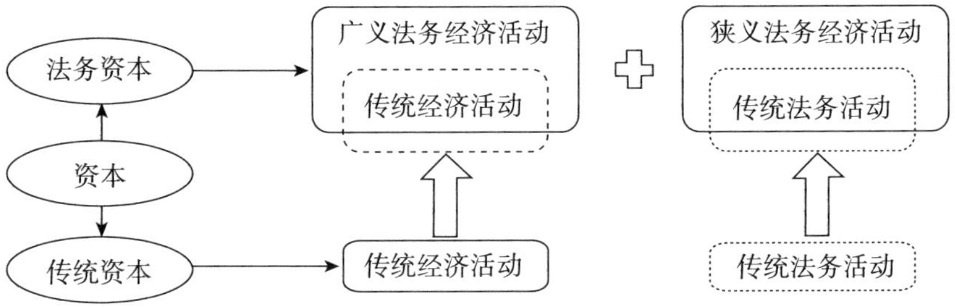

图 7－1　创新资本发展

正如前文所述,法务资本虽然发端于狭义法务经济活动,但是并不应当简单地认为法务资本就是应用于法务领域的资本,更不应当将法务资本视为传统资本的细分类型。法务资本并非传统资本的下位概念,两者是资本的不同发展形态,进而匹配的也是不同的经济发展形态。更为准确地讲,法务资本是法律属性化的资本形态,并因此而具有法律精神、政治悟性、经济使命和社会责任,成为法务经济活动的配套资本。传统资本并不具有法律属性,只是传统经济活动的配套资本。在依法治国背景下,不仅需要建设法治国家、法治社会,同样需要建设法治经济,传统经济活动应当提升到"法务经济"形态,而这显然需要具有能够与之匹配的资本形态。可以说,法务资本是资本在更高经济层次的创新形态,完美契合了构建法治经济的内在需求。

基于自身具有法律属性并居于更高经济层面,法务资本得以在更广经济领域中创设资本新业态。首先来看法务经济领域。在法务资本支持下,法务经济得以创建了一个全新的经济领域,即法务经济领域。在法务经济领域之中,法务资本不断创新演化,发展出法务私有资本、法务产业资本、法务金融资本等诸多业态,逐步构建了自成一体的法务资本体系。其次来看传统法务领域。长期以来,传统法务领域一直是资本禁区,并非传统资本的首选应用空间。基于自身的法律属性,法务资本需要而且能够介入传统法务领域,弥补传统资本在传统法务领域的缺失,并创新发展出法务资本新业态。最后来看传统经济领域。法务资本将在诸多法务经济要素支持下,反向切入传统经济领域,不仅赋予传统资本法律属性从而转化为法务资本,而且完全可能基于自身的法律属性,创建新的经济领域并形成新的资本业态。总言之,法务资本基于自身的法律属性,将会开拓出更多经济领域,并在此基础上创新演化出诸多资本业态。

作为经济活动中极为重要的核心要素,资本的存在样态、基本属性等将会在很大程度上决定经济的发展方式。法务资本发端于狭义法务经济活动,但是必将在此基础之上反向切入传统经济领域,积极构建广义法务经济生态。在此过程之中,法务资本积极介入传统经济活动,并将自身具有的法律属性赋予后者,支持其提升至法务经济形态。换言之,法务资本将成为构建广义法务经济生态的重要支点,创造出巨大的法务经济价值。在某种意义上,法务资本并非仅仅创造出了巨大的经济价值,更为重要的是创新了社会经济发展形态,并在此基础之上进一步提升了整个社会发展层级。此外,法务资本将会以法务经济领域为支点,向传统法务领域乃至更多创新经济领域拓展,在更多领域创造法务经济价值,多途径优化整个社会发展。

总之,法务资本并非传统资本的应用细分,而是具有法律属性的资本创新形态,其不仅支持创建全新的法务经济领域,创新发展出了诸多法务资本形态,而且将拓展至传统法务领域,弥补传统法务领域的资本缺失,此外,法务资本还将支持法务经济反向切入传统经济领域,赋予传统资本法律属性。在这一过程之中,法务资本不仅将支持整个社会经济活动提升到了法务经济新高度,而且将会同步丰富资本的发展形态,创新资本的价值内涵,提升资本的价值高度。

第二节　提升法律价值

法律是最为重要的社会活动规范,也是构建和维护社会发展秩序的核心基础。但是由于各种原因,法律并未能够被社会民众广泛掌握并主动利用,亦未在传统经济活动和传统法务活动之中充分释放自身价值。在法务资本直接和间接支持下,法律被推向社会经济活动的更高层级,法律的实践价值将得到极大提升。

法律本身完全开放,并不应当仅仅存在于法典之中和法庭之上,社会民众在理论上能够而且应当主动运用法律指导自身行为。但是,法律规范不仅极为抽象而且具有较强的专业性,这导致法律在很大程度上成为法律职业人员的专属工具。不可否认,专业群体的专业解读有利于法律的准确适用,但是,法律显然并未被更为广泛的社会主体所认知,亦未在社会经济活动之中被主动应用。概言之,法律在一定程度上被限缩在了特定人群、特定时空之中,法律价值自然无法充分释放。

从传统经济活动的视角来看,法律是以预设规则的方式在宏观层面规范传统经济活动,并非是具体可见的经济要素,这让法律在传统经济活动的微观层面缺少了客观支点。换言之,法律在微观层面介入传统经济活动的深度,主要取决于传统经济主体自身的法律意识。但是,不同传统经济主体的法律意识存在较大差异,即便具有良好的法律意识,亦不必然能以最佳方式将其融入传统经济活动之中。更为严重的是,当资本、人力、科技等其他经济要素强势介入之时,传统经济主体的法律意识将会受到较大程度挤压,难以有效介入传统经济活动并产生足够影响。可以说,在缺少适合存在支点的背景之下,法律总是游离在传统经济活动之外,并以参差不齐的形态介入其中,而且呈现出相当的不确定性和不稳定性,甚至在很多情形下直接出现缺失,法律价值并未得到足够重视和充分释放。

在传统法务活动中,法律虽然居于核心地位并借助法务技术这一支点得到了相对充分的展示,但是由于本身具有非常明显的事后性、急救性特征,加之缺少资本等经济要素支撑,整个传统法务活动仍然停留在单纯的法律服务层面。此外,传统法务主体缺少更多法务要素支持,因此过度依赖法务技术,并将目光主要集中于法务诉讼之上,这些都在很大程度上限制了法律的应用空间和价值高度,法律价值亦未得到充分释放。

毋庸置疑,树立和增强传统经济主体法律意识水平显然有助于提高法律融入传统经济活动的深度,但是在此较为漫长的过程期间,更加需要寻找适合的有力支点,将法律深度植入传统经济活动的微观运行层面,从而提升法律的价值高度。不妨以环保为例略加说明:为了维护绿色生态环境,社会需要对高污染经济行业加以限制,并为此制定了严格的法律法规,但是在资本利益驱动下,仍有相当部分的传统经济主体明知故犯,关闭环保设施、暗中排放污染、伪造治污记录等,法律规定完全被置之脑后。在科技手段支持下,环保设施运行数据实时向监管部门的监测平台传输,违法行为一目了然。正是在科技支点的支撑下,法律才能在微观层面深度介入传统经济活动。当然,并非所有传统经济领域都可以找到或者都应当选择科技支点,但是法律借助适合支点介入传统经济活动的确是可行路径之一。

法务资本是法律属性化的资本形态,并不会改变法律本身,但是从法律的角度来看,恰恰是法律改变了资本,而资本也成为法律在微观层面介入传统经济活动的有力支点。诚然,资本具有逐利天性,厌恶被约束,似乎并不适合作为法律支点,但是恰恰因为资本的前述特性,实际上其更加需要被法律属性化并成为“法务资本”,以更高经济形态支持传统经济活动转化为法务经济活动。此外,资本是传统经济活动的核心要素,广泛渗透到传统经济领域的各个角落,客观上又是最为适合的法律支点。在法务资本的直接支持下,传统经济活动提升为法务经济形态,法律的价值在这一过程之中得以充分释放。

资本并非唯一的法律支点,科技、情报等经济要素也是适合选项,因此法务科技、法务情报如同法务资本一样,亦是法律切入传统经济领域的理想媒介。此外,投资法务等一些法务经济模式同样是构建广义法务经济生态的重要支点。无论是法务经济要素还是法务经济模式,显然都离不开法务资本的基础支持。换言之,法务资本将会以支持法务经济要素建设或者法务经济模式实施的方式,间接切入传统经济领域并提升法律价值。

法务资本同样会直接或者间接切入传统法务领域,支持传统法务主体和传统法务活动的产业化发展,引导其向法务经济形态变革创新,在提升传统法务活动内涵和高度的基础之上提升法律价值。至于法务经济领域,法律更是以法务资本为底层支点,在各个维度被推至新的价值高度。

总之,缺少有力支撑是法律自身价值被抑制的重要原因,法务资本不仅是核心法务经济要素,同时也是法律的绝佳支点。在广泛渗透到传统经济领域和传统法务领域过程之中,法务资本将法律同步推向更高层级和更广空间,有力地支持了其自我价值的提升。

第三节　促进社会发展

法务资本是法律属性化的资本形态,也是法务经济的核心要素,在各个维度和诸多领域支持法务经济生态构建。在某种意义上,法务经济生态就是法治社会生态在经济及其关联领域的投射。因此,法务资本既是在构建法务经济生态,又是在构建法治社会生态,促进社会持续良性发展。

法务资本是资本的创新发展形态,也是重要的法务经济要素,而法务经济活动则是经济活动的创新发展形态。在法务资本支持下,狭义法务经济活动从根本上解决了传统经济对象需求，有效修复了传统经济运行秩序异常，而广义法务经济活动则从根本上提升了传统经济活动层级，优化了社会经济活动运行品质。毋庸置疑，无论是狭义法务经济活动还是广义法务经济活动，都将创造巨大的经济价值。正如本书所述，经济活动是社会活动的重要组成，也是整个社会创新发展的根本基础，法务资本支持法务经济活动开展，并在此基础之上创造经济价值，本身就是在支持和促进社会发展。需要特别强调的是，法务资本同时具有法律精神、政治悟性、经济使命和社会责任，是从整个社会持续良性发展的高度支持法务经济活动开展，创造经济价值并非其唯一目标，法务资本同样需要追求秩序、公平、正义等价值，或者说法务资本将法务经济活动统一于社会发展之下的根本目标就是促进社会持续良性发展。因此，法务经济生态并不只是一个经济生态，而是法治社会生态在经济领域及其关联领域的投射。

从微观层面来看，法务资本在构建法务经济生态过程之中，同样将会促进社会持续良性发展。开展法务经济活动离不开法务经济主体、法务经济要素、法务经济市场等诸多基础支撑，而法务资本则是这些基础的基础。从社会发展的角度来看，法务资本支持法务经济主体、法务经济要素、法务经济市场等发展创新，既是在为开展法务经济活动创造基础条件，又是在各个领域促进社会发展。例如，法务嵌入科技的开发不仅是开展广义法务经济活动的重要支点之一，同样也是在优化社会生产生活的组织运行方式，提高社会活动效能、降低其中的法律风险，从而促进社会更好地发展。再如，为了提高民众法律素养、提供优质法律服务，国家和社会需要投入巨资从而培养法律专业人员，但是，传统法务活动本身的高度和空间有限，传统法务市场并不能够有效容纳所有法律专业人员，造成了法律教育资源的大量浪费。即便能够介入传统法务活动，传统法务人员亦难以充分释放法律价值。在法务资本支持下，法务经济活动大大提升了法律的应用空间和价值高度，更多的法律专业人员能够在法务经济活动之中更为充分地创造法务经济价值，从而促进社会持续良性发展。可以说，法务资本不仅在纵向上提升了社会经济活动的高度，支持了法治社会生态的构建，而且在纵向上拓展了社会经济活动边界，为社会持续良性发展提供了更多支点。

总之,基于自身的法律属性,法务资本一方面得以站在构建法治社会生态的高度,支持法务经济活动开展和法务经济生态构建;另一方面也将积极拓展经济领域并创新经济业态,丰富经济活动内涵,从而在不同维度促进社会发展。

第八章 法务资本的发展阶段

法务资本是法务经济活动的核心要素，也是法务经济生态发展的血液，广泛应用于法务经济领域、传统法务领域和传统经济领域，具有多重功能价值。从自身角度看，法务资本发展可以分为法务资本形成期、法务资本成长期、法务资本成熟期和法务资本创新期四个阶段，在每个发展阶段，其存在样态及应用领域并不完全相同。研究法务资本的发展阶段，有助于了解法务资本的发展进程，更有助于分析法务资本的发展方向，为管理、创新法务资本提供积极参考。本章将在概要叙述法务资本发展的基础上，详细论述法务资本在每一发展阶段的存在样态、应用领域等内容。

第一节 法务资本发展概述

作为资本的创新形态，法务资本必然需要经历从无到有的成长过程，而且需要伴随法务经济活动和法务经济生态的发展而持续创新发展。诚然，法务资本与法务经济活动、法务经济生态密不可分，但是为了更加有效地管理并更为积极地创新法务资本，有必要单独研究法务资本的整体发展路径。

毋庸置疑，法务资本具有重要的功能价值，但是从宏观角度来看，法务资本只是法务经济活动和法务经济生态的基本元素，需要持续发展以适应后者的整体变革。整个社会经济始终处于发展之中，社会法务需求同样在不断变化，这也要求法务经济活动必须持续发展。作为法务经济活动的核心要素，法务资本同样需要不断创新发展，及时为法务经济活动提供基础支撑。当然,法务资本的创新发展并非总是被动而为,某些主动创新将会推动法务经济活动乃至传统经济活动的变革。事实上,法务资本本身就是社会经济的一部分,因此无论是主动创新还是被动变革,不断发展既是其内在需求也是其外在要求。

从微观角度来看,法务资本的发展需要与法务经济主体、法务经济产品的发展相协调。从根本上说,法务资本只是一种法务经济要素,并不会主动、独立地产生价值,必须在法务经济主体这一管理平台的主导之下,借助其他法务经济要素支持,在具体法务经济活动之中实现其功能和价值。因此,法务经济主体和法务经济活动的发展程度直接决定了其自身对于法务资本的承载能力,并间接决定了法务资本的发展样态。对于法务经济主体或者法务经济活动而言,同样需要法务资本提供必要支撑,否则也将失去发展基础。概言之,法务资本、法务经济主体、法务经济活动三者需要在发展上保持同步性,任何一方的过快发展或者大幅落后,都不利于其他各方的良性发展。

单纯从自身视角来看,法务资本的发展主要包括自身存在样态和外在应用领域两大方向。正如前文所述,法务经济活动、传统经济活动等均处于持续发展变化之中,对于法务资本的内在需求也在随之而变,孕育法务资本的基础土壤同样也在不断变化,法务资本必然需要创新自身存在样态,适应这些需求变化和基础变化。例如,当法务经济活动从个案创新向产业发展转变之时,既有的法务私有资本形态显然不能继续适应法务经济活动的需求变化,法务产业资本的出现就成了必然。从本质上讲,法务资本自身存在样态的变化是法务经济活动运行方式变革的必然结果。法务资本发展的另一个重要方面就是应用领域的创新拓展。作为新生事物,法务经济活动和法务资本都需要经历逐步成长的过程,与社会经济活动之间也需要一定的融合期。从整体发展来看,法务资本应用领域必然是一个不断扩张的过程。例如,法务资本在创新发展中,将不再局限于狭义的法务经济活动,完全可能在其他法务经济要素支持下,渗透到更为广阔的传统经济领域之中,支持广义法务经济活动的开展。总之,法务资本自身存在样态的发展在纵向上促进了法务经济活动的运行升级,而外在应用领域的发展又在横向上促进了法务经济活动的边界拓展。

根据法务资本的主要存在样态及应用领域的不同，法务资本的发展主要可以分为法务资本形成期、法务资本成长期、法务资本成熟期和法务资本创新期四个阶段。鉴于下文将对法务资本的各个发展阶段进行专节论述，此处不再展开叙述（见图8-1）。

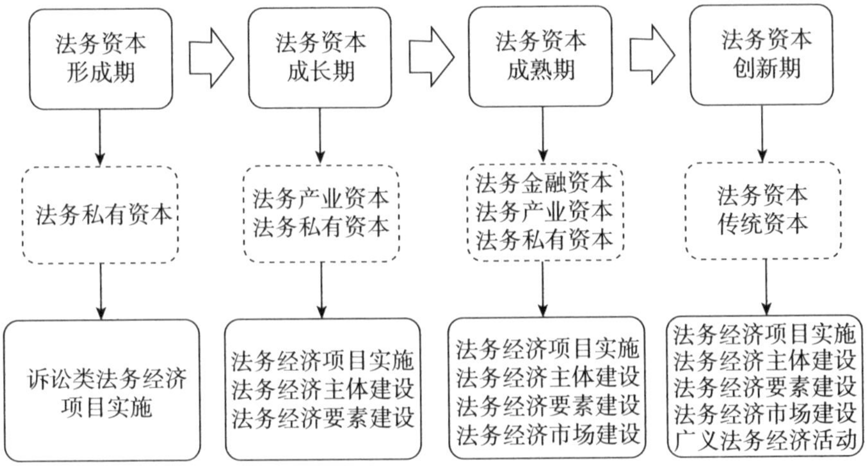

图8-1　法务资本的发展阶段

研究法务资本发展的主要目的之一就是掌握法务资本的源起及现状，为科学管理法务资本提供依据。作为一种新生事物，法务资本具有资本的一般特性，但是由于源起于狭义的法务经济活动，因此又具有独特的法律属性特征和特殊的发展轨迹。就法务经济主体而言，有必要对此加以了解，熟悉法务资本发展中的潜在风险、特定要求等，以便科学管理法务资本。研究法务资本发展的另一个主要目的就是分析法务资本的现状及发展，为科学创新法务资本提供支撑。从根本上说，法务资本需要服务于法务经济活动，适应法务经济活动的需求变化，但是，法务资本同时需要主动创新，不仅要为法务经济活动提供基础支持，更要促进法务经济活动升级和拓展。研究法务资本发展，就是要在审视法务资本现状的基础上，分析法务资本的发展方向，为创新法务资本提供支撑。

总之，法务资本发展是法务经济活动乃至整个法务经济生态发展完善的必然要求和结果。就法务资本而言,需要依托法务经济主体和法务经济活动,在纵向上丰富存在样态,在横向上拓展应用领域,促进法务经济主体发展和法务经济活动实施,支持法务经济生态基础构建和创新发展。

第二节 法务资本形成期

在传统法务活动中,法务技术是最为核心的法务要素,并未给法务资本提供更多发展空间。但是,传统法务活动在很多时候难以有效对接社会法务需求,法务变革就成为必然。伴随法务经济活动的探索实践,法务私有资本也逐渐产生,成为法务经济活动中不可或缺的核心要素。由于萌芽期的法务经济主体、法务经济活动尚不成熟,法务私有资本本身也极为单薄,因此法务资本在形成过程中面临诸多风险。本节将在简析法务资本形成环境的基础上,详细论述法务资本在形成期的存在样态、应用领域和发展风险等内容。

一、法务资本的形成环境

由于法律规定庞杂晦涩,法务争议双方之间利益对抗激烈,而法务结果又充满不确定性,这让一般社会主体对于法务领域既缺乏了解又本能抗拒,唯恐避之不及。对于传统资本主体来说,法务项目是典型的非标准业务,而且充满不确定性因素,因此长期以来鲜有涉足法务领域。对于传统法务主体来说,法律技术的专业性固然帮助自身构建了行业壁垒,但是同时却将自我圈定在法律技术领域之内,加之其特殊的组织形式客观上难以有效承载资本,导致传统法务主体亦未掌握资本。在各种因素作用之下,法务领域长期以来成为资本禁区。

正如本书所述,法务领域在法务技术之外完全需要资本介入。某些具有创新意识的传统法务人员逐渐意识到法务领域对于资本的内在需求,加之其自身又需要在传统法务模式创新中赢得更多机会、创造更多价值,于是开始尝试在法务技术之外提供更多法务产品。法务创新离不开资本的基础支持,但是在传统法务主体不能有效承载资本、传统资本主体不愿涉足法务领域的背景下,传统法务人员只得将个人资产转化为法务私有资本,用于支持创新法务活动。可以说,法务经济活动的创新催生了法务资本,而传统法务人员的个人资产为法务私有资本形成提供了必要基础。

法务对象是传统法务活动中非常重要的一方主体,其内在法务需求并不仅仅限于单一的法务技术产品,但是在传统法务市场中并无更多选择可能。当法务资本形成并支持法务经济活动之时,法务经济主体得以提供更为符合法务对象根本需求的法务产品,并因此而顺理成章地获得更多法务经济收益,其中就包含着法务资本的价值。换言之,法务对象是以选择法务经济产品的方式肯定了法务资本的价值。

总之,法务领域的特殊性决定了传统法务人员更易成为法务创新的探索者,创新法务人员的个人资产成为主要的原始法务私有资本,某些传统法务对象的积极回应正向促进了法务私有资本的形成。

二、法务资本的存在样态

在法务资本形成阶段,法务资本的主要存在样态就是法务私有资本。

在缺少传统资本主动介入的情况下,创新法务主体更多的是依靠自身力量募集法务资本,因此将个人资产转化为法务私有资本就成为最为现实的选择。由于受到法务私有资本规模较小、缺乏其他法务经济要素支持、抵御风险能力较弱等因素影响,法务私有资本的发展较为缓慢。就创新法务主体而言,法务创新虽然可能拓展更多业务空间并创造更多业务收益,但是同样存在诸多风险,甚至需要因此而付出巨大创新代价,因此不仅自身尚未发展成为稳定的、标准的法务经济主体,即便是法务私有资本本身亦带有较大的不稳定性,其频繁地在法务私有资本与个人私有资产两者之间进行形态转化,甚至完全造成了一种混同状态。

就传统资本主体而言,即便创新法务主体依托法务私有资本取得了一定的创新成果,但是创新法务主体仍然带有明显的个体性特征,加之创新法务活动尚不具备标准化、规模化发展的基础,法务创新领域仍非传统资本的理想投资目标。因此,传统资本主体对于投资法务领域仍然极为谨慎,难以为法务私有资本提供更多助力。

总之，法务私有资本虽然存在规模较小、发展缓慢、形态易变等特点，但依然是法务资本的主要存在形式，对于法务经济活动的形成和发展有着极为重要的意义。

三、法务私有资本的应用领域

在法务资本形成期，法务私有资本的应用领域集中在诉讼类法务经济项目实施，而较少涉及非诉类法务经济项目实施、法务经济主体建设、法务经济要素建设等领域。

在理论上，法务私有资本完全可以支持实施各种类型的法务经济项目，但是法务经济主体相对缺乏创新实践经验，难以创新设计更多法务经济产品，因此更为习惯在自身更为熟悉的诉讼领域开展法务经济活动创新。此外，由于缺少法务资本的足够支持，导致法务情报、法务科技、法务人才等其他法务经济要素发展亦较为缓慢，难以为法务经济活动创新提供系统支持，这也在较大程度上影响了法务私有资本在法务经济项目类型上的创新拓展。

由于法务私有资本源于创新法务人员的个人资产，整体规模相对较小，难以同时支持多个法务领域发展，因此需要集中用于实施法务经济项目。同时，法务经济主体自身仍然处于发展初期，很多情况下与创新法务人员完全是混同存在的，尚不具备体系化发展的基础条件，客观上缺少体系建设的内在动因。此外，法务情报、法务科技、法务管理等更多法务经济要素并未被充分导入法务经济活动，客观上无法与法务资本形成结构力，亦不需要法务资本的支持。

基于前述原因，法务私有资本主要被用来支持诉讼类法务项目实施，而较少涉及法务经济要素建设、法务经济主体建设等其他领域。

四、法务资本的发展风险

在法务资本形成阶段，法务经济主体、法务经济活动乃至法务资本本身都处于发展的初级阶段，这也让法务资本面临着诸多风险。

首先，法务经济主体能力不足导致对于法务资本缺乏有效风险管控。

正如前文所述,法务资本与法务经济主体、法务经济活动这三者是同步形成的,因此在法务资本形成阶段,法务经济主体自身同样较为稚嫩,对于法务经济活动的认识也相对粗浅,缺乏高效主导法务经济活动的经验、技巧等。此外,法务经济主体受制于法务资本相对不足等因素,难以建立完善的法务经济职能体系,客观上缺乏高效主导法务经济活动的基础条件。这些不利因素势必导致法务资本缺乏有效风险管控,极易出现丧失法务资本根本属性乃至直接遭受重大损失等风险。

其次,法务经济活动本身缺陷导致法务资本潜在风险较高。在法务资本形成期,法务经济活动更多地处于创新、探索阶段,法务经济产品并不成熟,法务资本作为其中核心要素自然也需要应对更多的潜在风险。同时,法务情报、法务科技、法务人才、法务管理等其他法务经济要素同样处于萌芽期,甚至在缺少法务资本支持的情况下更是滞后于后者,这让整个法务经济活动缺少其他法务经济要素的足够支持,法务资本在很多时候不得不独自暴露在各种风险之中。可以说,法务资本需要在整体存在缺陷、内部缺少支撑的法务经济活动之中艰难前行。

最后,法务资本规模相对有限导致自身风险抗压能力较弱。在法务经济活动中,法务经济主体依托法务资本、法务技术等法务经济要素,能够以主导者的身份创新、创造更大的法务价值,但是,法务经济主体也需要因此而直接应对一些潜在风险,法务资本同样需要面对诸多运行风险。在形成阶段,法务资本主要是法务私有资本,而单个法务主体管理的法务私有资本规模相对有限,自身风险抗压能力极为有限,一个偶发风险都可能导致法务私有资本出现重大损失,甚至从根本上毁灭法务私有资本。事实上,相当部分的法务私有资本就是夭折在摇篮之中,导致法务主体的个人资产遭受巨大损失,被迫放弃法务经济创新。

总之,法务资本在形成阶段需要面临法务经济主体、法务经济活动和法务资本本身诱发的诸多风险,这不仅会影响法务资本的形成,而且也会阻碍法务经济主体的发展和法务经济活动的创新。

第三节　法务资本成长期

在法务资本成长期，法务产业资本的出现成为这一阶段的鲜明标志。与此同时，独立的法务经济主体成为主流，开始依托法务产业资本开展自身体系建设和法务经济要素建设，为法务经济活动的产业化发展创造了先决条件。法务产业资本也不再局限于诉讼类法务经济项目实施，开始向其他法务经济领域拓展。同时，法务私有资本在法务经济活动之中仍然有着独特价值，是法务产业资本的有益补充。

一、法务产业资本的形成

正如法务私有资本形成一样，法务产业资本的形成也需要聚合一定的基础条件。简单来说，不仅需要有原始资本的创新转化，还需要有相应的法务产业主体进行有效承载，需要成熟的法务经济产品进行反向推动（见图8－2）。

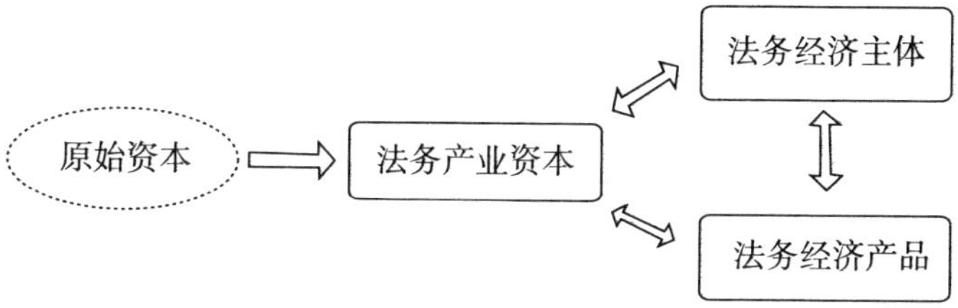

图8－2　法务产业资本的形成

首先，法务产业资本需要有原始资本的创新转化。就传统资本主体而言，传统法务领域充满了未知风险，而且传统法务活动又是典型的非标产品，因此鲜有传统资本主体敢于涉足其中。就传统法务人员而言，法务经济活动的运行方式与自身从事的传统法务活动存在本质区别，发展转型必然要经历诸多挑战和阵痛，大部分传统法务人员更加倾向于选择维持现状。因此，形成法务产业资本的首要条件就是存在一定规模的原始法务产业资本，能够创新转化并成为法务产业资本的初始基础。在法务资本形成阶段，相当部分的创新法务人员折戟沉沙,但是仍然孕育和培养了一部分获得成功的创新法务人员。这个群体需要进一步转型并向法务经济创新的深水区迈进,不再满足于以法务私有资本主导法务经济活动,转而将个人资产直接转化为法务产业资本,成为法务产业资本最为主要的初始来源。在某种意义上,法务产业资本诞生于法务私有资本。此外,随着法务经济活动的快速发展,法务经济对象等其他关联主体开始意识到法务经领域的投资价值,完全可能成为特殊的投资主体介入法务经济活动,成为法务产业资本的另一个重要来源。

其次,法务产业资本需要有法务经济主体的有效承载。资本并非简单的个人资产,需要有适合的资本主体加以管理。在法务经济活动形成阶段,整个法务经济活动在内容和形式上都较为简单,若干乃至单个创新法务人员都可能客串法务经济主体,承载小规模的法务私有资本。但是,当法务经济活动产业化发展之时,就需要有真正意义上的法务经济主体出现,必须能够有效管理法务产业资本并支持法务经济产业化发展。正如本书所述,真正意义上的法务经济主体除了具有专业法务技术支撑之外,还需要同时具备市场经济主体的一般要件,因此从组织形式上来看,法务经济主体主要应当是公司企业等形式。

最后,法务产业资本需要有法务经济产品的内在支持。毋庸置疑,法务产业资本是法务经济主体供给法务经济产品的必要基础,但是从另一个角度来讲,成熟的法务经济产品又是法务产业资本的价值支点,两者是互为基础的共生存在。实践中,一些资本主体嗅到了法务经济领域的巨大商机,而且手握一定规模的资本,但是又不知该将资本具体投向何处,始终徘徊在法务经济领域边缘。个中原因很多,其中最为直接的原因就是缺乏法务经济产品,无法完成法务产业资本循环。当然,法务经济产品需要建立在法务经济主体、法务经济要素、法务经济措施等诸多因素之上,或者说法务经济产品只是法务经济的外在市场标志而已。对法务经济主体而言,就需要在法务产业资本的支持下,创新设计符合市场需求的法务经济产品,并积极创建供给法务经济产品的商业基础。从某种意义上来讲,这既是法务产业资本的发展基础,又是法务经济主体非常独特的核心价值。

总之，法务产业资本的形成既需要原始资本的初始介入，又需要法务产业资本与法务经济主体、法务经济产品之间互为支撑，任何一方面的缺失都将阻碍法务产业资本的形成和发展。

二、法务产业资本的应用领域

在法务资本成长期，法务产业资本主要应用于法务经济项目实施、法务经济主体建设、法务经济要素建设等法务经济领域。

法务经济项目实施是法务产业资本的主要应用领域。就法务经济主体而言，其虽然掌握了一部分法务产业资本，但是总体规模有限，因此需要通过实施法务经济项目实现法务产业资本循环和积累，从而扩大法务产业资本规模，解决法务产业资本相对不足的问题。与法务资本形成期不同，虽然诉讼类法务经济项目仍然是法务产业资本的重要应用领域，但是非诉讼类法务经济项目开始成为法务产业资本的新兴应用领域。从根本上说，法务经济项目实施是法务产业资本创造价值的直接基础，因此也将是法务产业资本主要的应用领域，并且将会在这一领域不断创新、拓展。

法务经济主体建设是法务产业资本的必要应用领域。在法务资本形成期，创新法务人员与法务经济主体混同存在，尚未形成完全独立的法务经济主体，而法务经济活动仍处于个案粗放探索状态，内在要求标准也相对较低。因此，形成初期的法务经济主体既缺乏体系建设的承载平台，也缺乏体系建设的内在需求。但是在法务资本成长期，法务经济主体与法务经济人员实现了组织分离，需要独立存在于法务经济市场并应对标准不断提高的法务经济需求，这也倒逼法务经济主体必须加强自身基础建设，向体系化、职能化、专业化化方向发展，从而更为高效、高质地实施法务经济项目，支持法务经济活动产业化发展。因此，法务经济主体必须在有限的法务产业资本中划分出一定的法务建设资本，用于自身商业平台、职能系统等体系建设。

法务经济要素建设是法务产业资本的重要应用领域。正如前文所述，法务经济活动在粗放探索的初始阶段，对于配置法务情报、法务科技、法务人才、法务管理等其他法务经济要素缺乏内生需求，此外，法务私有资本也不足以为此提供有效的基础支撑。在法务资本成长期，一方面，法务经济主体需要提高法务经济项目实施的效率性、安全性；另一方面，法务经济市场需要更为专业、精细的法务经济产品，这些都要求法务经济主体借助法务产业资本支持，将法务情报、法务科技、法务人才、法务管理等其他法务经济要素导入法务经济活动之中，支持法务经济活动效率、品质提升。

此外，为了提高法务经济活动效能，法务产业资本还需要介入法务经济资源管理、法务经济产品开发、法务经济市场营销等其他法务经济领域。概言之，法务产业资本将成为这一时期最为主要的法务资本形式，广泛应用于诸多法务经济领域。

三、法务私有资本的发展

法务私有资本是法务资本形成阶段最为主要的法务资本形式，一方面促进了法务经济活动的发展，另一方面又孕育了法务产业资本。在法务资本发展阶段，法务产业资本替代法务私有资本成为法务资本的主要形式，但是法务私有资本仍然是法务经济活动中的重要补充。

在法务资本发展阶段，法务私有资本与法务经济主体之间的关系更为清晰。在法务经济活动萌生伊始，法务经济主体与法务经济人员并没有非常清晰的界限，两者在很多情况下完全是混同状态，因此，法务私有资本既是法务经济人员的法务资本，又是法务经济主体的法务资本，在这一阶段，法务经济主体缺少独立、稳定的法务资本。在法务经济活动产业化发展内在要求之下，法务经济主体开始将公司企业等作为主要组织形式，并且独立拥有法务产业资本。与此同时，法务经济人员不再兼有法务经济主体身份，转而成为其中的内部组成元素，法务私有资本也因此从属于法务经济人员。可以说，法务经济活动和法务经济主体的迭代升级催生出了独立的法务产业资本，法务私有资本与法务经济主体之间的关系更为清晰。

在法务资本发展阶段，法务私有资本的功能定位发生了重大变化。在法务产业资本出现之前，法务私有资本是法务经济活动中的中坚力量，应用领域主要集中于法务经济项目实施，鲜有介入法务经济系统建设、法务经济要素建设等领域。但是在法务资本发展阶段，法务产业资本成为法务经济活动中的中流砥柱，不仅支持法务经济项目实施，而且迅速向法务经济系统建设、法务情报业务、法务科技开发、法务人才培养等领域延伸。反观法务私有资本，虽然仍旧集中于法务经济项目实施领域，但是不再是法务经济项目资本的主体力量，自身货币价值的重要性大为降低，成为法务产业资本的适当补充。

在自身货币价值相对大为降低的同时，法务私有资本的管理价值却大放异彩，成为法务私有资本存在的重要基础。在法务资本形成阶段，法务经济人员与法务经济主体基本是混同状态，两者之间并不存在管理问题，同时法务私有资本的管理价值也被掩盖了。随着法务经济产业化发展的推进，法务经济主体与法务经济人员实现了组织分离，后者成为其中的组成元素并在操作层面发挥作用。同时，法务经济活动又是一项带有明显智力性特征的业务，法务经济人员的主观能动性将会在一定程度上影响法务经济活动品质，因此法务经济主体除了需要建立规则管理法务经济人员之外，还可以借助法务私有资本这一特殊纽带，在法务经济人员与法务经济项目之间建立风险权益绑定关系，从而降低法务经济项目实施风险、提升法务经济项目实施品质。可以说，法务私有资本的管理价值完美契合了法务经济活动的智力特征，成为法务私有资本在法务经济产业化发展中的重要存在基础。

总之，法务私有资本虽然在法务经济产业化发展过程中战略层次下降、货币功能弱化，但是在整个法务经济活动中的定位更为清晰，蕴含的管理价值也成为法务经济产业化发展的重要支撑。

四、法务资本的风险管理

在法务资本成长期，法务资本不仅增加了法务产业资本样态，而且需要在更高层面、更大量级、更广领域上支持法务经济活动，这让法务资本的风险管理更为复杂，同时也更为重要。

首先，法务经济主体需要平衡法务产业资本与法务私有资本的关系。在法务资本成长期，法务产业资本取代法务私有资本成为法务经济活动中的核心要素，法务私有资本则因其独特的管理价值和一定的货币价值而成为法务经济活动的有益补充，两者都是法务经济活动中不可或缺的元素。

同时,法务产业资本和法务私有资本又分属于法务经济主体、法务经济人员,都需要在法务经济活动中实现自身价值,同时又不得不面对一定风险。这就涉及法务产业资本和法务私有资本的比例设定、风险负担、收益分配等问题,或者说如何平衡两者关系并实现协同发展。例如,在法务经济项目实施中,如果法务私有资本设定比例过高,可能会增加法务经济人员资金压力,同时也不利于法务产业资本快速积累,反之则可能会削弱法务私有资本的管理价值,给法务经济项目实施带来潜在风险,同时也不利于缓解法务产业资本相对不足的压力。可以说,平衡法务产业资本和法务私有资本的关系是法务经济主体管控风险的一项重要内容。

其次,法务经济主体需要平衡各项细分法务产业资本的关系。法务产业资本可以细分为法务项目资本、法务建设资本、法务运营资本等类型,分别用于支持法务经济项目实施、法务经济主体和法务经济要素建设、法务经济系统运营等,最终为高效、高质实施法务经济项目提供基础支撑。但是在法务资本发展期,法务产业资本本身即存在相对不足的难题,一旦法务经济主体不能合理平衡各项法务产业资本的分配比例、先后顺序等关系,就可能影响法务经济活动的整体效能和品质,甚至给法务产业资本带来巨大风险。例如,法务经济主体期望实施更多的法务经济项目,从而快速积累法务产业资本,因而将法务产业资本主要投向法务经济项目,这将必然导致法务建设资本和法务运营资本的相对不足,致使法务经济主体、法务经济要素等不能匹配法务经济项目实施,最终导致法务经济项目品质下降、法务产业资本面临发展风险。

最后,法务经济主体需要管理法务资本在法务经济活动中的风险。在法务资本形成期,法务经济主体缺乏管理经验和系统支持,导致法务私有资本介入法务经济活动时需要面临较大风险。但是,法务私有资本不仅整体规模相对有限,而且是以单一法务资本形式集中在诉讼类法务经济项目实施中,同时又分散在不同项目之中,因此风险相对独立。在法务资本成长期,法务经济主体依托法务产业资本可以提升其对法务经济活动的主导力,同时可以获得更多法务经济要素的支持,但是管控法务经济活动风险的能力依然相对较弱。同时,法务经济项目不再集中于熟悉的法务诉讼领域,开始向更多创新法务经济领域延伸，法务经济项目实施的不确定风险增加。此外，法务产业资本依然相对不足，抗风险能力仍然相对较差，法务私有资本虽然能够有效弥补法务产业资本的规模不足，但是同时又给法务产业资本带来了一定的附加风险。基于前述原因，法务资本在面对法务经济活动规模化发展之时，仍然需要面对诸多风险，而且可能演化为系统性风险。对于法务经济主体而言，需要同时依托自身构建的法务经济体系和综合的法务经济要素，分别在宏观和微观层面管控法务资本在法务经济活动中的风险。

总之，法务产业资本主要来源于法务私有资本转化，其取代了法务私有资本成为法务资本在成长期的主要形式，不仅用于支持更多创新领域的法务经济项目实施，而且同步用于支持法务经济主体建设、法务经济要素建设、法务经济系统运营等领域，成为法务经济产业化发展的主要支点。法务私有资本在法务经济活动中的功能定位更为清晰，重要性相对降低，主要集中于具体的法务经济项目实施领域，是法务经济产业化发展的有益补充。对于法务经济主体而言，需要在各个层面管控法务资本风险，促进法务产业资本和法务私有资本的同步发展。

第四节　法务资本成熟期

在法务产业资本和法务私有资本的共同推动下，法务经济活动快速发展并向更广领域拓展，客观上需要更多法务资本的支持，法务金融资本将应运而生，这也标志着法务资本成熟期的到来。在这一时期，法务资本的存在样态更为丰富，应用领域也更为广泛。

一、法务金融资本的形成

正如法务产业资本的形成需要诸多基础条件一般，法务金融资本也是法务经济生态发展到一定时期的产物。

法务产业资本的快速积累是法务金融资本得以孕育的前提。在法务资本成长期，法务经济主体依托法务产业资本，一方面快速推进法务经济主体建设和法务经济要素建设，另一方面不断创新拓展法务经济项目应用领域，支持法务经济活动实现规模化、产业化发展。随着法务经济项目实施的规模化增长，法务产业资本得以快速积累并形成较大规模。虽然法务经济主体仍然面临着法务产业资本相对不足的问题，但是已经基本具备从法务产业资本中派生出法务金融资本的基础条件。

法务经济活动的快速扩张需要法务金融资本支持。正如前文所述，法务经济主体依托法务产业资本得以快速推进法务经济基础建设，但是面对法务经济活动产业化发展，法务经济主体需要向体系化、职能化、专业化方向发展，法务经济要素也需要向规模化、精细化方向发展，而这些显然离不开法务资本的必要支持。同时，法务经济活动不仅在狭义法务经济领域持续创新、拓展，而且不断向传统法务领域和传统经济领域探索延伸，同样需要法务资本的积极跟进。此外，法务经济主体业务规模迅速增加，但是面对快速增长的法务经济需求，同样受制于自身法务产业资本的相对不足，迫切需要法务金融资本支持加快产业化发展。总之，法务经济活动的快速扩张既对法务金融资本提出了现实需求，也为法务金融资本的介入创造了应用空间。

一方面，法务经济活动产业化发展能够有效承载传统资本介入。在法务经济产业化快速发展背景下，某些法务经济主体积聚了较大规模的法务产业资本，面对整个行业法务产业资本相对不足的问题，能够而且需要将部分法务产业资本转化为法务金融资本，并从法务产业主体中派生出法务金融主体，开始主导法务金融活动。另一方面，传统资本开始积极介入法务金融领域。在法务经济活动产业化发展过程中，法务经济产品进一步标准化，法务经济主体逐渐成为成熟的市场经济主体，这让传统资本可以直接与成熟的法务经济主体建立稳定的商业关系。换言之，法务经济产业化发展已经完全具备了承接传统资本介入的基础环境。同时，法务经济活动创造价值的能力也对传统资本产生了巨大吸引力，需要规模化介入法务经济领域，而法务金融领域无疑是便捷通道。因此，传统资本将会积极介入法务金融领域，转化为法务金融资本并分享法务经济产业化发展成果（见图8－3）。

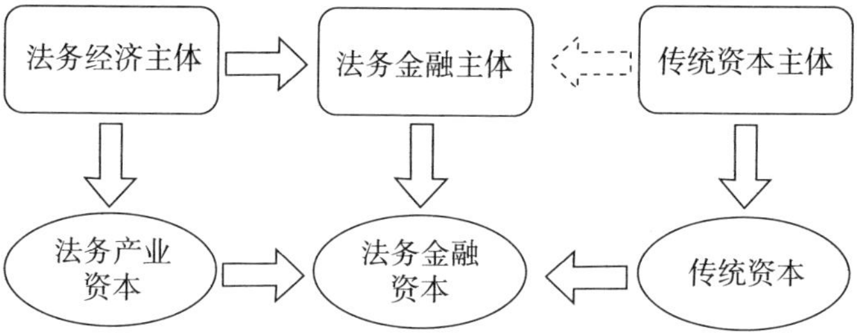

图 8-3　法务金融资本的形成

总之,法务经济产业化的快速发展不仅为法务金融资本提供了应用空间,而且孕育了法务金融主体和法务金融资本,而传统资本的积极介入则进一步加速了法务资本金融化的进程。

二、法务产业资本的发展

在法务资本成熟期,法务产业资本规模迅速扩张,不仅成为法务金融资本的重要来源,而且在法务金融资本的反向支持下,进一步加速了法务经济项目实施、法务经济主体建设、法务经济要素建设、法务经济市场建设等,并且开始向传统法务领域和传统经济领域进行规模化渗透。

由于受到法律风险的负面影响,法务经济对象现有资产的表面价值和未来发展的预期价值往往被拖累,严重偏离其真实价值。在法务经济项目中,法务资本恰恰可以借助法律杠杆撬动法务经济对象的现有资产和预期资产,获得较高资本回报。依托法务经济活动产业化发展,法务产业资本又将这种高回报资本活动进一步规模化,从而能够迅速实现自身规模的扩张。正如前文所述,法务产业资本的规模扩张孕育了法务金融资本,而法务金融资本的逆向回流不仅延展了法务产业资本的应用领域,而且倍增了法务产业资本循环的量级,让法务产业资本规模积聚的量速齐增。

在法务产业资本规模扩大的同时,必然需要具备与之匹配的法务经济主体和法务经济产品,否则将会大大降低法务产业资本循环的效能。因此,法务产业资本除了支持实施各类法务经济项目之外,还将更为深入地介入法务产业主体建设、法务经济要素建设、法务经济市场建设等法务经济活动。例如,在法务产业资本支持下,法务产业主体进一步向职能化、体系化、专业化方向发展,法务人才培养、法务科技研发、法务情报业务等也将相对独立地发展,为法务经济产业化发展提供更为专业、精细地支持。在法务产业资本主导下,法务金融资本亦被导入法务经济基础建设领域,加速整个法务经济生态建设。

基于自身规模日益壮大和法务经济主体渐趋成熟,法务产业资本开始向传统法务领域和传统经济领域规模化延伸。法务经济的目标是在构建狭义法务经济生态的基础上,最终构建广义法务经济生态。法务资本作为核心法务经济要素,虽然源起于狭义法务经济领域,但是必然需要伴随法务经济活动延伸到传统法务领域和传统经济领域。在法务资本成长期,法务产业资本规模相对较小,整个法务经济基础同样相对薄弱,因此法务产业资本主要是探索性介入传统法务领域和传统经济领域。在法务资本成熟期,不仅法务产业资本具备相当规模,而且法务经济基础条件更为成熟,法务产业资本将在法务金融资本支持下,规模化地向传统法务领域和传统经济领域渗透,为狭义法务经济生态拓展和广义法务经济生态构建提供必要支持。

三、法务私有资本的发展

在法务资本成熟期,法务私有资本的货币价值相对更为降低,其管理价值虽然有助于法务经济项目实施,但是应用领域却进一步收缩。

随着法务经济活动向传统法务领域和传统经济领域的规模化延伸,加之法务经济活动产业化进程加快,法务经济主体对于法务资本的需求规模也将快速增长。在一些法务经济项目实施中,法务私有资本仍然具有一定的货币价值,但是在法务产业资本规模迅速增长和法务金融资本积极介入的背景下,法务私有资本货币价值的重要性大幅下降,特别是在一些法务项目资本需求总量较大的单体法务经济项目中,法务私有资本甚至丧失了存在的必要性。

基于法务经济人员在法务经济项目实施中具有的能动性,法务私有资本管理价值成为法务经济活动的重要需求。但是在法务资本成熟期,法务经济主体依托法务产业资本和法务金融资本共同支持,进一步向体系化、职能化、专业化方向发展，法务经济人员在法务经济项目实施中的个体影响因此而相对降低，加之法务经济产品日渐趋向流程化、模块化、标准化，客观上导致法务经济项目实施对于法务私有资本管理价值的需求减弱。因此，法务私有资本整体上不再是法务经济项目实施中重要的管理媒介。当然，在某些特殊的法务经济项目实施中，法务私有资本的管理价值仍然具有存在必要。

总之，在法务经济活动运行方式变革、法务经济产品不断标准、法务产业资本规模迅速扩大、法务金融资本积极介入的整体背景下，法务私有资本日渐衰微。

四、法务资本的风险管理

在法务资本成熟期，法务产业资本、法务金融资本、法务私有资本等构成了法务资本的立体形态，整个法务资本体系更为完善、成熟。对法务经济主体而言，一方面需要综合平衡不同形态法务资本之间的相互关系，另一方面又需要积极应对法务经济高度产业化、金融化对法务资本造成的各种影响，以便有效管控法务资本风险。

首先，法务经济主体需要平衡法务产业资本与法务金融资本的相互关系。由于法务私有资本在整个法务资本体系中的比重、价值等都相对较小，不足以对法务产业资本、法务金融资本乃至整个法务资本体系形成较大影响，因此法务经济主体的关注焦点主要集中在法务产业资本与法务金融资本的关系之上。法务产业资本通过直接参与法务经济项目实施及其关联领域建设，推动法务经济产业化发展，而法务金融资本则是通过本身周转实现自身增殖，并不直接参与法务经济项目实施及其关联领域建设，两者并不在同一法务经济层面运行。但是，这并不意味着法务金融资本与法务产业资本之间不存在利益冲突，一旦两者发展失衡超过安全区间，甚至可能给双方发展带来重大威胁。例如，法务金融资本的过度扩张可能会破坏法务产业资本正常的发展周期，甚至挤占法务产业资本的价值空间，导致法务产业资本萎缩。由于法务产业主体与法务金融主体完全可能是两个独立的或者存在交叉关系的法务经济主体，这让法务产业资本与法务金融资本之间的关系更为复杂,平衡两者之间的相互关系就更具挑战。因此,在构建法务经济生态之时就需要做好顶层设计,建立完善的法务资本规则等,促进法务资本体系的良性发展。

其次,法务产业资本和法务金融资本需要保持自身的基本属性。在法务资本成熟期,法务产业主体和法务金融主体已经具备了承载传统资本的基础条件,而传统资本主体完全可能以股权投资等方式介入法务产业主体或者法务金融主体,传统资本则会融入法务产业资本或者法务金融资本。对法务产业资本和法务金融资本而言,必须保持自身的法律属性,避免传统资本融入后削弱甚至改变自身的基本属性。此外,法务经济的高度产业化、金融化必然会放大法务资本的增殖性特征,也可能影响法务产业资本和法务金融资本的基本属性。

最后,法务产业资本和法务金融资本需要防范法务经济产业发展中的潜在风险。在法务资本成熟期,法务产业资本和法务金融资本自身风险抗压能力极大提升,而且在两者共同支持下,法务经济主体建设、法务经济要素配置等快速发展,法务经济主体管控风险的能力也得到持续强化,进一步降低了法务产业资本和法务金融资本的风险概率。但是,在法务经济快速产业化、金融化背景之下,法务经济活动中完全可能存在潜在风险,这些潜在风险一旦转化为现实危害就可能被放大、传导,危及法务产业资本和法务金融资本的健康发展。例如,在法务产业资本和法务金融资本支持下,法务经济产品将会批量推向法务经济市场,一旦其中隐藏的某一设计缺陷爆发,必然造成规模性危害,甚至从法务产业资本传导至法务金融资本,影响整个法务资本体系的安全稳定。

总之,法务经济产业化的快速发展为法务金融资本创造了基础空间,法务产业资本分离和传统资本转化成为法务金融资本的重要来源,而法务金融资本的形成将进一步加速法务经济产业化发展。与此同时,法务产业资本借助法务金融资本向传统法务领域和传统经济领域规模化扩张,加速狭义法务经济生态拓展和广义法务经济生态构建,而法务私有资本则将进一步萎缩,集中于某些特殊法务经济应用领域。

第五节　法务资本创新期

从宏观发展视角来看,法务资本自形成伊始就一直在创新。在某种意义上,法务资本整体一直处于创新期。基于法务资本实践探索和理论研究的阶段性,暂且将法务金融资本、法务产业资本、法务私有资本组成较为完善的法务资本体系作为法务资本发展成熟的标志,并站在这一节点展望法务资本创新发展的轮廓。

法务经济主体需要创新传统资本法律属性化方式。在法务资本创新期,不仅法务资本体系较为成熟,法务产业资本和法务金融资本也已形成较大规模,而且整个法务经济生态发展更为成熟,能够为法务资本应用提供更为综合的支持,这些都为加速构建广义法务经济生态奠定了基础。但是,相较于整个传统经济领域而言,整个法务资本在发展规模上看仍然很小,两者并不处于同一量级。就法务资本而言,简单替代传统资本显然并无可能,传统资本属性转化就成为构建广义法务经济生态的必然路径。这在客观上要求法务资本必须创新传统资本法律属性化的方式,提高传统资本转化为法务资本的效率,从而加速广义法务经济生态构建。

法务经济主体需要创新法务资本应用领域和发展形态。从宏观上看,法务资本已经形成包括法务金融资本、法务产业资本、法务私有资本在内的完整体系,不同类型的法务资本也演化出诸多细分类别,开始规模化地从法务经济领域向传统经济领域和传统法务领域拓展。但是,从更为微观的视角来看,法务经济在法务经济领域、传统经济领域、传统法务领域等内部仍然存在巨大创新空间。从某种意义上讲,拓展创新空间的过程就是在构建法务经济生态。就法务资本而言,需要伴随法务经济活动延展到新兴法务经济领域,并在其间创新演化出更多形态,匹配创新法务经济活动,而这也将是一个空间巨大、周期较长的创新活动。

法务经济主体需要创新各种资本组合应用模式。正如前文所述,法务资本已经形成体系框架,而且各个类型的法务资本创新演化出诸多细分类别,一方面为法务经济活动精细化发展提供了必要支持,另一方面也为法务资本的组合应用创造了基础条件。对于法务经济主体而言，需要充分利用法务资本的细分发展，创新各种资本组合应用的模式，更为综合、灵活地支持法务经济活动开展。需要特别强调的是，法务资本相对更为成熟，完全能够有效主导传统资本介入，因此不仅应当对不同类型的法务资本加以组合应用，同时应当积极创新法务资本与传统资本组合应用的模式，支持法务经济活动开展，同时促进传统资本法律的属性化发展。

总之，在法务经济生态、法务经济活动持续创新发展的背景之下，法务资本创新并无止境。对于法务主体而言，不仅需要创新传统资本法律属性化的方式，加速法务资本体系扩张，而且需要在法务资本体系内部持续创新，拓展应用领域，细分发展形态，开发组合模式，从而在宏观和微观层面支持法务经济生态构建。

第二编

法务资本应用

法务资本应用理论主要是对法务资本应用于法务经济活动的原则、步骤、方法等进行理论研究，为法务经济主体等系统管理法务资本提供理论指导，是法务资本理论的重要组成部分。本编将在系统阐释法务资本的培育、管理基础之上，详细论述法务资本在法务经济主体建设、法务情报建设、法务人才建设、法务科技建设等法务经济基础领域的具体应用，同时系统解读法务资本在法务投资、法务融资、投资法务、法务金融等法务经济模式中的具体应用。

第九章 ● 法务资本的培育

法务资本是法务经济活动中不可或缺的核心要素，除了具有资本的一般特征之外，还应当具有法律精神、政治悟性、经济使命和社会责任，并因此而区别于传统资本。正如本书反复强调的一样，法务资本并非传统资本的细分应用，亦非天然存在，而是需要法务经济主体逐步培育原始法务资本，并在此基础上实现法务资本积累。本章将分别论述法务私有资本、法务产业资本和法务金融资本的培育，为创建法务资本提供理论指导。

第一节 法务私有资本培育

法务私有资本是重要的法务资本类型，不仅催生了法务经济活动，而且孕育了法务产业资本，在整个法务经济生态构建中有着重要意义。在法务资本的不同发展时期，法务私有资本主体具有不同属性，法务私有资本在整个法务资本体系中的功能定位亦不相同，这也导致不同阶段的法务私有资本的培育过程存在较大差异（见图9-1）。

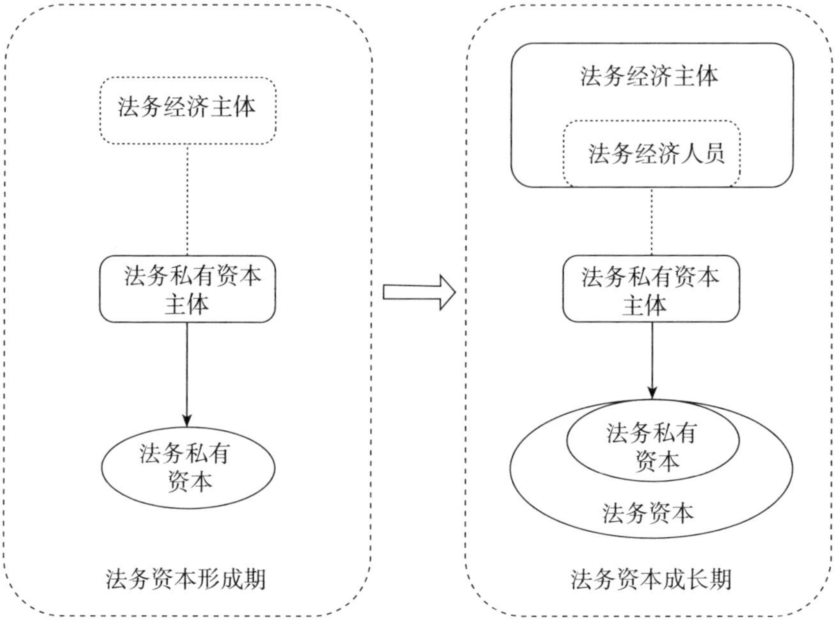

图9-1　法务私有资本在不同发展时期的差异

一、法务资本形成期

在法务资本形成期，并不存在标准意义的法务产业资本和法务金融资本，法务私有资本就是法务资本最为主要的存在形态。无论是法务经济主体、法务经济活动还是法务私有资本，都处于较为简单的低等级形态。同时，法务经济主体与传统法务人员存在角色混同，加之法务经济活动尚处萌芽阶段，整个法务私有资本的形成环境复杂多变。对于法务经济主体而言，培育法务私有资本显然并非易事，其间需要特别关注法务私有资本的稳定性和安全性。

法务私有资本是法务资本的低级形态，自身较为简单，但是培育环境却充满挑战。一方面，创新法务人员与传统法务人员角色混同，这也导致法务私有资本经常在法务资本与个人资产之间转换，特别是在风险面前更容易受到干扰，自身并不能够较为稳定地发展。另一方面，整个法务经济活动尚处萌芽阶段，并不具备完善的法务经济要素体系和成熟的法务经济产品，法务私有资本的应用环境看似简单,实则缺乏更多必要支撑,充满了不确定性风险。在某种意义上,法务私有资本是最为简单的法务资本形态,但在培育期间可能需要面对最为复杂的挑战。

在法务资本形成期,法务私有资本培育的重点是保持其稳定性和安全性。简单来讲,法务私有资本主要来源于创新法务人员的个人资产,但是这一过程其实绝不简单。就传统法务人员而言,传统法务活动必然会影响自身意识思维,法务经济创新不仅意味着变革和发展,同时必然隐含着舍弃和风险,因此培育法务私有资本的重要支点就是培养传统法务人员的法务经济创新意识,在将个人资产转化为法务私有资本的基础之上保持其稳定性,为法务私有资本发展提供较为稳定的时空环境。另外,培育法务私有资本需要保持其安全性。在法务经济活动尚处萌芽阶段的背景下,法务私有资本需要单独应对诸多风险,因而自身极其脆弱,保持其安全性也就成为法务私有资本培育的重要内容。就法务私有资本主体而言,固然需要具有持续、强烈的法务经济创新意识,但是同样需要保持更为谨慎的态度,在适度舍弃效率性的基础上逐步培育法务私有资本。

二、法务资本成长期

在法务资本成长期,法务私有资本不仅在内涵上有别于前一时期,而且出现了双重管理主体,所处的发展环境也发生了较大变化。就法务经济主体而言,需要在平衡法务私有资本与法务产业资本关系的基础上,进一步促进法务私有资本的规模化和常态化发展。

区别于法务资本形成期的是,法务私有资本不再是法务资本的主要类型,而是成为法务产业资本的重要补充,在整个法务经济活动中的价值地位大为下降。但是,从另一个角度来看,法务经济活动较之前一时期更为成熟,法务私有资本所处的发展环境大为改观,虽然让渡出了部分收益,但却也不再是完全的风险承担者,可以更为宽松、安全地发展。当然,法务私有资本也不再是法务经济活动的决定性因素,而是需要更为主动地适应法务经济活动的快速发展。此外,法务私有资本主体与法务经济主体不再是混同状态,法务私有资本因此而需要在两方独立主体的同时作用下发展,这在一定程度上增加了法务私有资本培育的复杂性。

在法务私有资本培育中,首先需要平衡法务私有资本和法务产业资本的相互关系。正如前文所述,法务私有资本在法务经济活动中的相对价值大为下降,这也是法务产业资本快速发展的必然结果。诚然,法务私有资本在某些情况下将会分割法务经济主体部分法务经济收益,甚至给法务经济管理增加一定的难度和风险,但是法务私有资本仍然具有一定的货币价值和重要的管理价值,因此法务经济主体必须从整个法务资本和法务经济活动持续发展的角度出发,平衡法务私有资本与法务产业资本的相互关系,适度支持法务私有资本发展。例如,法务经济主体一般需要给予法务私有资本更高的投资收益、更优的风险保障等,促进法务私有资本在更为安全的环境下快速发展。其次,法务经济主体应当促进法务私有资本规模化发展。在法务资本形成期,法务经济活动带有较大程度的偶发性,而且在规模量级上一般较小,创新法务人员依托自身个人资产可以较为轻松地与之匹配。但是在法务资本成长期,法务经济活动无论是在整体规模还是单体规模上都有了较大发展,这也要求法务私有资本主动向规模化发展,匹配法务经济活动的规模扩张。需要说明的是,法务私有资本的规模化发展并非是指单个法务经济人员拥有更多个人资产,而是站在法务经济主体视角,提高所属法务经济人员整体法务私有资本的有效规模。最后,法务经济主体应当促进法务私有资本常态化介入法务经济活动。法务经济活动是包括法务私有资本在内的各种法务资本的价值支点,法务经济主体需要积极促进法务私有资本参与法务经济活动,一方面,应当支持法务私有资本的规模化发展;另一方面,应当形成较为稳定的法务产业资本与法务私有资本结合模式,支持法务经济活动的产业化发展。

总之,在法务资本形成期和成长期,法务私有资本的功能定位和外部环境存在较大差异,导致法务私有资本培育的内容侧重亦不相同。对于法务经济主体而言,在前一阶段需要重点关注法务私有资本的稳定性和安全性,而在后一阶段则需要在平衡法务私有资本与法务产业资本关系的基础上,促进法务私有资本的规模化和常态化发展。

第二节　法务产业资本培育

法务产业资本直接归属于法务经济主体管理，是法务经济活动产业化发展的核心要素。如同法务私有资本一样，法务产业资本亦非天然存在，培育法务产业资本同样并非简单地将货币置于法务经济主体占有之下，实质上是在培育法务经济活动产业化发展的适配资本。本节将简要分析法务产业资本的形成条件，并对法务产业资本的主要生成模式进行详细阐述。

一、法务产业资本的形成条件

法务私有资本的形成具有一定的自发性和偶发性特征，而法务产业资本的形成则是法务经济生态发展的必然结果。换言之，法务产业资本并不会独立产生，而是在各种基础条件积累到一定程度之时，伴随法务经济产业活动的产生而同步形成。概括而言，法务产业资本形成的基础条件主要包括具备适量的原始资本、适合的承载主体、基本的产业业态、一定的市场需求。

（一）具备适量的原始资本

法务产业资本形成的首要条件就是具备适量的原始法务产业资本。

正如本书反复论述的，法务领域虽然对于资本有内在需求，但是传统法务活动并未给资本预留更多存在空间，传统法务主体亦不能够有效承载资本，而传统资本主体对于涉足法务领域又极为谨慎，这导致法务领域长久以来被视为资本禁区。法务私有资本的出现是个别传统法务人员的自发探索，打破了法务领域的资本坚冰，同时孕育了法务经济活动的雏形。诚然，法务私有资本是原始法务产业资本的主要形态，但是传统法务人员的创新探索并不一定始终保持前行，法务私有资本亦不必然转化为法务产业资本，实践中相当部分的法务私有资本停留在了这一层面，甚至回转为传统法务人员的个人资产。对传统资本主体而言，个别传统法务人员的自发探索并不足以根本改变法务领域的基本属性，将传统资本转化为法务产业资本并投入法务经济领域依然存在较大挑战。因此，在法务经济生态尚处萌芽阶段之时,原始法务产业资本主要源于部分法务私有资本的升级转化,这一过程同样复杂曲折。随着法务经济生态建设的快速推进,传统资本完全可能发现法务经济领域的巨大投资机会,从而成为原始法务产业资本的重要组成。

原始法务产业资本规模并无确定标准,但是仍然需要具有一定规模,足以支持法务经济活动基础运行。单纯从自身角度来看,较大规模的法务产业资本显然具备更强的抗风险能力,而且可以快速推进法务产业资本积累。但是,法务产业资本并非孤立存在,而是需要与整个法务经济生态发展相适应。因此,原始法务产业资本规模需要同时兼顾法务经济主体能力、法务经济市场需求等多种因素综合确定。

(二)具备适合的承载主体

法务产业资本并非只是一定规模的货币,而是需要在保持基本属性的前提下,介入、支持法务经济活动并创造价值。这就需要有适合的法务经济主体,有效承载、管理法务产业资本。

在法务资本形成期,法务私有资本主体能够以个体形式管理较小规模的法务私有资本,主导实施较为简单的"准法务经济活动",浅层次解决零星的法务经济需求。就法务产业资本而言,需要支持法务经济活动产业化发展,系统性解决规模化法务经济需求。显而易见,单个法务经济人员难以继续胜任,法务经济主体需要以公司企业等组织形态存在,管理法务产业资本并主导实施法务经济活动。

就法务经济主体而言,公司企业等组织形态只是外在形式要求,更为重要的是具有法务经济内涵,能够秉承法务产业资本的基本属性并有效主导开展法务经济活动。法务产业资本是法务资本的类型之一,也是法务经济活动产业化发展的配套资本,必须具有法律精神、政治悟性、经济使命和社会责任,并在支持法务经济活动产业化发展中创造法务经济价值。这也要求法务经济主体必须坚持自身法务经济内涵,能够有效管理法务产业资本并用于支持法务经济活动产业发展,而非将法务产业资本降格为传统资本,失去其应有的法律属性。此外,法务经济主体应当具备主导实施法务经济活动产业化发展的基础条件,能够有效开展法务经济活动并实现法务产业资本循环。从法务经济主体视角看,缺少原始法务产业资本是制约自身发展的主要客观因素,但是从法务产业资本角度来看,恰恰是因为缺少能够有效主导法务经济活动的法务经济主体,才导致法务产业资本的形成过程较为缓慢。换言之,法务产业资本、法务经济主体、法务经济活动是相互依存、相互支持的共生关系,三者需要同步协调发展。

(三)具备基本的产业业态

运动性是资本的基本属性,法务产业资本同样需要介入具体法务经济活动,在完成资本循环基础之上创造法务经济价值。因此,具备基本的产业业态就成为法务产业资本形成的前提条件之一。

正如前文所述,法务产业资本与法务经济活动相互依存、相互支持,需要同步协调发展,如果缺少法务经济活动这一根本支点,法务产业资本也将失去存在价值。诚然,法务经济活动需要在法务资本等法务经济要素支持下,不断发展、完善、创新,但是对于法务产业资本形成而言,必须要有基本的产业业态。在法务资本形成期,伴随法务私有资本的出现和成长,法务经济活动也在形成和发展,为法务经济活动产业化发展创造了基础条件。从微观层面看,特定法务经济主体必须能够有效驾驭具体的法务经济活动,或者说必须具有相对成型的法务经济产品,为法务产业资本提供应用平台。需要延伸说明的是,法务经济活动并不仅仅包括生产直接面向法务经济对象的法务经济终端产品,法务经济中间产品完全能够成为独立的交易商品,法务产业资本同样需要在此领域精细化发展,但是在法务经济生态发展初期,更加需要具有法务经济终端产品,能够快捷地对接法务经济需求并实现法务产业资本循环。

(四)具备一定的市场需求

法务经济对象的内在需求并不等于现实需求,更不等于商业需求。因此法务产业资本形成的前提条件之一,就是法务经济产品能够实现商品流转,法务产业资本能够从法务经济商品形态转化为货币形态,完成自身资本循环。

法务私有资本支持法务经济活动的开展同样激活了部分法务经济对象的内在需求,培育了相对脆弱的法务经济市场。对法务产业资本而言,其显然能够更为有效地支持法务经济活动并供给更为优质的法务经济产品，客观上也需要适度引领法务经济需求，但是在法务经济市场尚未被有效培育和开发的背景下，法务经济活动和法务产业资本的发展都将受到较大制约。从更深层次来看，法务经济市场培育并不只是法务经济主体单方激活法务经济对象内在需求，而是在诸多影响因素之下构建可行的法务经济市场。在此之前，法务经济对象的内在需求难以依次转化为现实需求和商业需求。换言之，法务经济产品、法务经济活动、法务产业资本都需要“应运而生”。

总之，具备适量的原始资本是法务产业资本形成的客观条件，而适合的承载主体、基本的产业业态、一定的市场需求则是法务产业资本介入法务经济活动并完成资本循环的基础条件。从宏观视角来看，法务产业资本形成只是法务经济活动产业发展在法务资本层面的微观表现。

二、法务产业资本形成的模式

作为一种创新资本，法务产业资本必须经历从无到有、从小到大的形成和发展过程。根据原始法务产业资本的类型不同，法务产业资本形成主要包括内生模式、导入模式和混合模式，每种模式都是利弊共存。在法务产业资本形成期，无论是法务经济主体还是法务经济活动均处于创新探索阶段，整个法务经济生态环境同样充满风险，这也要求法务经济主体必须根据法务经济生态发展进程及自身基础情况，综合选择匹配的法务产业资本形成模式。

（一）法务产业资本内生模式

所谓法务产业资本的内生模式，是指原始法务产业资本完全源于法务私有资本的法务产业资本形成模式。

在法务产业资本内生模式中，法务经济人员需要将自身所有的法务私有资本转化为法务产业资本，并置于法务经济主体的完全主导之下。例如，当法务经济主体是以有限公司形式存在时，法务经济人员需要将法务私有资本转化为公司股本金，作为有限公司的法务产业资本，专门用于支持有限公司主导实施法务经济活动，法务经济人员则获得相应股权。换言之，法务私有资本将升级为法务产业资本，而法务私有资本主体则从法务经济主体降格为法务经济人员。需要强调的是,这一过程的核心并非简单改变法务资本的占有状态,而是改变法务资本形态,并在此基础上改变法务经济活动的组织方式。

相较而言,法务产业资本内生模式更有利于保持法务产业资本的基本属性。作为法律属性化的创新资本,法务资本需要具有法律精神、政治悟性、经济使命和社会责任,并因此而匹配法务经济活动。在法务产业资本内生模式中,原始法务产业资本源于法务私有资本,法务经济人员本身又隶属于法务经济主体,显然更易于保持法务产业资本的法律属性。此外,法务产业资本内生模式可能会影响法务产业资本的快速积累。由于法务私有资本源于法务经济人员的个人资产,因此单体规模一般相对较小,在缺乏其他外部资本导入的情况下,法务产业资本的初始规模往往相对较小,这在一定程度上影响了法务产业资本的快速积累,甚至可能影响法务经济活动产业化发展。

在法务经济生态发展初期,法务产业资本内生模式或将占据主导地位。虽然传统法务领域对于法务资本有着内在需求,法务私有资本也在一定程度上激活了法务经济需求,但是对于传统资本主体而言,法务经济活动完全是新生事物,法务领域依然充满未知风险,而法务经济主体更是极为脆弱,并不具备吸引、转化传统资本的绝对能力。即便在法务经济生态日趋成熟之时,虽然传统资本对于介入法务经济领域更为开放和积极,但是内生模式依然不失为法务经济主体建立法务产业资本的可选方案。

总之,法务产业资本内生模式虽然可能在一定程度上影响了法务产业资本积累的速度,乃至影响了法务经济活动产业化发展,但是更有利于保持法务产业资本的法律属性,特别是在法务经济生态发展初期,将是建立法务产业资本的重要模式。

(二)法务产业资本导入模式

所谓法务产业资本导入模式,是指原始法务产业资本完全源于传统资本的法务产业资本形成模式。

在法务产业资本导入模式中,原始法务产业资本并非源于法务私有资产,而是经过法律属性化的传统资本。法务经济领域蕴含巨大的商业价值,但却在商业风险之外叠加了法律风险,而传统资本主体并不能有效识别、管理法律风险,这就需要寻找投资中间媒介并建立安全通道,在有效管控法律风险的基础上实现资本增殖。法务经济主体显然是较为理想的中间媒介之一,可以为传统资本投向法务经济领域提供安全通道。在适合时机之下,传统资本主体完全可能将传统资本投向法务经济主体,间接介入法务经济领域。毫无疑问,法务经济主体必须对传统资本法律属性化,将其转化为具有法律精神、政治悟性、经济使命和社会责任的法务产业资本,支持法务经济活动开展和法务经济生态构建。对传统资本主体而言,固然可以基于股权等分取公司发展红利,也可以参与公司商业管理,但是必须以秉持法务产业资本法律属性为根本前提。换言之,法务经济活动需要在法务经济层面下实施,传统资本主体是在过滤传统经济思维之后的有限管理。需要略加说明的是,法务经济主体主要是以公司企业等组织形式存在,而传统资本主体既可以是公司企业等机构形式,也可以是自然人等个体形式。此外,原始法务产业资本完全来源于传统资本并不意味着传统资本主体完全持有法务经济主体股份,更不意味着传统资本主体因其股权而得以主导法务经济活动开展。

对于法务经济主体发展而言,法务产业资本导入模式同样是利弊共存。一方面,法务产业资本导入模式不仅可以扩大原始法务产业资本来源,而且更容易形成较大规模的初始法务产业资本,有利于法务经济主体迅速发展和法务产业资本快速积累。另一方面,在法务产业资本导入模式中,传统资本虽然被法律属性化并转化为法务产业资本,但是传统资本主体借助在投资层面与法务经济主体建立的商业关系,可能会对法务经济主体的商业发展施加影响,乃至渗透、干扰到法务经济活动正常开展,影响法务经济活动的价值追求。

相较而言,法务产业资本导入模式更适用于法务经济生态成熟期的法务产业资本创建。正如前文所述,法务产业资本导入模式利弊共存,当法务经济主体缺乏成熟的法务经济活动经验和稳定的法务经济环境基础时,导入模式的弊端将会被放大,法务产业资本失去自身法律属性的风险将有所增加,并不利于法务经济主体正常发展。另外,无论是对于法务经济主体还是法务经济活动，传统资本主体都需要一个从认知到认可的过程，这是导入传统资本的重要前提。当整个法务经济生态尚处于形成阶段之时，传统资本主体尚难以普遍认可法务产业资本导入模式。

总之，法务产业资本导入模式同样是利弊共存，更适宜在法务经济生态较为成熟的时期采用，核心之处则是将传统资本法律属性化，并在导入过程之中通过规则、制度设计维护法务产业资本的法律属性。

（三）法务产业资本混合模式

所谓法务产业资本混合模式，是指原始法务产业资本分别源于法务私有资本和传统资本的法务产业资本形成模式。

在法务产业资本混合模式中，原始法务产业资本一部分是法务私有资本的直接转化，另一部分则是传统资本的法律属性化。从外在形式上看，法务产业资本混合模式是内生模式与导入模式的结合。从更为微观的层面来看，法务产业资本混合模式可以在结构层面合理配置法务私有资本和传统资本的规模比例，在管理层面设置法务经济人员和传统资本主体的权利义务，一方面，兼取内生模式与导入模式的各自优势，建立较大规模的初始法务产业资本；另一方面，平衡内生模式与导入模式的各自弊端，消除法务产业资本法律属性淡化的风险，从而最优化支持法务经济主体开展法务经济活动。

单纯从理论上来看，法务产业资本混合模式显然是创建法务产业资本更为合理的方式。但是，法务产业资本混合模式需要以传统资本积极介入法务经济领域为客观前提，在法务经济生态形成初期，这将是法务产业资本混合模式面临的巨大挑战。同时，法务产业资本混合模式的关键在于合理平衡法务私有资本与传统资本关系，构建内部结构力，这对于法务经济主体的商业设计水平和商业管理能力都有较高要求。可以说，法务产业资本混合模式更为合理但又更为复杂，对于传统资本主体和法务经济主体均有较高要求。

总之，法务产业资本是法务经济活动产业化发展的必要基础，而法务产业资本的形成则需要具备诸多综合条件。培育法务产业资本是一项极具挑战又极富价值的活动，将会对法务经济活动产业化发展带来根本影响。对于法务经济主体而言,需要根据法务经济生态、各方资本主体等综合因素,合理选择法务产业资本形成模式,创建适合自身发展的法务产业资本。

第三节 法务金融资本培育

法务金融资本是法务金融活动的配套资本,也是法务经济活动产业化发展到一定阶段的必然产物。培育法务金融资本首先是构建法务金融资本的基础存在环境,同时合理形成原始法务金融资本,并始终保持法务金融资本的基本属性。

一、构建基础存在环境

如同法务产业资本一样,法务金融资本的产生同样需要具备适量的原始资本、适合的承载主体、基本的产业业态、一定的市场需求等基础条件。鉴于前文已对类似内容作了详细阐述,此处不再重复叙述,仅针对法务金融资本的特性,对构建其基础存在环境略作解析。

作为法务金融资本的承载主体,法务金融主体依托法务金融资本开展各种法务金融活动,是一种特殊的法务经济主体,同样需要以公司企业等组织形式存在。同时,基于金融活动的特殊性,法务金融主体相较于一般法务经济主体而言有着更为严格的从业限制,这在客观上提高了法务金融资本的安全性,当然也对法务金融资本创新发展提出了较高要求。在理论上,法务经济主体完全可能采用新设或者改造两种方式,前者无疑更易于保持法务经济的纯粹性,有利于法务经主体的稳定发展,因此成为一般经济主体的主要选择。但是在法务金融领域,采用改造方式创建法务金融主体同样不失为可行路径。

对于法务金融主体而言,一方面需要将传统金融活动提升至法务经济形态,从而构建广义法务金融活动;另一方面又需要在狭义法务经济领域开展狭义法务金融活动,支持狭义法务经济生态构建。前者是对既有金融活动的改良升级,后者则是对金融活动应用领域及模式的突破创新,或者说是创建全新的狭义法务金融业态。同样是基于金融活动在行业监管之中的特殊性,这种突破创新显然面临更大挑战。对狭义法务金融主体而言,必须围绕可行的法务金融产品,构建法务金融业态并为法务金融资本提供存在和发展基础。

可以说,基于金融活动的特殊性,开展法务金融活动需要更为严格的基础环境,这将在一定程度上提高法务金融资本培育的现实难度,同时也对法务金融创新提出了较高要求。

二、形成法务金融资本

在构建法务金融资本基础存在环境的前提下,法务金融主体需要积极依托法务金融产品,将法务私有资本、法务产业资本、传统资本等转化为法务金融资本。

从法务金融主体的角度来看,法务私有资本和法务产业资本是原始法务金融资本的重要组成,传统资本在被法律属性化之后同样可以成为原始法务金融资本,特别是在法务金融生态较为成熟之时,传统金融资本等各种传统资本或将成为主要的原始法务金融资本。对于法务资本主体特别是传统资本主体而言,将自身所有的资本转化为法务金融资本必须以具备法务金融意识为前提。正如并非所有的法务私有资本主体均会积极将法务私有资本转化为法务产业资本一样,在法务资本主体的法务金融意识影响下,并非所有的法务私有资本和法务产业资本都将支持法务金融资本创建。对于传统资本主体而言更是如此,传统资本主体并不必然能够充分认识到法务金融的价值和优势,反而会出于对法务风险的本能抗拒,阻碍传统资本转化为法务金融资本。例如,传统投资人完全可能在不辨内部运营风险的情况下投资传统基金,但是基于对法务风险的本能抗拒,其被简单等同于法务基金风险,且法务基金也被直接排除在投资目标之外。因此,法务金融主体必须培养原始法务金融资本主体的法务金融意识,为法务私有资本、法务产业资本和传统资本的转化创造基础条件。此外,法务金融主体需要以可行的法务金融产品等为支点,为法务金融资本培育增信。

在法务金融资本形成初期,除了法务经济主体和法务经济人员之外,传统法务主体将是原始法务金融资本的重要提供者。相较于一般社会主体,传统法务主体对于法律风险有着更为理性和准确的认知，虽然并不热衷于直接参与乃至主导法务经济活动，但是完全可能成为法务资本要素的提供者。换言之，传统法务主体更加容易形成法务金融意识，将自身个人资产转化为法务金融资本。当然，在法务金融资本成熟时期，传统金融主体、一般投资主体等反而可能成为原始法务金融资本的主要提供者。

三、保持自身法律属性

在法务金融资本培育过程中，保持法务金融资本的法律属性是一项极为重要的内容。

正如前文所述，原始法务金融资本不仅包括法务私有资本和法务产业资本，还包括各种传统资本，初始组成的复杂性给法务金融资本保持法律属性带来了一定挑战。特别是在传统资本成为原始法务金融资本主要组成之时，更加需要保持法务金融资本的法律属性。对于法务金融主体而言，不仅需要将原始法务金融资本置于自身主导之下，赋予传统资本法律属性，而且需要以可行的法务金融产品为支点，保持法务金融资本的法律属性。

总之，法务金融资本培育需要具备更为严格的基础条件，传统资本将会积极介入并发展成为主要的原始法务金融资本，这也要求法务金融主体依托可行的法务金融产品，保持法务金融资本的法律属性。从更为宏观的视角来看，法务金融资本培育是在法务经济要素层面，构建法务经济主体与传统经济主体的商业联系，并在此基础上融合狭义法务经济生态和广义法务经济生态。

第十章 ● 法务资本与法务经济主体

法务经济主体管理各种法务经济要素、开展各项法务经济措施,居于法务经济活动的核心地位,在很大程度上决定了法务经济活动品质。对法务经济主体而言,不仅需要持续加强基础建设,提高自身的管理力和执行力,而且需要保持基础运营,为实施法务经济项目提供必要支持,而这些显然离不开法务资本的必要支持。本章将在概要介绍法务经济主体的基础上,详细论述法务建设资本和法务运营资本的具体应用。

第一节 法务经济主体概述

正如前文所述,法务经济主体是法务经济要素的管理者和法务经济措施的开展者,同时也是法务经济生态的重要构建者,在整个法务经济活动和法务经济生态中居于重要位置。虽然法务经济主体是法务资本的主导者,但是其自身的建立和发展同样离不开法务资本的必要支持。本节将详细解读法务经济主体的组织形式、主要类型、职能系统等,便于我们更好地理解法务建设资本和法务运营资本的具体应用。

一、法务经济主体的组织形式

作为法务经济活动的主导者,法务经济主体在组织形式上需要匹配法务经济活动的开展。因此,有必要从宏观视角研究法务经济主体的组织形式,以便更为准确地理解法务资本在法务经济主体中的具体应用(见图10－1)。

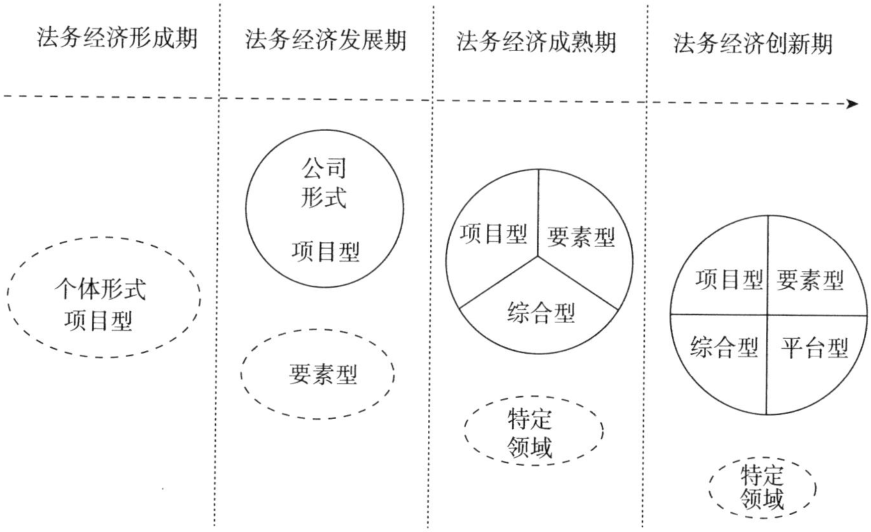

图 10－1　法务经济主体组织形式的演化

在讨论法务经济主体组织形式之前,不妨先对传统法务主体的组织形式略作解读。在传统法务活动中,传统法务主体主要依托传统法务人员掌握的法务技术提供法律服务产品,因此,传统法务人员才是实质核心要素,传统法务活动也呈现出明显的单一型要素、个体化执业特征。诚然,一些传统法务主体正在逐步向团队化方向发展,但是相当部分团队在整体稳定性、职能化等方面并不尽如人意。概言之,传统法务主体组织结构较为松散,传统法务人员主要还是个体化执业。

法务经济主体主要是以公司、企业等组织形式出现并参与社会经济活动,在内部则是由若干职能系统组成,支持法务经济活动模块化发展。标准意义上的法务经济活动并非仅仅提供单一的法律服务,而是在更高层面解决法务经济对象的根本需求,因此法务经济主体需要导入法务资本、法务情报等更多法务经济要素,开展法务诉讼、法务谈判、法务战略等更多法务经济措施,整个活动内核已然发生质变。不仅法务人才的内涵和外延远远大于传统法务人员,而且松散的个体组合已然无法承载诸多法务经济要素和法务经济措施,客观上倒逼法务经济主体建设更为复杂的组织结构,甚至构建庞大的法务经济体系。从根本上说,法务经济主体首先是一个现代社会经济主体,并在此基础上演化出特有形态,匹配法务经济活动特性。

个体形式的法务经济主体主要存在于法务经济形成期和某些特殊法务经济领域。法务经济活动主要源于创新法务人员的个案探索,但是由于导入的法务经济要素较少,而且主要是实施较为简单的法务经济项目,因此主要还是由创新法务人员个体主导整个法务经济活动。在法务经济形成期,创新法务人员的积极探索并非严格意义上的法务经济活动,创新法务人员亦非标准意义上的法务经济主体,但是对于法务经济的形成发展极为重要。此外,在法务情报、法务营销等特殊法务经济领域,法务经济主体也可能以个体形式存在。例如,基于法务情报业务的特殊性,某些掌握特定法务情报信息资源的个体人员完全可能成为独立的法务情报业务主体。当然,这绝不意味着在这些领域不能存在公司企业等组织形式的法务经济主体,恰恰相反,个体形式的法务经济主体仍然并非主流存在。

虽然法务经济主体与传统法务主体存在本质区别,但是从整个法务经济生态构建层面来看,两者并非完全隔离,而是在多维度存在交叉。法务经济活动与传统法务活动有重大区别,法务人才的内涵较之传统法务人员无疑更为丰富,但是传统法务人员并非被简单舍弃,仍然可能是法务人才的重要组成部分,只不过需要在法务经济背景之下调整自身的执业理念和方式,融入法务经济生态。在法务诉讼等领域,传统法务人员依然需要以律所为执业基础,因此,法务经济主体、传统法务人员和传统法务主体三者之间就存在微妙关系:就法务经济主体而言,传统法务人员依然是重要力量;就传统法务人员而言,法务经济主体可能是发展方向,但是传统法务主体仍然是现实的执业平台;就传统法务主体而言,传统法务人员是核心组成,而法务经济主体既是挑战又是机遇。从法务经济视角来看,法务经济主体与传统法务人员可以构建松散式或者紧密式的结合。在松散式结合中,法务经济主体与传统法务主体相对独立,仅在特定项目实施中与传统法务人员建立临时性合作关系。而在紧密式结合中,法务经济主体将传统法务主体置于自身体系之内,并以传统法务主体为纽带进一步与传统法务人员之间形成稳定的管理关系。相较而言,紧密式结合更易于形成稳固的结构力,也更有利于构建法务经济生态,“法务经济主体→传统法务主体→传统法务人员”

或将是法务行业发展方向。或可预想的是，传统法务主体完全可能从自身方向积极向法务经济主体发展，传统法务人员亦将更为深度地融入法务人才体系（见图10－2）。

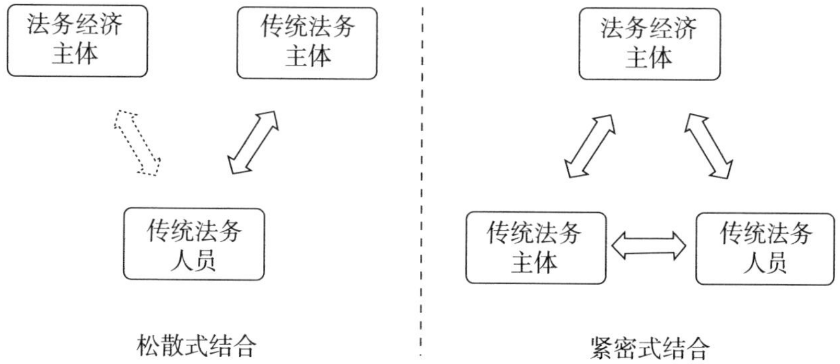

图10－2　两种结合方式

总之，为了解决社会经济活动更深层次的法务经济需求，法务经济活动需要在更多法务经济要素支持之下，在更高层次实施更多法务经济措施，这也要求法务经济主体建设以公司、企业等为主要形式的组织平台，并在内部机构职能化发展基础之上，构建"公司＋律所"的法务经济组织体系。

二、法务经济主体的主要类型

根据主要功能侧重的不同，法务经济主体可以分为要素型法务经济主体、项目型法务经济主体、平台型法务经济主体、综合型法务经济主体等类型，每种类型的法务经济主体又可以细分为不同类别（见图10－3）。

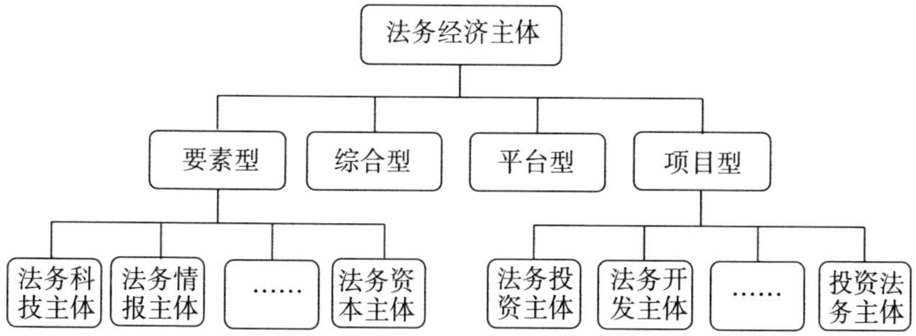

图10－3　法务经济主体的主要类型

所谓要素型法务经济主体，是指主要侧重于培育、管理、供给法务经济要素的法务经济主体，可以进一步细分为法务科技主体、法务情报主体、法务资本主体等类别。开展法务经济活动不仅需要法务技术，还需要法务资本、法务情报、法务科技、法务人才等诸多法务经济要素支持，而这些法务经济要素并非自然存在，都需要经过培育和管理才能匹配具体的法务经济活动。例如，法务情报是实施具体法务经济项目的重要底层要素，但是法务情报信息具有时空性特征，收集法务情报信息本身就是一项业务活动，而对法务情报信息进行深度加工更是一项专业活动，或者说法务情报是法务情报业务主体主导下的智力产品。在较为简单的法务经济项目中，法务经济主体完全可能自主开展法务情报业务并获得法务情报产品，但是在较为复杂的法务经济项目中，专业的法务情报业务主体仍然具有较大优势。此外，在法务经济产业化发展中，法务情报业务同样需要在细分基础之上实现批量化、精细化，独立的法务情报主体也将更为普遍。需要说明的是，要素型法务经济主体是法务经济活动精细化发展的必然产物，但是并不意味着法务经济要素应当被割裂开来，而是在要素型法务经济主体主导下，以更为集中、更为专业地方式供给至目标法务经济主体。例如，法务资本是各类法务经济主体发展中不可或缺的核心法务经济要素，而法务金融主体则是专门培育、管理法务金融资本的要素型法务经济主体，其重要功能之一即是依托法务金融资本，向目标法务经济主体供给所需的法务资本。

所谓项目型法务经济主体，是指主要侧重实施具体法务经济项目的法务经济主体，可以细分为法务投资主体、法务开发主体、投资法务主体等不同类别。虽然法务经济要素极为重要，但是培育、管理法务经济要素的根本目的仍然是支持实施具体法务经济项目，从而解决法务经济对象根本需求并实现法务经济目的。换言之，要素型法务经济主体需要服务于项目型法务经济主体，而项目型法务经济主体则要服务于法务经济生态建设。不同法务经济产品所需的基本法务经济要素并无二致，但是在具体组织运行上却存在较大差别，因此，项目型法务经济主体需要进一步细分为法务投资主体、法务开发主体、投资法务主体等不同类别。在诸多法务经济要素支持之下，CLEAR 法务经济完全可能创新出更多法务经济产品，项目型法务经济主体类别或将更为丰富。

所谓平台型法务经济主体，主要是指建设平台并支持法务经济要素流转、法务经济产品匹配的法务经济主体。在法务经济活动模块化、产业化、精细化发展过程中，要素型法务经济主体成为法务经济生态中的重要组成，得以向其他法务经济主体提供批量化、定制化的法务经济要素。这就需要平台型法务经济主体为法务经济要素流转提供基础支持，促进法务经济要素的高效配置并支持法务经济活动产业化发展。此外，平台型法务经济主体还需要为法务经济主体之间匹配法务经济中间产品、法务经济市场之间匹配法务经济终端产品等提供基础支持，加速法务经济活动。

所谓综合型法务经济主体，主要是指兼有法务经济要素培育和法务经济项目实施的法务经济主体。正如前文所述，要素型法务经济主体能够更为精细地供给法务经济要素，项目型法务经济主体能够更为专业地实施法务经济项目，但是这种细分对于应用环境有着较高要求，需要形成于整个法务经济生态较为成熟之时，而且主导主体形式上的分离可能在一定程度上分散结构力。综合型法务经济主体庞大复杂，无论是基础建设还是基础运营均非易事，但是其内部结构力和综合竞争力亦是其他类型法务经济主体所欠缺的。当然，综合型法务经济主体并不意味着是单一组织，更应当是一个综合性的法务经济体系。

总之，法务经济主体是法务经济生态中的核心元素，在不同功能领域支持法务经济生态建设，法务经济主体的多样化发展是法务经济活动模块化、产业化、精细化发展的必然产物。

三、法务经济主体的职能系统

职能化发展是法务经济的必然要求，法务经济主体、法务经济系统、法务经济人员等需要在各个层面实现职能化发展。不同类型法务经济主体的主要功能侧重并不相同，因此在内部职能系统设置上亦存在较大差异。鉴于综合型法务经济主体更为复杂也更具代表性，下文将以此为蓝本概要解析法务经济主体的职能系统（见图10－4）。

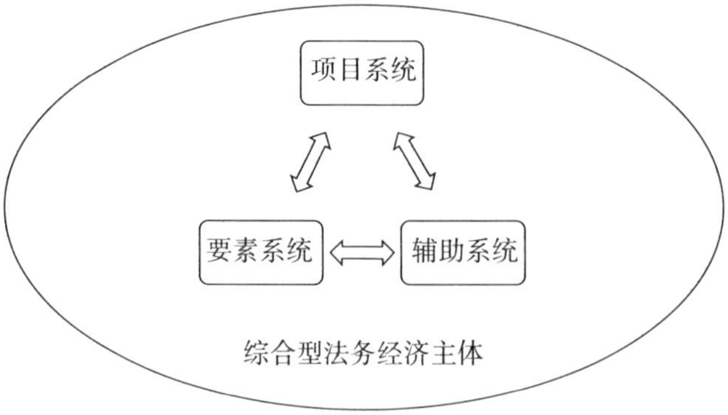

图 10－4　综合型法务经济主体的职能系统

综合型法务经济主体自成体系，不仅管理各种法务经济要素，而且主导实施各类法务经济项目，能够形成较为完整的法务经济产业链条。相较于要素型法务经济主体和项目型法务经济主体，综合型法务经济主体更易于实现法务经济要素与法务经济项目的适配性，也更有利于提升法务经济项目品质、创新法务经济价值。但是，这也对综合型法务经济主体的基础条件提出了较高要求，需要建设更为复杂的法务经济要素系统、法务经济辅助系统、法务经济项目系统等职能系统，形成有机整体并协同开展法务经济活动。

法务经济要素系统的主要职能是管理法务技术、法务资本、法务情报、法务科技、法务人才等各种法务经济要素，为实施法务经济项目等各项法务经济活动提供要素支持。法务经济辅助系统的主要职能则是开展法务营销、法务创新等辅助性法务经济活动，为实施法务经济项目提供辅助支持。法务经济项目系统的目的则在法务经济要素系统和法务经济辅助系统支持下，实施具体的法务经济项目。在各个法务经济系统内部，需要根据精细化发展需求建立更多细分系统。例如，法务经济项目系统可以根据法务经济模式不同，细分为法务投资项目系统、法务开发项目系统、投资法务项目系统等，而法务投资项目系统又可以根据应用领域不同，进一步细分为建筑施工类、破产重整类、知识产权类、集体诉讼类等更多法务投资项目系统。

总之，法务经济主体既是法务经济活动的主导者，也是法务经济生态的核心元素。基于法务经济活动的多要素、多措施、多领域等特性,法务经济主体主要以公司企业等组织形式存在,可细分为要素型、项目型、综合型、平台型等诸多类型,并在内部建立了各种法务经济系统,支持法务经济活动的模块化、产业化、精细化发展。可以说,法务经济主体的多样性发展是法务经济活动和法务经济生态多样性的外在映射。

第二节　法务建设资本

法务建设资本是法务资本的细分类型,也是法务经济主体开展基础建设的核心要素。法务经济主体建设是一项基础性法务经济活动,与法务经济措施开展、法务经济项目实施等存在较大差异,因此,法务建设资本在具体应用上并不同于法务项目资本、法务运营资本、法务发展资本等其他法务资本类型。本节将结合法务经济主体建设,详细论述法务建设资本的主要来源、应用领域、应用原则等内容。

一、法务建设资本的主要来源

基于法务经济主体建设的基础性,法务建设资本主要来自法务产业资本和法务金融资本,较少涉及法务私有资本。

为了实施法务经济项目,法务经济主体首先需要开展基础建设,建立相应的法务经济系统,管理所需的法务经济要素,开展基础的法务经济活动等。法务经济主体基础建设并不直接指向具体的法务经济项目,具有基础性、长期性、持续性等特征,因此法务建设资本主要来源于法务经济主体自身所有的法务产业资本。在法务金融资本发展较为成熟之时,亦可能依托法务产业资本参与支持法务经济主体基础建设。基于自身的短期直接投资、项目管理绑定等特点,法务私有资本主要应用于具体的法务经济项目,一般情况下并不介入法务经济主体基础建设领域。当然,在法务经济发展初期,法务私有资本主体同时又是法务经济主体,一些法务私有资本亦会被用于支持法务私有资本主体的浅层次基础建设,但是在介入规模和深度上都较为有限。

二、法务建设资本的应用领域

为了高效实施法务经济项目，法务经济主体不仅需要建设核心文化、运营制度、商业品牌等软性基础，而且需要建设职能系统、法务人才、设施设备等硬件基础。无论是在软性基础建设领域还是硬件基础建设领域，法务建设资本都有广泛应用。

法务经济活动既不同于传统法务活动，亦不同于传统经济活动，不仅在组织运行上有特殊之处，而且有独特的文化理念内涵。相较于传统法务主体和传统经济主体，法务经济主体代表着创新和变革，对于参与其中的传统法务人员和传统经济人员而言，都需要在认知、认同法务经济理念基础之上，逐步形成共同的法务经济文化，而这无论是对于构建法务经济生态还是开展法务经济活动而言都极为重要。当然，法务经济主体需要在管理层面建立法务经济制度，以有形规范促进法务经济活动开展和法务经济文化构筑。此外，法务经济主体还需要在市场层面树立法务经济品牌，以商业影响促进法务经济活动开展和法务经济生态建设。

在软性基础建设之外，法务经济主体需要同步建设职能系统、法务人才和设施设备等硬件基础。无论是管理法务经济要素还是开展法务经济措施，单个法务经济人员都难以有效承载，加之法务经济产业化发展的必然要求，法务经济主体应当在内部建立法务经济要素管理系统、法务经济措施实施系统等不同职能系统，实现职能化发展。法务人才是构成法务经济系统的微观单元，需要在职能化发展基础之上进一步实现专业化。但是，在核心理念、思维意识等方面，法务人才与传统法务人员、传统经济人员等都有较大差异，因此，法务人才需要在传统法务人员、传统经济人员等基础之上定制培养。在法务经济发展初期，法务人才既是关键的支持要素又是重要的制约因素，法务人才建设将会是法务经济主体基础建设的重要方面。诚然，法务经济活动融合法务资本、法务信息、法务技术等供给服务性法务经济产品，可以说既无有形原料亦无有形产品，并非将机器设备作为重要基础，但是同样需要积极利用互联网、大数据、云计算、人工智能等，一方面实现法务经济要素在内部的高效流转、共享；另一方面实现法务经济主体与外部主体的有效联系、互动。可以说，职能系统构建了法务经济活动的组织体系，法务人才支撑了职能系统的基础运营，而设施设备则辅助法务人才有效管理法务经济要素和法务经济活动，三者是法务经济主体硬件建设的关键领域。

法务建设资本广泛应用于软性基础建设领域和硬件基础建设领域。例如，作为创新事物，无论是法务经济主体还是法务经济产品，都需要被潜在法务经济对象认知，法务传媒是扩大法务经济主体市场影响、构建法务经济主体商业品牌的重要途径之一，而开展法务传媒活动需要法务科技、法务人才等各种法务经济要素支持，法务资本正是其中不可或缺的核心要素。

三、法务建设资本的应用原则

法务建设资本是法务经济主体基础建设的核心支撑，在具体应用中需要遵循必要性、平衡性、持续性等原则。

正如前文所述，基于法务经济主体基础建设的必要性，法务建设资本虽然有着较长的循环周期，却是法务经济主体的必要投入。对于发展初期的法务经济主体而言，面临法务产业资本相对不足的困境，而法务项目资本又可能短期增殖，可以更为快速地积累法务产业资本，因此往往倾向于支持具体的法务经济项目实施，延后、压缩法务建设资本的投入。从长远来看，这将在一定程度上降低法务经济项目实施的品质、增加法务经济项目实施的风险，并不利于法务经济主体的长期发展。

平衡性原则是法务建设资本具体应用中一项重要原则，既包括法务建设资本与其他法务资本之间的平衡应用，也包括法务建设资本内部领域之间的平衡应用。对法务经济主体而言，不仅需要进行基础建设，而且需要保持自身基础运营、实施具体项目、促进长期发展等，因此需要将法务资本细分为法务建设资本、法务运营资本、法务项目资本、法务发展资本等类型，用于支持开展各项法务经济活动。从根本上说，法务资本的平衡应用是避免法务经济活动出现“木桶短板”，促进法务经济主体平衡发展。此外，法务经济主体基础建设包括诸多细分领域，法务建设资本还应当在内部应用中保持相对平衡。例如，法务经济主体既需要将法务建设资本投向软性基础建设，又需要投向硬件基础建设，而在法务人才建设中，同样需要平衡配置法务建设资本，支持法务技术人才、法务资本人才、法务情报人才、法务科技人才、法务管理人才等各类法务人才培育。

法务经济主体基础建设并非是一次性活动，法务建设资本也应当保持持续投入。法务经济项目实施不断提出新的需求，法务经济生态也在持续发展，法务经济主体的基础建设也应当是一项持续性活动。例如，法务经济活动不断向新的领域拓展，对于法务人才的功能类型、专业领域等需求随之而变，这也要求法务经济主体必须在法务建设资本支持下持续实施法务人才建设，匹配法务经济活动发展要求。

总之，法务经济主体基础建设是一项特殊的法务经济活动，具有基础性、长期性、持续性等特点。作为法务经济主体基础建设的核心要素，法务建设资本主要来源于法务产业资本和法务金融资本，需要在坚持必要性、平衡性、持续性等原则之下，广泛应用于法务经济主体的软性基础建设和硬件基础建设。

第三节　法务运营资本

为了支持法务经济项目实施，法务经济主体需要保证要素系统和辅助系统始终处于运营状态。法务经济主体基础运营虽然与基础建设存在诸多差别，但是同样具有基础性等特征，并不直接指向具体的法务经济项目实施。因此，法务运营资本与法务建设资本一样，主要来自法务产业资本和法务金融资本，同样需要遵循必要性、平衡性、持续性等原则。鉴于法务建设资本一节已对类似内容作了详细阐述，故本节不再对此作重复介绍，而主要针对法务运营资本在要素系统和辅助系统中的应用进行解读。

法务经济要素系统主要包括法务资本系统、法务情报系统、法务科技系统等职能系统，而法务运营资本则是这些职能系统维持基础运营的重要支撑。法务资本系统需要在积极引入法务私有资本和法务金融资本基础之上，平衡配置法务建设资本、法务运营资本、法务项目资本和法务发展资本，促进整个法务经济体系良性发展。即便在实施法务经济项目之外，法务资本系统仍然需要保持基础运营，法务运营资本则为此提供必要经费支持。

法务情报系统不仅需要依托法务情报业务体系生产法务情报产品，从而支持法务经济项目实施，而且需要在法务运营资本支持下，针对法务情报业务协作主体、法务情报业务秘密主体、法务情报信息库等开展基础维护。法务科技系统同样需要获得法务运营资本的必要支持，维护法务科技平台基础运行。总之，法务经济要素系统的直接目标是支持具体法务经济项目实施，但是在此之外需要维持基础运行，法务运营资本则为此提供必要的经费支持。

法务经济辅助系统主要包括法务营销系统、法务评定系统、法务创新系统等职能系统，同样需要获得法务运营资本的必要支持。对于法务经济主体而言，法务营销一定程度上决定着自身的商业发展水平，因此在任何时期都是一项极为重要的法务经济活动。法务营销系统需要在一定营销机构和营销人员的支撑下，积极开展各项法务营销活动以便获得潜在法务经济项目。同时，基于优选法务经济项目成员、分配法务经济项目收益等缘由，法务评定系统需要独立于法务项目系统，对法务经济项目品质、法务经济人员绩效等进行等级评定。此外，为了及时回应法务经济需求，法务创新系统需要在深入市场调研基础之上，创新设计法务经济措施和法务经济产品。可以说，法务经济项目实施是周期性的特定法务经济活动，需要法务经济辅助系统为此提供持续性的间接支持，而法务运营资本又为法务经济辅助系统的基础运营提供了必要的资金支持。

总之，法务运营资本主要源于法务产业资本和法务金融资本，需要在遵循必要性、平衡性、持续性等原则基础之上，支持法务经济要素系统和辅助系统基础运营，从而为法务经济项目实施提供必要支撑。

第十一章 ● 法务资本与法务情报

法务情报是法务经济主体决策具体法务经济措施的重要依据,也是法务经济活动中极为重要的基础要素。无论是在法务情报基础建设还是法务情报业务开展中,法务资本都是不可或缺的支撑要素。本章将在概要介绍法务情报的基础上,简要阐述法务情报资本循环,并详细论述法务情报资本在法务情报基础建设和法务情报业务开展中的具体应用。

第一节 法务情报概述

基于法务经济理论,CLEAR 首次提出了法务情报概念,逐步形成了较为成熟的法务情报理论,并成为 CLEAR 法务经济理论体系的重要组成部分。在法务情报理论中,法务情报信息、法务情报产品、法务情报业务是三个非常重要的基本概念,有着完全不同的内涵。简言之,法务情报信息是法务情报产品的原始材料,法务情报产品是法务情报信息的加工产物,而法务情报业务则是收集并加工法务情报信息,从而获得法务情报产品的专门活动。本节将从解析法务情报信息、法务情报产品和法务情报业务基本概念入手,概要论述法务情报。

一、法务情报信息

信息在自然世界和社会活动中无处不在、无时不有,人们通过自身感官获取各种各样的信息,认识客观世界并传递主观认知。当然,并非所有的信息都具有利用价值或者说具有知识性，事实上绝大部分的信息并不能够帮助人们更好地从事特定社会活动。从信息的角度来看，并非所有有价值的信息都能被有效识别，即便是有价值的信息也并非适用于所有人员。因此，人们不仅需要掌握获取信息的方式方法，而且需要具备筛选信息的能力经验，从而有效获取、利用信息并准确认知世界。在信息爆炸时代，海量信息以前所未有的速度和广度被传递，互联网、云计算等信息科技更是让信息以另一种方式改变世界。人们越来越重视信息价值，在信息利用的深度和细度上也更为专业。

情报源于信息，但是信息并不等同于情报，人们在很多情况下恰恰混淆了两者的概念。所谓情报，是指经过加工并辅助人们决策的特定信息，具有知识性、效用性、传递性等基本特征。换言之，信息在自然世界和社会活动中客观存在，而情报则是人们在信息之上加工形成的智力产物。情报古已有之，在军事、政治等领域有着广泛应用并发挥着重要价值。在现代社会中，情报迅速向社会、文化、经济等领域渗透，成为人们认知客观世界和开展社会活动的重要工具。例如，在现代经济活动中，商业情报越来越受到传统经济主体的重视，乃至被认为是新兴的生产要素，诸多公司企业甚至成立专门机构开展商业情报业务。情报向关联领域的延伸既是本身发展的自然趋势，也是其他行业对情报利用的必然要求。

法务经济活动是在法务经济主体、法务经济对象、法务经济彼方等诸多主体参与之下，涉及法务经济项目及其他关联因素的动态性活动，其间包含大量关于法务经济对象、法务经济彼方、法务经济项目、法务经济情境等内容的信息，即法务情报信息。例如，关于法务经济彼方的经营信息、诉讼信息、财产信息等都是法务情报信息。这些信息以公开或者隐秘的方式存在，有些被有效识别并利用，有些则只是以信息方式存在。正如前文所述，信息并不等同于情报，法务情报信息也只是客观存在的信息，并未上升到法务情报产品形态。

总之，法务情报信息以公开或者隐秘的方式，广泛存在于法务经济对象、法务经济彼方、法务经济项目、法务经济情境等各种法务情报信息源之中，但是并非所有的法务情报信息均有利用价值，而有价值的法务情报信息并不一定能够被有效识别、获取并转化为法务情报产品。

二、法务情报产品

从本质上讲,法务经济活动是一项特殊的社会经济活动,甚至像军事行动一样充满了激烈对抗,客观上需要以情报思维和方法对法务情报信息进行收集、加工,形成法务情报产品,最终支持法务经济主体决策具体法务经济措施。在传统法务活动中,法务情报产品同样有着存在价值,但是相较于法务经济活动,传统法务活动对于法务情报的利用是零散性的、浅层次的,法务情报亦未上升成为传统法务要素。

法务情报产品建立在法务情报信息之上,是法务经济活动的中间产品。诚然,法务情报产品是大量分析、推理乃至预测的结果,但是仍然需要以法务情报信息为根本基础,是符合规律、逻辑、概率的智力成果,并非完全是主观臆断的产物。法务情报产品是法务经济主体决策具体法务经济措施的重要依据,完全可以成为独立的法务经济产品,但是并不直接作用于法务经济项目,因此又是法务经济的中间产品。换言之,法务情报产品完全可以在不同法务经济主体之间作为商品流转,但是最终仍需要在法务经济活动之中释放自身价值。当然,作为情报产品的细分,法务情报产品同样具有多维性特征,法务情报产品完全可能被其他主体应用于法务经济活动之外,这并非法务情报产品的研究重点,此处仅作简要说明。

基于传统法务主体的功能定位和执业特征,法务情报产品在传统法务活动中的应用较为有限。从根本上讲,传统法务活动就是"法律服务活动",主要是在法律层面解决传统法务对象的法律需求,而传统法务主体就是"法律服务主体",主要是依托法务技术提供单纯的法务技术产品。因此,在不掌握法务资本等其他法务经济要素的背景下,传统法务主体自然将目光主要聚焦于法律,而相对缺乏专业的情报意识和情报思维。此外,在先行收费、个体执业背景之下,传统法务主体既缺少投入资金、精力获取法务情报产品的动力,也缺乏相应的基础条件。因此,传统法务主体更多的是零星式、浅层次、窄领域地利用法务情报产品。对于传统法务对象而言,固然希望利用法务情报产品支持自身解决法务争议,甚至自身的确具备一些开展法务情报业务的物质条件,但是由于缺少法律思维和情报思维,更是难以有效生产、利用法务情报产品。可以说,传统法务活动在有限的空间内同样需要法务情报产品,但是由于受制于多种主客观因素,传统法务主体不仅未能成为合格的法务情报业务主体,亦未能成为标准的法务情报利用主体,而传统法务对象更是难以弥补这种缺失。

在法务经济活动中,法务情报产品成为法务经济主体手中极为重要的法务经济要素,并被系统性地应用于支持自身决策具体的法务经济措施。对于法务经济主体而言,其不仅需要掌握法务技术这一核心要素,而且需要导入法务资本、法务科技、法务人才、法务管理等更多法务经济要素,以便在更高层次上主导法务经济活动,创造法务经济价值。法务经济要素的增加不仅扩展了法务经济措施类别,而且拓展了法务经济活动领域,整个法务经济活动在高度、广度、深度和细度上已经发生质变。这在客观上要求法务经济主体必须掌握法务情报,为自身高效、合理决策具体法务经济措施提供足够支持。此外,法务资本、法务科技等其他法务经济要素也为法务经济主体开展法务情报业务提供了基础支撑。概言之,在基础条件支持和内在需求拉动之下,法务情报顺理成章地成为法务经济活动的基础要素并被系统应用。

三、法务情报业务

所谓法务情报业务,又称法务情报工作、法务情报活动,主要是指特定主体在法律思维、情报思维共同指引下,利用专业技术和方法,对于可能影响法务经济项目发展的各种法务情报信息进行收集、加工,最终形成法务情报产品的专业活动。简言之,法务情报业务就是生产法务情报产品的活动。此外,阻止对手获取法务情报信息或者利用欺骗手段隐蔽真实法务活动信息的活动——反法务情报活动,也属于法务情报业务的范畴(见图11-1)。

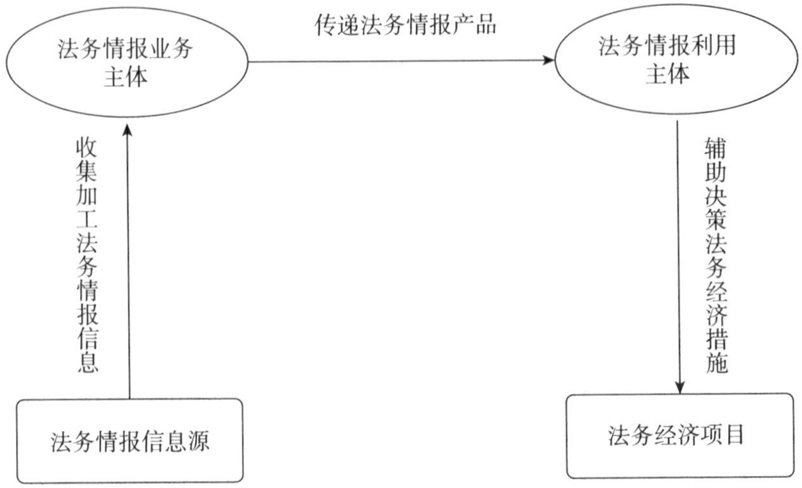

图 11－1　法务情报业务流程

法务情报业务主体是法务情报业务的主导者，法务情报秘密主体和协作主体则是法务情报业务主体的协助者。在较为简单的法务情报业务中，单个人员也可能胜任并成为独立的法务情报业务主体。但是，法务情报业务是一项系统工程，单个人员有其先天局限性，客观上往往难以独自高效实施，特别是在法务情报业务产业化发展过程中，更加需要有专门的法务情报业务主体负责组织实施。一般而言，法务情报业务主体内部又可以细分为法务情报信息收集系统、法务情报信息加工系统、法务情报技术系统三个主要业务机构，并配置有相应的法务情报业务人员。此外，为了更为高效、隐秘地开展法务情报业务，法务情报业务主体需要积极物建法务情报业务秘密主体、构建法务情报业务协作主体，这些人员和组织虽然并不隶属于法务情报业务主体，却是法务情报业务主体的有益补充（见图 11－2）。

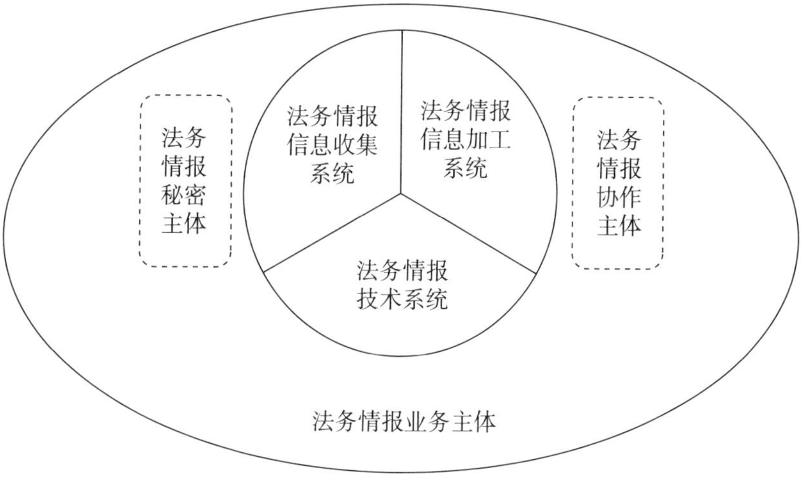

图 11-2 法务情报业务主体

法务情报利用主体是法务情报产品的最终利用者,并不直接主导法务情报业务。对法务情报业务主体而言,法务情报产品虽然具有商业价值,但是并不具有直接利用价值,只有在辅助法务情报利用主体决策具体法务经济措施之时,其才能真正实现价值转化。当然,法务情报业务主体与法务情报利用主体完全可能合二为一,法务情报产品亦不需要经过转递环节。此外,法务情报利用主体并非均是法务经济主体。在某些情形下,法务经济对象完全可能成为法务情报利用主体,在法务情报产品支持下辅助自身决策。需要略加说明的是,虽然法务情报利用主体并不直接主导法务情报业务,却是法务情报业务中不可忽视的重要因素。一方面,法务情报利用主体本身往往就是重要的法务情报信息源,是法务情报业务的指向目标;另一方面,法务情报利用主体具有的特殊身份、特殊技能等背景,能够为法务情报业务主体收集、加工法务情报信息提供帮助。因此,法务情报利用主体在某些时候可能成为法务情报业务协作主体,参与到法务情报业务之中。

法务情报业务主要包括法务情报信息搜集和法务情报信息加工两部分。所谓法务情报信息收集,是指法务情报信息收集系统在法务情报技术系统的支持下,由法务情报信息收集人员自行或者指挥法务情报业务秘密主体、协同法务情报业务协助主体,从法务情报信息源收集各类法务情报信息的活动。法务情报信息并不等于法务情报产品,而是生产法务情报产品的必要原材料,因此法务情报信息收集是整个法务情报业务的基础,及时、客观、精准、全面地收集法务情报信息也在很大程度上决定了法务情报产品的品质。所谓法务情报信息加工,是指法务情报信息加工系统在法务情报技术系统的支持下,由法务情报信息加工人员对收集获取的法务情报信息进行甄别、解读,并在此基础之上判断、评估、预测事物的既往状态及发展趋势的活动。法务情报信息收集主要是为了获取原始信息,而法务情报信息加工则是对原始信息进行深度加工,将原始信息升华为法务情报产品。因此,法务情报信息加工是法务情报业务的核心环节,决定了法务情报业务的高度。事实上,实务过程中的法务情报业务远比前文的描述复杂,法务情报信息收集和法务情报信息加工亦非简单的线性过程,而是一个交叉循环的复杂过程。

法务情报虽然完全能够作为独立的法务经济中间产品在法务经济市场进行流转,但仍只有在法务经济活动之中才能释放其价值。换言之,法务情报是一种法务经济中间产品,而法务情报业务则是法务经济活动的中间业务。在法务情报业务中,法务情报信息、法务情报产品是核心主线,而法务情报资本则是隐性的基础支撑。特别是在法务情报业务产业化发展过程中,法务情报资本更是不可或缺的基础要素,其间接决定了法务情报业务主体的实际效能,同时也在很大程度上影响着法务情报业务的商业化发展。根据应用领域的不同,法务情报资本主要可以细分为法务情报建设资本和法务情报项目资本,分别用于支持法务情报系统建设和法务情报项目实施。鉴于下文将对此进行专题论述,此处不再展开。

总之,法务情报是法务经济活动中非常重要的基础要素,能够为法务经济主体决策具体法务经济措施提供参考依据,而法务情报业务的主要目的就是收集、加工法务情报信息并生产法务情报产品。

第二节　法务情报资本循环

在法务情报业务中,法务情报资本是不可或缺的基础要素。法务情报建设资本和法务情报项目资本分别支持法务情报系统建设、法务情报信息收集、法务情报信息加工等活动，实现“法务情报货币资本→法务情报生产资本→法务情报商品资本”的转化，最终通过流转法务情报产品实现法务情报资本的增殖和积累，完成法务情报资本循环（见图11－3）。

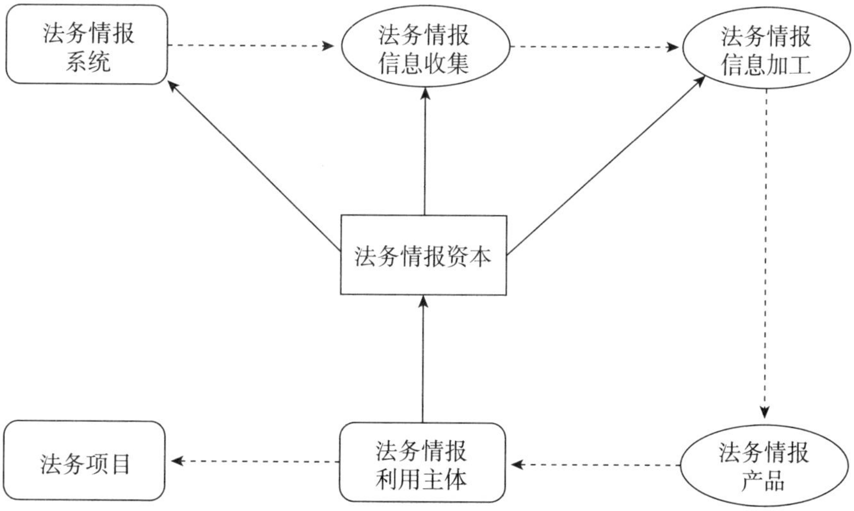

图11－3　法务情报资本循环

法务情报业务主体的主要职能是收集、加工法务情报信息，并为法务情报利用主体生产、提供法务情报产品，支持后者决策具体法务经济措施。对于单次性、较为简单的法务情报业务，个体形式的法务情报业务主体也可能胜任，法务情报建设资本的价值并不明显，但是对于较为复杂的法务情报业务，特别是在法务情报业务商业化、产业化发展之时，法务情报业务主体更应当是一个综合性组织，因此，不仅需要在其内部建立法务情报机构、配置法务情报人员，而且需要配备专门设备、开发专用技术等，这些显然都离不开法务情报建设资本的必要支持。在这个过程中，法务情报货币资本转化为法务情报生产资本，并在若干法务情报资本循环中实现了转化和增殖。

法务情报信息是一种无形材料，具有明显的时空性特征，而且在很多情况下更是以较为隐秘的方式存在的，这些都对法务情报信息的收集工作提出了一定挑战。因此，法务情报信息收集人员需要采用各种合法方式，积极从法务经济对象、法务经济彼方、法务经济项目、法务经济情境等法务情报信息源获取目标信息，法务情报项目资本也就成了其中不可或缺的要素。此外，法务情报信息加工也是一项去伪存真、深度挖掘、综合判断的系统活动，虽然法务情报人员的智力因素在此期间发挥着核心作用，但是仍然需要法务情报项目资本给予支持。例如，在涉及极为专业领域之时，法务情报信息加工人员可能需要通过购买第三方专业服务等方式辅助自身研判。总之，在整个法务情报业务过程中，法务情报货币资本转变为法务情报生产资本，并伴随法务情报信息质变为法务情报产品的这一过程，进一步转化为法务情报商品资本。

固化的法务情报产品并不会产生作用，对于缺乏需求的其他主体而言，其同样缺乏价值，但是对于真正的法务情报利用主体而言却可能是价值连城。当法务情报产品流转至法务情报利用主体时，就成了法务经济活动中非常重要的法务经济元素，而法务情报业务主体自然可以取得一定对价，法务情报商品资本也可恢复至法务情报货币资本并实现增殖。当然，在法务情报业务主体与法务情报利用主体合二为一，或者其本身即隶属于法务经济主体时，并不存在典型的商品交易过程，但是法务情报资本循环依然存在，只是整个循环链条更长也更为隐蔽而已。

需要略作说明的是，虽然法务情报资本是开展法务情报业务的必要支撑，但是在法务情报产品之中并不仅仅只是凝结了法务情报资本的价值，还同样包括法务情报主体的管理资本、法务情报人员的智力资本、法务情报信息提供主体的信息资本等。换言之，法务情报业务是一项综合性活动，而法务情报则是一个复合型产品。

总之，法务情报资本在法务情报业务中，借助法务情报信息和法务情报人员智力劳动，实现了自身增殖和循环，同时也为法务经济活动提供了法务情报这一重要元素。

第三节　法务情报资本

法务情报是重要的基础法务经济要素，而法务情报资本则为法务情报主体开展系统建设、实施具体项目提供了必要支持。由于法务情报业务的特殊性,法务情报资本主要来自法务产业资本。对法务经济主体而言,需要在平衡配置法务情报资本基础之上,合理应用法务情报建设资本和法务情报项目资本,促进法务情报业务的开展。

一、法务情报资本的主要来源

法务情报资本是开展法务情报建设和法务情报业务的基础支持,但是基于法务情报的保密性要求以及不确定性风险等原因,法务情报资本主要来自法务产业资本,一般情况下并不适宜导入法务私有资本和法务金融资本。

保密性是法务情报的基本特征,也是法务情报具有价值的重要前提。在法务情报基础建设中,法务情报主体不仅需要物建自身的秘密主体和协作主体,而且需要构建法务情报信息收集渠道、开发法务情报技术等,这些都需要以保密为前提。在法务情报业务中,法务情报信息的来源、方法等需要严格保密,法务情报产品在利用之前乃至利用之后同样需要对外保密。换言之,保密性是法务情报的生命线。正因如此,法务情报主体需要采取封闭式管理,保证自身对法务情报业务的绝对主导,以便让法务产业资本成为法务情报资本的首选来源。

诚然,法务情报主体能够获得系统、人员、技术等综合支持,但是法务情报信息具有时空性特征,法务情报信息收集系统完全存在未能获取法务情报信息的可能。同时,法务情报信息加工需要加入一定的分析、推理、预测等,法务情报产品出现偏差亦属正常。此外,法务情报产品在利用过程中还受到法务情报利用主体、法务情报指向对象等多种因素影响,法务情报产品实效同样存在不确定性。当然,此处并非否定法务情报的重要价值,而是从另一个角度认识法务情报的局限性和不确定性。在不便介入法务情报管理的背景下,法务情报的不确定性风险进一步阻碍了法务私有资本和法务金融资本进入法务情报领域。

二、法务情报资本的平衡配置

法务情报活动是重要的法务经济活动之一,主要包括法务情报系统建设和法务情报项目实施,而法务情报资本则是法务资本的细分类型,用于支持法务情报活动开展。对于法务经济主体而言,需要站在整个法务经济活动良性发展的高度,从法务情报资本与其他法务资本、法务情报建设资本与法务情报项目资本、法务情报建设资本及法务情报项目资本细分应用领域三个层面平衡配置法务情报资本,促进整个法务经济活动的均衡、协调发展(见图11－4)。

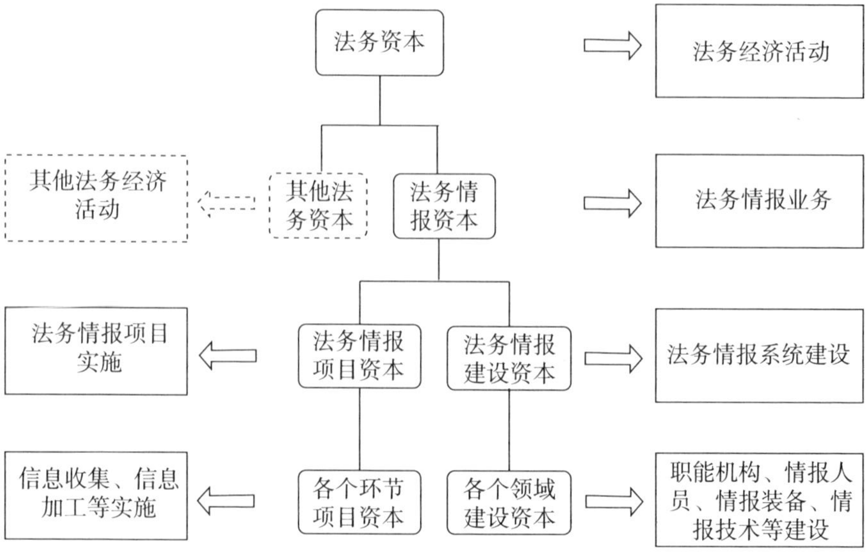

图11－4　法务情报资本的平衡配置

首先,法务情报资本需要与其他法务资本进行平衡配置。法务资本是法务经济活动的核心要素,根据具体应用领域不同,可以分为法务情报资本、法务营销资本、法务项目资本、法务科技资本、法务教育资本、法务公益资本等若干类别,分别支持实施各项法务活动。对于法务经济主体而言,可能需要同时开展若干项法务经济活动,某一方面存在"短板"都可能影响整个法务经济活动的顺利实施。因此,法务经济主体既需要解决法务资本的绝对不足,更需要均衡配置各项法务资本,解决法务资本的相对不足。从法务情报资本的角度来看，支持实施的是一项法务经济中间业务，并不会直接转化为现实收益，很多时候也难以对其价值进行简单量化，因此更容易被忽视。但是，法务情报是法务经济活动中非常重要的基础法务经济要素，能够为法务营销、法务谈判、法务诉讼、法务商业、法务管理等各项法务经济活动提供基础支持，法务经济主体应当合理配置法务情报资本，支持法务情报活动。当然，法务情报业务主体完全可能独立存在，因此，自然也就不存在法务情报资本与其他法务资本均衡配置的问题。或者说，这种配置应该是从整个法务经济生态的层面加以平衡的。

其次，法务情报建设资本需要与法务情报项目资本进行平衡配置。根据应用领域不同，法务情报资本主要可以分为法务情报建设资本和法务情报项目资本两大类别。其中，法务情报建设资本主要用于法务情报系统建设，虽然并不直接指向法务情报产品生产，却是实施法务情报项目的间接基础；法务情报项目资本主要用于法务情报项目实施，即直接为法务情报利用主体生产法务情报产品。法务情报系统建设与法务情报项目实施应当保持相对均衡，既要避免法务情报系统建设过度超前所带来的资源浪费，又要避免法务情报系统建设严重滞后所造成的项目受限。

最后，法务情报建设资本、法务情报项目资本在各自细分应用领域之间也需要均衡配置。法务情报建设资本主要用于职能机构、情报人员、情报装备、情报技术等建设，而法务情报项目资本主要用于法务情报信息收集和法务情报信息加工，因此法务情报建设资本和法务情报项目资本又可以进一步细分为若干类别。显而易见，“木桶原理”同样适用于法务情报系统建设和法务情报项目实施，而法务情报建设资本、法务情报项目资本作为其中重要的基础支撑和调控工具，也需要均衡配置，在微观层面促进法务情报系统建设、法务情报项目实施的协调和高效。

总之，法务情报资本的均衡配置的实质是以法务情报资本为纽带，合理平衡法务情报业务与其他法务经济活动、法务情报系统建设与法务情报项目实施、法务情报系统建设及法务情报项目实施内部细分活动之间的关系，以求实现整个法务经济体系的功能最优化和法务资本的价值最大化。

三、法务情报建设资本的应用

为了高效实施法务情报业务，法务情报业务主体需要构建一个立体式法务情报系统，并在其中设立相应的职能机构，配置合适的情报人员，配备基本的业务装备，开发实用的情报技术等，这些领域显然都需要法务情报建设资本为其提供基础支持（见图11－5）。

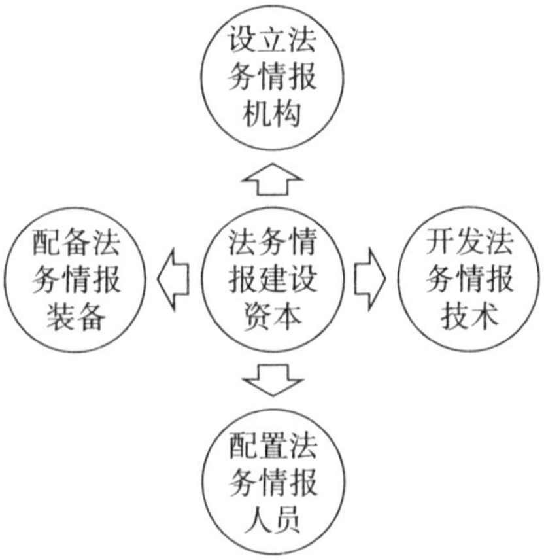

图11－5　法务情报建设资本的应用领域

首先，法务情报建设资本应用于设立法务情报机构。法务情报业务主要包括法务情报信息收集和法务情报信息加工两个核心内容，两者在工作内容、方式等方面存在较大差别，因此，法务情报业务主体需要分立信息收集、信息加工等若干职能机构，以便提高专业性和效率性。同时，在开展某些法务情报业务时，还需要运用专门的法务情报技术，这也需要设立独立的职能机构以便开发、管理、实施法务情报技术。此外，法务情报业务在商业运营中，显然离不开市场营销等辅助机构的支持。这些法务情报机构共同组成了法务情报系统，而法务情报建设资本则为各个职能的设立、运营提供了必要的资金支持。

其次，法务情报建设资本应用于配置法务情报人员。在互联网、大数据背景下，法务科技的快速发展进一步促进了法务情报业务的智能化发展，甚至在一定程度上变革了法务情报业务模式。但是，法务情报手段的科技化绝无可能替代法务情报人员的主导性和能动性，特别是法务情报信息加工这种典型的智力活动，因此，法务情报人员依然是法务情报业务中的核心要素。在法务情报系统内，需要配置法务情报信息收集人员、法务情报信息加工人员、法务情报技术人员、法务情报营销人员等若干类型的法务情报人员。为了实现法务情报人员的系统效应，法务情报业务主体还需要在不同区域、行业等广泛布建法务情报人员群。此外，法务情报业务秘密主体和法务情报业务协作主体虽然并不直接隶属于法务情报业务主体，却是法务情报系统的必要拼图，物建法务情报秘密人员、法务情报协作人员等也是法务情报系统建设的重要内容。对法务情报业务主体而言，物建、培养和管理这些法务情报人员都需要法务情报建设资本的支持。

再次，法务情报建设资本应用于配备法务情报装备。法务情报业务的基础原料是法务情报信息源释放出来的各种声音、文字、图形等无形信息，法务情报信息收集人员需要在合法、安全、保密的前提下，及时发现、捕获并存储这些法务情报信息。但是，法务情报信息具有非常明显的时空性，特别是在法务经济彼方采取反法务情报措施时，这项工作就更具挑战性。因此，法务情报信息收集人员需要配备一些法务情报设备，辅助自身收集法务情报信息。在法务情报信息加工环节，法务情报信息加工人员不仅需要甄别法务情报信息真伪，还需要挖掘其中的隐含信息和关联信息，并在此基础上作出判断、评估、预测等，其间，他们同样需要借助法务情报设备提高效能。法务情报建设资本的另一个重要用途就是配备必要的法务情报设备，提高法务情报业务效能。

最后，法务情报建设资本应用于开发法务情报技术。随着社会生产生活方式的不断发展，法务情报信息的存在形式、流转方式等也在随之变化，这也倒逼法务情报业务必须持续探索新的法务情报技术，提高收集和加工法务情报信息的效能。例如，随着即时通讯技术的横空出世，越来越多的人习惯借助微信等工具流转语音、视频、文字乃至资金等，电话、电邮、网银等传统社交方式一定程度上被舍弃，对法务情报业务主体而言，显然需要适应这种社会活动方式变革，开发相应的法务情报技术以便支持法务情报信息收集和加工。当然，在法务情报技术前期开发阶段，法务情报建设资本仍然不可或缺。

总之，法务情报系统是承载法务情报信息收集、加工活动的平台，从前期搭建到后续运营，从设立职能机构到配置情报人员、配备情报设备、开发情报技术，都离不开法务情报建设资本的系统支持。

四、法务情报项目资本的应用

虽然从根本上说，生产法务情报产品的过程是一项智力劳动，但是在收集法务情报信息、加工法务情报信息、营销法务情报产品等活动中，都离不开法务情报项目资本的支持。

（一）支持搜集法务情报信息

在法务情报业务中，发现、获取法务情报信息是整个活动的基础，也是一项耗费时间、精力并且需要法务情报项目资本支持的活动。

法务情报信息具有非常明显的时空性特征，存在于特定的时空范围之中，而且很多时候都会被有意识地封闭在一定范围之内。因此，法务情报信息收集人员需要凭借法务情报意识和经验，主动、及时地去发现这些潜在的法务情报信息。在互联网时代，信息的公开性、流动性达到了前所未有的程度，大大方便了法务情报信息收集活动，但是这依然是一项充满挑战的活动。例如，法务经济彼方远在异地，为了收集更多法务经济彼方情报，法务情报信息收集人员可能需要远赴异地，通过实地探勘、化装贴近等方式收集相关法务情报信息。可以说，收集法务情报信息不仅需要法务情报人员的智力甚至体力投入，同时需要法务情报业务主体投入一定的法务情报项目资本，为这项活动提供资金支撑。

为了更为高效、隐秘地获取法务情报信息，法务情报业务主体需要物建一定的法务情报业务秘密主体和协作主体，并指挥或者协同其搜集法务情报信息。在法务情报业务主体与秘密主体、协作主体的联系纽带中，法务情报业务费用是最为常见的形式。

在信息时代，社会民众越来越认可信息作为特殊商品出现，乃至在社会经济活动中将信息视为一种重要的生产要素。事实上在情报世界里，情报信息很早就成为有价商品，直接购买也是情报人员获取情报信息的重要途径之一,甚至因此而出现了专门买卖情报信息的人员。对法务情报人员而言,购买法务情报信息在很多时候同样是行之有效的方式,和法务情报利用主体购买法务情报产品一样,两者并没有本质区别。

总之,为了高效、隐秘地收集法务情报信息,法务情报人员需要尝试运用各种合法方式,这也需要由法务情报项目资本提供各种经费保障,乃至直接提供交易支持。

(二)支持加工法务情报信息

法务情报信息加工活动虽然是基于已经收集获取的法务情报信息,深度挖掘其隐藏信息、关联信息并作出系统研判的活动,但是法务情报信息加工人员仍然需要另行定向获取其他辅助信息,从而支持自身分析判断,这其中就包括直接购买某些法务情报信息乃至法务情报产品。例如,在一场关于煤炭合作开发纠纷的法务谈判中,法务谈判主体为了掌握谈判主动权,就需要获取各种法务谈判情报,而法务情报信息加工人员则可能需要直接购买煤炭行业发展分析报告,辅助自身加工法务情报产品。

(三)支持营销法务情报产品

当法务情报业务主体隶属于某一法务经济体系时,法务情报业务主要定向用于支持体系内的法务经济活动,因此并不存在自身营销问题。但是,在法务情报商业化运营中,法务情报业务主体与法务情报需求主体、法务情报利用主体并无直接关联,需要在定制法务情报需求和供给法务情报产品环节开展营销活动,这些显然离不开法务情报项目资本的支持。

需要略加说明的是,法务情报项目资本在供给法务情报产品环节中同样有着用武之地。一般而言,法务情报业务主体是在接受法务情报定制需求的情况下才会开展后续活动,或者说法务情报业务是定制活动。但是在一些情况下,法务情报业务主体完全可能先行生产法务情报产品,之后再锁定潜在法务情报利用主体,实现法务情报业务的逆向定制。在这种模式下,法务情报业务主体不仅同样需要营销,而且更加需要法务情报项目资本的支持。

第十二章 ● 法务资本与法务人才

法务人才是法务经济活动中具有能动性的法务经济要素，在内涵和外延上与传统法务人员存在较大区别。法务人才的职能化、专业化发展既是法务经济活动模块化运行的内在要求，也是法务经济活动产业化、精细化发展的重要基础。在某种意义上，法务人才就是法务经济活动的定制人才，既需要在法务教育资本支持下开展定向培养，匹配法务经济活动需求，又需要在法务人才资本支持下导入法务人才，支持法务经济活动的开展。本章将在概要介绍法务人才的基础上，详细论述法务资本在法务人才的基础培养和业务管理中的具体应用。

第一节 法务人才概述

在传统法务活动中，传统法务人员依托法务技术开展法务诉讼等活动，为传统法务对象提供法律服务。法务经济主体同样需要由法务人才管理各种法务经济要素、开展各项法务经济措施，最终实现法务经济目的并创造法务经济价值。但是，法务人才与传统法务人员存在较大差异，需要在职能化发展基础之上实现专业化发展，为法务经济活动模块化、产业化、精细化发展提供基础支撑。为了更好地理解法务资本在法务人才中的应用，本节将在简要介绍法务人才基本概念和主要分类的基础上，解析法务人才的体系定位和发展方式，并对法务人才的创新发展略作论述。

一、法务人才的基本概念

所谓法务人才,是指在法务经济主体主导下具体管理法务经济要素、开展法务经济措施的人员集合。

法务人才是直接参与开展法务经济活动的特定法务经济人员。为了高效实施法务经济项目,法务经济主体不仅需要导入法务技术、法务资本、法务情报、法务科技、法务管理等诸多法务经济要素,而且需要在法务投资、法务开发、法务融资、投资法务等具体法务经济模式之下,综合开展法务战略、法务诉讼、法务谈判、法务商业等各项法务经济措施。相较于传统法务活动而言,法务经济活动在内涵和外延上有了极大扩展,客观上要求法务经济主体在内部建立相应的法务经济系统,并配置相应的法务人才,具体管理法务经济要素、开展法务经济措施等。需要略加说明的是,“法务经济人员”是从法务经济主体静态组织角度对其隶属人员所作的定义,而“法务人才”则是从法务经济活动动态开展角度对参与人员所作的定义,两者的内涵侧重有所不同。此外,法务经济主体不仅包括直接参与法务经济活动的人员,还包括其他辅助性人员,因此法务经济人员在外延上要大于法务人才。

法务人才是法务经济主体的基本组成单元,传统法务人员则是传统法务主体的基本组成单元,但是由于法务经济活动与传统法务活动存在根本区别,导致法务人才与传统法务人员在内涵和外延上存在极大差异。法务人才是法务经济活动的具体实施者,不仅具有法务经济思维,而且能够管理法务技术、法务资本、法务情报、法务科技、法务管理等其他法务经济要素,开展法务战略、法务诉讼、法务谈判、法务商业等各项法务经济措施。传统法务人员是传统法务活动的具体实施者,具有法律思维但却相对缺乏经济思维,主要管理法务技术这一法务要素并开展法务诉讼活动。在某种意义上,传统法务人员是“类法务技术人才”。在外延上,传统法务人员主要是律师等掌握法务技术的人员,而法务人才除了法务技术人才之外,还包括法务资本人才、法务情报人才、法务科技人才、法务管理人才等诸多类型。

法务人才具有能动性特点,是一种特殊的法务经济要素。法务技术、法务资本、法务情报、法务科技、法务管理等法务经济要素是开展法务经济活动的必要基础，但是这些法务经济要素并不会自主介入法务经济活动，更不会自动组合并支持法务经济活动开展，而是需要法务人才能动地予以管理和应用。此外，法务经济活动具有非常明显的智力性特征，法务人才的能动性将会在很大程度上决定法务经济活动的品质。

二、法务人才的主要分类

法务经济活动是涉及多要素、多措施、多模式的综合性活动，客观上要求法务人才保持多样性并在多领域与之匹配。根据不同标准，法务人才可以细分为不同类型，具有不同的法务经济职能。下文将以所属的不同法务经济系统为标准，简要阐述法务人才的主要分类。

根据职能侧重的不同，法务经济系统可以分为法务要素系统、法务辅助系统和法务项目系统。与此相对，法务人才可以分为法务要素人才、法务辅助人才和法务项目人才。其中，法务要素人才是指主要管理各种法务经济要素的法务人才，可以进一步细分为法务技术人才、法务资本人才、法务情报人才、法务科技人才、法务管理人才等类别；法务辅助人才是指主要开展辅助性法务经济活动的法务人才，可以进一步细分为法务营销人才、法务教育人才、法务创新人才等类别；法务项目人才是指主要实施具体法务经济项目的法务人才，可以进一步细分为管理律师、诉讼律师、情报律师、调查律师、资本律师、谈判律师、秘书律师等类别。当然，法务人才在职能化发展基础之上同样强调专业化，以便提高法务经济活动的精细度。例如，诉讼律师就可以细分为程序律师、实体律师、调查律师等不同类别，而程序律师又可以进一步细分为仲裁程序律师、一审程序律师、二审程序律师、再审程序律师、执行程序律师等。

需要略加说明的是，CLEAR 法务经济理论将法务项目人才细分为情报律师、资本律师等，主要是为了强调在法务经济项目中，法务人才较之相应的传统职业群体更具法律思维和法律精神，但是绝不意味着所有法务人才都必须具有律师身份。例如，科技律师并不需要在律所执业，而是要求具有法律基础知识并熟悉法务行业发展状况，同时掌握着某一领域科技技能，能够在法务经济思维指导下运用科技，为法务科技活动提供支持。换言之，科技律师是在法务经济思维背景下运用科技工具支持法务经济活动开展的法务人才。当然,诉讼律师仍然需要具有律师身份,但是在内涵上并不同于传统意义上的律师。

此外,根据开展法务经济措施的不同,法务人才可以分为法务战略人才、法务诉讼人才、法务谈判人才、法务商业人才等不同类别;根据应用法务经济模式的不同,法务人才可以分为法务投资人才、法务开发人才、法务融资人才、投资法务人才等不同类型。鉴于篇幅所限,不再展开论述。

三、法务人才的体系定位

在法务经济活动中,法务人才是重要的法务经济要素。相较于传统法务人员,法务人才的内涵和外延更为丰富,而且将延伸至更为广阔的法务经济领域,但是在整个法务经济体系中的价值定位却相对较低。

法务技术是传统法务活动的核心要素,而传统法务人员则是法务技术的拥有者,这让传统法务人员与法务技术合二为一,居于传统法务活动的绝对核心地位。另外,传统法务人员基于对法务技术的绝对控制,相较于传统法务主体而言在传统法务市场中占据更大优势,加之传统法务主体缺乏足够的商业支点从而有效管理、主导传统法务人员,亦不能够给予传统法务人员足够的业务支持,导致传统法务人员个体化、全程性地主导整个传统法务活动,甚至成为实质意义上的传统法务主体。可以说,无论是在传统法务活动还是在传统法务主体中,传统法务人员都居于核心地位。

法务技术同样是法务经济活动的核心要素之一,而且被提升到了新的价值高度,但是正如前文所述,法务资本、法务情报、法务科技、法务管理等其他法务经济要素同样不可或缺,法务人才不仅需要管理法务技术这一法务经济要素,而且需要管理其他法务经济要素,支持法务经济活动开展。因此,法务技术不再是法务经济活动的唯一核心要素,在整个法务经济要素体系中的地位相对较低,这也进一步导致法务技术人才并未能在整个法务人才体系中居于绝对核心地位。同时,法务人才虽然直接管理其他法务经济要素,并在很大程度上影响法务经济活动品质,但是在法务资本、法务情报、法务科技、法务管理等更多法务经济要素综合导入的背景之下,法务人才在本质上仍然是一种法务经济要素，并未在整个法务要素体系中居于绝对主导地位。此外，法务经济活动模块化发展在客观上要求法务经济主体必须实现职能化发展，法务人才固然是法务经济系统的基本组成单元，但是从另一个角度讲，法务人才必须依附于法务经济系统和法务经济主体，否则将失去价值支点。换言之，法务人才是在法务经济体系的低纬度运行，并无可能取代法务经济主体并主导整个法务经济活动。

总言之，法务人才是一种特殊的法务经济要素，将在更高层面、更广领域创造价值，但是在法务经济活动内涵扩展、高度提升、领域拓展的背景下，法务人才在整个法务经济体系中并不居于核心位置，价值地位相对降低。必须强调的是，辨析法务人才的体系定位绝非否定法务人才的重要价值，而是更为精准地定位法务人才与其他法务经济要素、法务经济活动、法务经济主体之间的关系，从而促进法务人才价值的合理释放。

四、法务人才的发展方式

基于传统法务活动的特性，专业化成为传统法务人员的发展方向。在法务经济活动模块化运行和法务经济主体职能化发展背景下，法务人才必然需要向职能化方向发展，并在此基础上实现专业化发展，进一步匹配法务经济活动产业化发展需求。

从根本上说，传统法务活动是一项依托法务技术对外提供法律服务的智力活动。诚然，传统法务活动也需要在某些情况下适度利用情报、科技等提供支持，但是这些元素始终处于边缘性、辅助性地位，并未能上升成为传统法务要素，或者说传统法务人员更为关注的是自身法务技术的精细度，他们对情报、科技的利用只是附带性的和浅层次的，并不认为需要对此进行专业化管理。面对庞杂的法律规定和同行的市场竞争，传统法务人员唯有选择某一法律领域追求业务专业化，才可能实现自身法务技术的相对优势。因此，专业化发展就成为传统法务人员深度发展的必然选择。

不同于传统法务活动的是，法务经济活动并非仅提供单一的法务技术产品，而是从根本上修复传统经济秩序，创新法务经济价值。因此，法务经济主体需要站在更高纬度，积极导入各种法务经济要素，依托各项法务经济措施,在更广领域实施法务经济项目。面对诸多法务经济要素和法务经济措施,法务经济主体必须解决如何有效管理法务经济要素、高效实施法务经济措施这一基础问题。显而易见,单一法务经济人员乃至单一法务经济系统,并无可能独自承载所有法务经济要素和法务经济措施,更无可能全链条主导整个法务经济活动。因此,法务经济活动模块化运行、法务经济系统职能化发展就成为必然选择。从法务经济生态层面看,法务经济主体同样应当实现职能化发展,建立要素型、项目型、平台型等不同类型法务经济主体,匹配法务经济活动的产业化发展。在法务经济主体和法务经济系统职能化发展基础上,法务人才必然需要在自身纬度同步实现职能化发展。

当然,法务人才强调职能化发展并不意味着排斥专业化发展。事实上,法务经济活动在高度提升、广度拓展的同时,同样强调细度的提高。例如,程序律师、实体律师、情报律师、谈判律师、调查律师等职能分解,一审程序律师、二审程序律师、执行程序律师、再审程序律师等领域细分,都是为了实现法务诉讼活动的精细化。因此,法务人才需要在职能化发展基础之上进一步实现专业化发展,匹配法务经济活动的精细化发展。从另一个角度看,法务人才的职能化发展同时为专业化发展创造了更为优越的基础环境。

法务人才的职能化发展主要包括两个方向:一是在静态层面对各种法务经济元素的职能化管理,例如职能化的法务资本管理、法务情报管理等;二是在动态层面对各项法务经济措施的职能化管理,例如职能化的法务诉讼管理、法务谈判管理等。需要略加说明的是,法务经济要素的职能化发展与法务经济措施的职能化发展并非平行关系,前者将渗透到后者的各个环节并为其提供必要支持,而后者也将为前者提供更为广阔的应用空间。例如,在特定的法务投资项目中,静态层面的法务情报管理将会延伸到法务战略、法务诉讼、法务谈判、法务商业等法务经济措施之中,为法务投资主体决策提供法务情报支持。事实上,法务经济主体职能化发展并非对法务经济要素和法务经济措施作出的线性或者平面分割,而是建立在法务经济生态运行基础之上的立体职能化分割。

总之,法务经济活动与传统法务活动的目标价值处于不同纬度,因此,两者在配置要素、开展措施等内核上亦存在根本差异,这也决定了传统法务主体更为注重专业化发展，而法务经济人才更加强调职能化发展，并在此基础上进一步实现专业化发展，从而匹配法务经济活动的模块化、产业化、精细化发展需求的特点。

五、法务人才的创新发展

正如法务经济活动发端于狭义法务领域，初期的法务人才也主要源起于传统法务人员。但是，在法务经济活动内在需求推动之下，法务人才必然需要从以法务技术人才为基础的单一领域，扩展至以法务经济要素、法务经济措施为中心的复合领域，同时在法务资本等支持下反向渗透到传统法务领域，构建更为立体的法务人才生态（见图 12－1）。

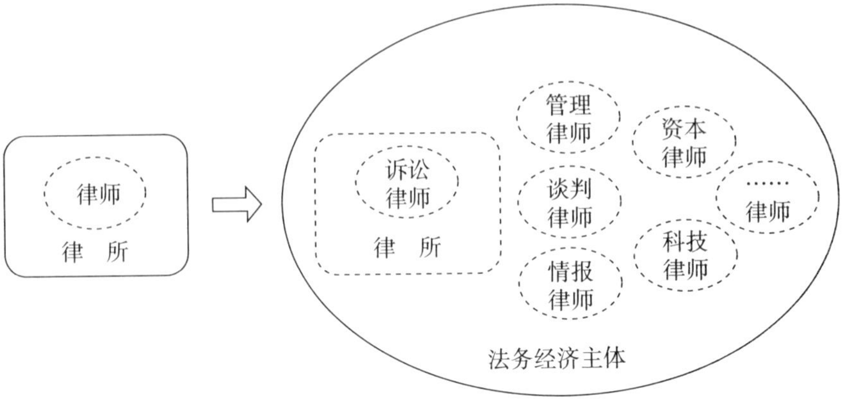

图 12－1　法务人才的未来发展

一方面，更多的非律师类人员将会进入法务经济领域，成为职能化的法务人才。随着法务经济活动的持续扩张，法务经济领域的巨大潜在空间将会被进一步开发，法务关联行业也将借助日渐成熟的跨界通道向法务经济领域投入更多法务经济要素，进一步加速整个法务经济生态建设。毫无疑问，法务资本人才、法务情报人才、法务科技人才、法务管理人才等将会迎来巨大的市场需求和发展机遇，诸多传统行业人才将会被赋予法务经济属性，融入法务经济主体并支持法务经济活动开展。

另一方面，一些传统法务主体可能成为法务经济主体的有机组成，部分传统法务人员将成为标准意义上的法务技术人才。法务诉讼是法务经济活动中重要的法务经济措施之一,诉讼律师亦是法务项目人才的重要组成部分,因此,法务经济主体需要与传统法务人员建立可行、稳定的商业关系,以推进法务诉讼活动的开展。更为重要的是,法务经济活动在向传统经济领域拓展的同时,必然将会反向渗透到传统法务领域,积极拓展狭义法务经济生态。对于法务经济主体而言,传统法务主体不仅是传统法务领域的重要主体,而且也是快速、广泛介入传统法务领域的有效通道。或可预想的是,法务经济主体将会在法务资本、法务科技等法务经济要素支持下,通过合作、改良乃至新设等方式将传统法务主体纳入自身体系之内,提高法务经济活动的一体化效能。在此背景之下,诉讼律师虽然基于特殊的行业管理仍将置于律所平台之上,但是传统法务人员的执业方式或将发生巨大改变,不再是个体化、全程性地主导法务活动,而是在标准程序中完成设定的职能模块,非核心活动将会由营销律师、管理律师、秘书律师等其他法务人才承担,而自身在核心法务诉讼活动中同样将会得到情报律师、科技律师等其他法务人才的支持。

总之,法务经济活动将向传统经济领域和传统法务领域双向扩张,为法务人才拓展更大创新发展空间,而法务人才也将同步延伸并创新法务人才样态,在更广领域内构建法务人才体系。

第二节　法务教育资本

法务人才是法务经济活动中的能动要素,也是法务经济活动模块化、产业化、精细化发展的重要基础。但是,法务人才是法务经济活动的定制人才,法务经济主体需要在法务教育资本支持下完成法务人才的基础培养。

CLEAR 法务经济本身即是一种系统创新,其并非简单地将资本、情报、科技、人才等要素直接导入法务领域,而是需要先行创新匹配的法务经济要素,并在此基础上创新法务经济活动。虽然在传统法务领域和法务关联行业存在大量基础人才,但是这些人才并不能够直接匹配法务经济活动,而是需要法务经济主体按照自身标准进行定制培养。例如,传统法务行业保有的大量传统律师,虽然与法务经济活动中的诉讼律师一样都掌握法务技术,但是两者仍然存在较大差别：在顶层理念上，传统律师强调提供法律服务，解决传统法务对象对于法务技术产品的需求，诉讼律师则更加强调主导法务经济活动，从根本上解决社会经济秩序异常；在整体运行上，传统律师强调个体能力、自我约束，诉讼律师则需要在履行既定职能基础之上，接受组织管理、制度管理；在具体操作上，传统律师主要基于自身的法务技术实施法务诉讼，诉讼律师则需要在法务资本、法务情报、法务科技等其他法务经济要素支持之下，运用法务技术实施法务诉讼活动，支持法务战略、法务谈判、法务商业等其他法务经济措施的整体实施。因此，传统律师与法务经济活动并不能完全兼容，法务经济主体需要定制培养所需的诉讼律师。当然，资本律师、情报律师、科技律师等亦是如此。

法务经济主体定制培养所需的法务人才需要获得法务教育资本的支持。在传统法务活动占据市场主导的背景下，无论是社会基础教育还是行业实务培养，目标对象均非法务经济活动所需的法务人才。因此在法务人才定制中，更为经济可行的方式就是对现有的基础人才进行定向补强，培养所需的法务人才。例如，针对性地补强情报人员的法务知识，锻炼其法律思维和法律精神，最终培养成为法务情报人员。实务中，法务人才改良培养的过程远比理论表述更为复杂，需要法务经济主体投入大量的人财物，逐步培养法务人才的法务经济理念、知识、技巧等，这些显然离不开法务教育资本的基础支持。随着法务经济生态的逐步形成，法务人才需求也将不断攀升，催生了法务人才教育行业，出现了独立的法务教育主体。在此情形下，更是离不开法务教育资本的持续投入。

在法务人才培养中，法务教育资本主要来源于法务产业资本。虽然法务人才是法务经济活动中不可或缺的能动法务经济要素，但是法务人才培养是一项基础性投资，并不会创造直接的法务经济收益，而间接收益又无法准确衡量，因此主要还是依托法务产业资本，难以导入法务金融资本和法务私有资本。但当法务人才教育成为独立的法务经济产品之时，则完全可以直接衡量投资收益，法务教育主体不仅可以依托法务产业资本实施法务教育，而且可以导入法务金融资本和法务私有资本加速法务教育发展。

或可预想的是，在法务经济生态日趋成熟之时，法务经济市场已经通过社会基础教育、行业实务培训等方式储备了各种法务人才，法务经济主体将能够直接导入所需的法务人才，并不需要自身完成法务人才定制。但是在此之前，法务经济主体或者法务教育主体依然需要在法务教育资本支持之下，定向培养各类法务人才。

第三节 法务人才资本

作为一种特殊的法务经济要素，法务人才主要通过自身智力活动支持法务经济活动开展。对于法务经济主体而言，需要在法务人才资本支持下导入、应用法务人才，促进法务经济活动开展和自身持续发展。本节将在分析法务人才资本存在必要的基础上，解读法务人才资本的主要来源、平衡配置等问题。

一、法务人才资本的存在必要

基于内在法务经济要素和法务经济措施的不同，法务经济活动与传统法务活动在内部运行上存在极大差异，导致法务人才与传统法务人员的发展方式大相径庭，而法务人才资本则成为支持法务人才职能化、专业化发展的必要条件。

传统法务活动是在单一人员主导下投入单一要素的单次活动，传统法务人员并不需要传统法务主体的资本投入。正如本书所述，传统法务人员掌握法务技术这一核心要素，并基于此向传统法务对象提供法律服务，因此成为实质意义上的“传统法务主体”。诚然，传统法务人员有时需要适度利用情报、科技等提供辅助，但是并不需要因此而另行配置法务情报人才、法务科技人才等其他专门法务人才，亦不需要对法务收益进行二次分配。简言之，传统法务人员是独立执业、独自服务、独享收益。对于传统法务主体而言，固然需要对传统法务人员进行执业规范管理并为其提供基础办公条件，但是并不实质介入传统法务活动。因此，传统法务主体是在传统法务人员收益中提取管理费用并用于自身基础运营，并非真正主导传统法务活动的收益分配，更不直接为传统法务人员发展提供资本支持。

区别于传统法务活动的是，法务经济主体是法务经济活动的主导者，法务人才则是法务经济活动中的要素之一。法务经济活动的多要素、多措施、多领域等特性决定了单一人员并无可能独自加以主导，法务经济主体才是法务经济活动的真正主导者。对于法务经济主体而言，既需要投入各种法务经济要素从而开展法务经济活动，也需要为导入法务经济要素而付出相应对价。作为重要的法务经济要素之一，法务人才具有能动性，可以在很大程度上直接影响法务经济活动品质，但是即便如此，法务人才并未上升为法务经济活动的主导者，本质上依然是一种特殊的法务经济要素。因此，法务经济主体理应为导入法务人才支付相应对价，而这就需要法务人才资本的必要支持(见图 12-2)。

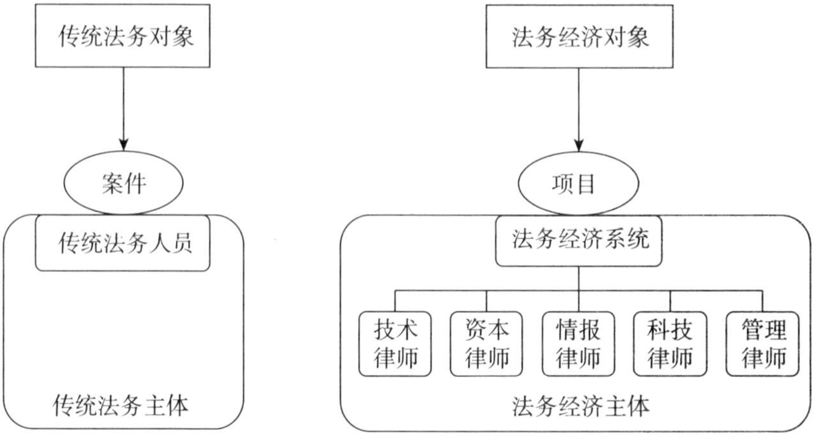

图 12-2　两种法务活动的运行模式

从更深层次来看，法务人才职能化发展客观上需要法务人才资本的基础支撑。正如前文所述，法务经济活动的复杂性必然要求模块化运行，而这进一步要求法务经济主体、法务经济系统、法务经济人员等在各个层面实现职能化发展。单个法务人才不再像传统法务人员一样全链条主导传统法务活动，而仅是整个法务经济体系中的有机组成部分。换言之，法务人才取得的并非是法务经济项目收益，而是法务经济主体为其支付的要素对价。对于法务经济主体而言，既需要在各个法务经济活动模块中合理配置法务人才这一特殊法务经济要素，通过法务人才的职能化协作推进法务经济活动开展，又需要在法务人才资本支持下，直接为法务人才发展提供基础支撑。略加延伸一点，传统法务主体之所以选择专业化发展而非职能化发展，其中，一个重要原因就是缺乏资本支持，这导致其既未将传统法务人员视为法务要素，更未能够依托资本在经济层面构建职能化发展基础。

总之，法务经济主体才是法务经济活动的主导者，而法务人才只是一种特殊的法务经济要素，并不能直接、独自享有法务经济收益，客观上需要法务经济主体依托法务人才资本，向法务人才支付相应的要素对价。

二、法务人才资本的主要来源

一般而言，法务人才资本主要来源于法务经济主体自身所有的法务产业资本。在法务金融较为成熟之时，法务金融资本也将是法务人才资本的重要来源。

在法务经济发展初期，法务产业资本将是法务人才资本的主要来源。法务人才是特殊的法务经济要素，需要积极介入法务经济活动各个模块，推进法务经济活动开展并促进法务产业资本积累。作为法务经济活动的主导者，法务经济主体需要依托法务产业资本建立法务人才资本，支持法务人才的导入、应用等活动。基于暂时性介入法务经济活动等特性，法务私有资本显然并不适宜用于支持法务人才发展。需要略加说明的是，法务项目人才直接参与法务经济项目实施，法务人才资本看似也直接来源于法务经济项目收益，但是事实并非如此。法务经济主体才是法务经济项目实施的主导者，法务经济项目收益自然直接归属于法务经济主体，并在转化为法务产业资本的基础上，支持法务经济主体建设、法务经济基础运营等各项法务经济活动。法务项目人才本质上仍然是一种法务经济要素，并非法务经济项目收益的所有者，法务人才资本仍然是来自法务产业资本，只是将法务经济项目收益作为要素对价的参照而已。

随着法务资本的日趋成熟，法务金融资本将会促进法务经济活动产业化发展，也将成为法务人才资本的重要来源。在法务经济活动快速产业化发展过程中，法务经济活动对于法务人才的需求规模将更为庞大，而法务人才将在职能化发展基础上进一步专业化发展，法务要素人才、法务辅助人才等也将快速增长，对于法务经济体系的依赖度进一步提升。对于法务经济主体而言，必须积极导入法务金融资本以便弥补法务产业资本相对不足，加速法务经济活动产业化发展。其中，一个重要应用领域就是扩大法务人才资本，以更为稳定的方式支持法务人才的规模化扩张和常态化发展。

三、法务人才资本的平衡配置

法务人才是法务经济活动的基本要素，而法务人才资本则是支持法务人才持续发展的必要因素。对于法务经济主体而言，既需要在法务经济活动良性发展的宏观层面平衡配置法务人才资本，也需要在法务人才持续发展的微观层面平衡配置法务人才资本。

正如前文所述，法务人才是特殊的法务经济要素，法务人才的能动性将会在很大程度上影响法务经济活动品质，但是法务经济活动同样需要法务技术、法务资本、法务情报、法务科技等其他法务经济要素的必要支持。因此，法务经济主体必须平衡配置法务人才资本、法务技术资本、法务情报资本、法务科技资本等各种法务要素资本，在支持法务经济要素平衡发展的基础上促进法务经济活动的良性发展。特别是在法务产业资本、法务金融资本相对不足的情况下，法务经济主体更加需要平衡配置法务人才资本等各种法务要素资本，避免出现法务经济要素短板。当然，在不同的法务经济发展时期，法务人才资本的平衡配置并不完全相同，法务经济主体需要根据法务人才供需关系、其他法务经济要素发展状况等各种因素进行综合确定。

在职能化发展背景下，法务项目人才、法务要素人才、法务辅助人才等居于不同的法务经济领域，共同支持法务经济活动开展。法务经济主体应当站在促进法务人才整体持续发展的高度，平衡法务人才资本在不同类型、不同类别法务人才之间的配置。例如，法务项目人才与法务辅助人才在不同领域支持具体法务经济项目实施，而在同一法务经济项目实施中，管理律师、诉讼律师、谈判律师、资本律师、情报律师等亦在不同领域提供必要支持，这就需要法务经济主体根据法务人才价值平衡配置法务人才资本。

总之，法务人才是法务经济活动中的特殊要素，法务人才资本的平衡配置是一项复杂的系统工程,其不仅是要简单支付法务人才的要素对价,更是要平衡法务人才之间、法务人才与其他法务经济要素之间的关系,促进法务经济要素平衡建设、法务经济活动良性开展和法务经济主体的持续发展。

第十三章 ● 法务资本与法务科技

科技是现代社会经济活动中极为重要的元素，正以令人难以置信的速度和方式改变着人们的生产生活。法务科技是法务经济活动的基础要素，不仅能够有效提升法务经济活动运行效能，而且也将深刻变革法务经济活动运行方式。在其他法务经济要素支持下，法务科技或将反向切入传统经济领域，成为构建广义法务经济生态的重要支点之一。法务科技资本是法务科技发展的必要支撑，主要源于法务产业资本和法务金融资本，将被广泛应用于狭义法务科技和广义法务科技发展的各个领域。

第一节 法务科技概述

法务科技是法律属性化的科技形态，也是重要的基础法务经济要素。根据主要功能目的不同，法务科技可以细分为法务运营科技，法务交互科技和法务嵌入科技。法务科技不仅能够对法务经济活动的组织运行产生巨大影响，而且也是法务经济向传统法务领域和传统经济领域延伸的重要支点。本节将在概要论述法务科技基本概念和主要分类的基础上，展望法务科技的创新发展。

一、法务科技的基本概念

所谓法务科技，是指具有法律属性并直接支持法务经济活动开展的科技形态。

具有法律属性是法务科技区别于传统科技的重要特征之一。毋庸置疑,法务科技在本质上就是一种科技。在简单认识中,是否应用于法务领域被视为法务科技与传统科技的主要区别。但是从法务经济视角来看,整个传统经济领域同样属于广义法务领域,法务科技和传统科技都将并行于其间,显然并不能简单根据前述标准对两者加以区分。从根本属性角度看,具有法律属性才是法务科技的关键特征,法务科技也因此而区别于传统科技。换言之,法务科技被赋予了更多法律思维和法律意识,从而匹配法务经济活动开展、支持法务经济生态构建。我们或许可以从社会发展角度出发,辨析法务科技的法律属性。社会需要更有秩序、更符合法律精神的发展形态,科技的确是一种巨大力量,其正在改变乃至重构整个社会的生产生活方式,正因如此,科技更加需要具有法律属性,并在法律轨道之上积极、正面地促进社会发展。在这一点上,法务科技与法务资本等其他法务经济要素有着相同的内核。

法务科技是一种重要的基础法务经济要素。法务经济活动并无有形原料亦不需要生产有形商品,但是同样需要导入各种法务经济要素和法务经济资源,也是一项复杂的系统工程,同样需要法务科技的基础支撑,提高整个法务经济活动的运行效能。例如,法务项目人才是法务经济项目实施中极为重要的要素,在法务人才职能化、专业化发展背景下,法务经济主体就需要根据具体法务经济项目特性,从众多法务人才储备中优选最为适合的法务项目人才,匹配法务经济项目实施并提高整体品质。对法务经济主体而言,就需要在法务人才科技支持下,将诸多法务人才的职能定位、专业方向、既往绩效、特殊优势等情况作数字化处理,以提高法务项目人才与法务经济项目的匹配度。此外,法务科技将是支持广义法务经济活动开展的重要基础要素。鉴于下文将详细论述,此处不再展开。

法务科技需要直接支持法务经济活动开展。作为一种基础法务经济要素,法务科技需要依托法务资本、法务技术等其他法务经济要素,直接介入法务经济要素建设、法务经济项目实施等各项法务经济活动。换言之,法务经济活动是法务科技的价值支点。需要略加说明的是,法务科技不仅需要支持狭义法务经济活动开展,创造法务经济价值,而且需要支持广义法务经济活动开展，构建广义法务经济生态。当然，法务科技在两种法务经济领域的运行方式并不完全相同。

二、法务科技的主要分类

法务科技广泛应用于各个法务经济领域，演化出不同的细分样态并支持各种法务经济活动。根据不同标准，法务科技可以细分为不同类型。例如，根据主要功能的不同，法务科技可以分为法务运营科技、法务交互科技和法务嵌入科技；根据支持法务经济活动的不同，法务科技可以分为法务情报科技、法务人才科技、法务营销科技等；根据应用法务经济领域的不同，法务科技可以分为狭义法务科技和广义法务科技等；根据与法务经济活动关联度的不同，法务科技可以分为法务专用科技和法务通用科技等。鉴于篇幅所限，本书仅对法务嵌入科技、法务交互科技和法务运营科技进行简要解读（见图 13－1）。

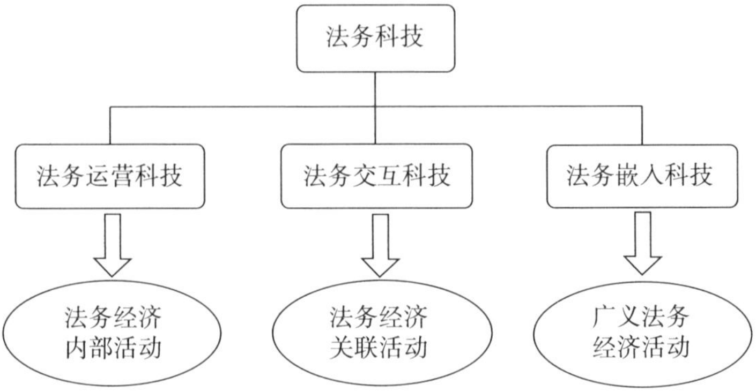

图 13－1　法务科技的主要分类

所谓法务运营科技，是指主要用于协助法务经济主体有效管理法务经济元素、高效开展法务经济活动的法务科技。为了实现法务经济目的，法务经济主体不仅需要配置法务技术、法务资本、法务情报、法务人才等法务经济要素，而且需要利用各种法务经济资源，并在此基础上实施法务战略、法务诉讼、法务谈判、法务商业等各项法务经济措施。换言之，法务经济活动是一项包含多元素、多措施的系统性工程。因此，法务经济主体必须依托法务科技有效管理法务经济元素、高效开展法务经济活动。例如,在法务投资项目实施中,法务投资主体既需要持续性、动态性收集法务情报信息,又需要全程性、及时性应用法务情报产品,但是基于法务情报的保密性要求,不仅应当在项目运营系统与法务投资对象之间实现分类管理,而且应当在项目运营系统内部实现分级管理,客观上要求法务投资主体积极利用法务情报科技系统,实现法务情报信息和法务情报产品的分类管理、分级共享。在法务经济活动模块化、产业化、精细化发展背景下,更加需要法务运营科技支持要素配置和活动组织。

所谓法务交互科技,是指主要用于支持法务经济主体与传统经济主体之间交互法务经济信息的法务科技。法务经济主体是整个社会经济生态的有机组成,依托法务经济要素促进社会经济活动运行,而传统经济主体同样需要借助法务经济主体修复经济运行秩序异常,乃至提升传统经济活动运行品质。因此,两者需要在具体的法务经济活动中建立连接,便捷、高效地交互法务经济信息,而法务交互科技将为此提供基础支撑。以法务营销科技为例,法务经济对象需要便捷地对接最为合适的法务经济主体,更加高效地解决自身法务经济需求,而法务经济主体同样需要发现潜在的法务经济对象,更有针对性地创造法务经济价值,依托互联网、大数据等现代信息科技,法务营销科技无疑会大幅提升法务营销效能。

所谓法务嵌入科技,是指主要用于提升传统经济活动法律属性的法务科技。科技正以前所未见的方式驱动社会经济发展,但是在法律属性缺失的背景下,传统科技很多情况下并不能帮助传统经济活动有效利用法律资源、管控法律风险,甚至在某些时候放大或者加速了社会经济活动由于法律缺失而触发的危害。与需要法务资本提升法律属性一样,传统经济活动同样需要借助法务科技的引导,实现在法治经济的轨道之上的有序、高效运行。对法务经济主体而言,不仅需要主导狭义法务经济活动以便修复传统经济运行秩序异常,同样需要积极切入传统经济领域,进一步推动法律成为传统经济活动的核心要素和顶层资源,构建广义法务经济生态。基于自身特性,法务科技、法务资本将是法务经济快速切入传统经济领域的重要载体和通道,也将是构建广义法务经济生态的重要支点。

需要略加延伸的是，法务嵌入科技在构建广义法务经济活动的同时，也将从源头上改变狭义法务经济需求，从而深刻影响狭义法务经济活动的组织运行，更将对传统法务行业带来颠覆性变革。法务嵌入科技显然会降低传统经济活动运行秩序异常的发生概率，必然减少狭义法务经济活动整体规模，同时支持狭义法务经济活动无缝对接狭义法务经济需求。换言之，法务嵌入科技将会在很大程度上填补狭义法务经济活动与传统经济活动之间的空隙，并且将狭义法务经济主体间接嵌入传统经济活动。对于传统法务主体而言，则意味着其自身将要成为传统经济主体的第二选择，甚至将从源头上失去存在基础。或可预想的是，法务科技将会和法务资本一同成为改变法务行业格局的重要力量。

总之，法务科技广泛应用于狭义法务经济领域和广义法务经济领域，细分出不同法务科技类型。当然，细分法务科技之间绝非泾渭分明，完全可能存在交叉重叠。

三、法务科技的创新发展

以互联网、大数据、云计算等为显著标志的现代科技发展日新月异，法务行业对于科技亦是热情高涨，但是从严格意义上说，传统法务科技仍然处于局部探索阶段。随着法务经济生态的逐步形成，法务科技将会迎来前所未有的创新发展空间。

目前，传统法务科技的主要发展基点是传统法务活动，即围绕法务技术这一中心，辅助传统法务主体提供更好地法律服务，主要包括查询分析类、信息交换类、流程管理类等不同细分类型。查询分析类的底层技术基于大数据而构建，能够针对法务技术提供多维查询分析。例如，基于审判机关判决、裁定、公告等各种法律文书，依托大数据进行多维分析，辅助传统法务主体提升法务诉讼效率和品质。信息交换类法务科技主要是通过构建互联网平台，为传统法务人员与传统法务对象及传统法务人员之间信息交换提供技术支持。基于此，传统法务人员不仅可以实现线上法务合作，而且可以拓展线上法务营销，在一定程度上弥补了线下法务合作和法务营销的局限性。流程管理类法务科技主要是基于合规管理等目的，在律所层面构建案件流程管理系统,动态性、可溯性展示案件的办理进程。需要略加强调的是,流程管理类法务科技固然可以对传统法务人员办理案件流程节点进行记录、提示,但是更多的是协助律所实现对所有案件的宏观管理。换言之,在传统法务活动单一内核的背景下,流程管理类法务科技属于法务运营科技范畴,但是两者在应用深度和细度上与仍然存在较大差异。总之,无论是查询分析类、信息交换类还是流程管理类,传统法务科技主要还是围绕传统法务活动而展开的。

法务经济生态的发展需要法务科技的支持,同样也会为法务科技提供更为广阔的创新发展空间。正如本书所述,传统法务活动本身就是单一人员依托单一要素实施的单次活动,固然需要法务科技的辅助支持,但是在自身空间本已有限的背景下,其往往难以给法务科技创造更多存在和发展空间。在法务经济活动中,法务资本、法务情报、法务人才、法务管理等更多法务经济要素被导入,自身内核已然发生了质变,对于法务科技的内在需求被彻底激活。依托法务资本的强力驱动,法务经济主体将会主导建设各类法务科技,在推动其与法务技术、法务资本、法务情报、法务人才、法务管理等其他法务经济要素融合发展基础之上,构建狭义法务经济生态,同时借助法务嵌入科技反向切入更为广阔的传统经济领域和传统法务领域,支持广义法务经济生态构建。

法务经济主体将会主导建设更多法务专用科技。虽然传统法务主体存在专业细分,但是均基于法务技术这一核心要素,传统法务活动在内核上并无太大差异,对于法务科技的需求亦无本质区别。因此,传统法务科技往往具有较强的通用性,适用于大部分传统法务主体。法务经济活动需要导入更多法务经济要素,但是对于不同的法务经济主体而言,完全可能在此基础上创新设计出若干不同法务经济模式。换言之,法务经济活动内核不仅更为复杂,而且在组织运行方式上更为多样。对于法务经济主体而言,不仅需要积极应用法务通用科技,而且需要主动开发适用于自身系统的法务专用科技。

在未来发展中,法务科技将会与法务技术、法务资本、法务情报、法务人才、法务管理等其他法务经济要素深度融合。传统法务科技主要是法务技术的辅助工具,而且介入传统法务活动的深度和细度都较为有限。在法务经济活动中,法务科技不仅是重要的法务经济要素,深度介入法务经济活动的组织运行,而且也是法务技术、法务资本、法务情报、法务人才、法务管理等其他法务经济要素发展的重要支点。例如,在多人才、多要素、多措施背景下,法务管理就成为实施法务经济活动中极为重要的内容,这也要求法务经济主体将法务管理内核嵌入法务科技之中,用法务科技的语言表达法务管理需求。当然,这种融合发展是双向的,法务科技也将在其他法务经济要素支持下获得创新发展。

在法务交互科技、法务运营科技之外,法务嵌入科技将会成为法务科技创新发展的重要领域。法务交互科技和法务运营科技是法务经济主体开展狭义法务经济活动的重要基础,因此在法务经济发展初期将会快速发展。正如前文所述,法务嵌入科技是构建广义法务经济活动的重要支点,法务经济主体在具备一定基础条件的前提下,必然需要借助法务嵌入科技积极切入更为广阔的传统经济领域,构建广义法务经济生态。当然,社会经济活动形态万千,法务嵌入科技无论是在创新领域还是创新形式上,都将是丰富多彩的。

总之,法务科技是法律属性化的科技形态,也是法务经济活动中极为重要的基础要素,不仅支持狭义法务经济活动开展,而且将成为法务经济反向切入传统经济领域的重要支点和通道。

第二节　狭义法务科技资本

根据主要应用领域不同,法务科技可以细分为狭义法务科技和广义法务科技,前者主要应用于狭义法务经济领域,而后者主要应用于广义法务经济领域。狭义法务科技能够有效提高狭义法务经济活动的整体运行效能,乃至改变狭义法务经济活动的组织运行方式。对于法务经济主体而言,首先需要以法务产业资本和法务金融资本为依托,平衡配置狭义法务科技资本,从而支持狭义法务科技的基础建设、运营维护及创新发展。

一、狭义法务科技资本的主要来源

基于狭义法务科技的基础性特征，狭义法务科技资本主要来自法务产业资本和法务金融资本。

在一般情况下，法务私有资本并不适宜介入狭义法务科技领域。正如前文所述，狭义法务科技可以提高狭义法务经济活动运行效能，甚至改变狭义法务经济活动组织方式，但是不容忽视的是，狭义法务科技同样具有非常明显的基础性特征：需要以先期基础建设为前提、以其他法务经济活动为价值基础、通过较长周期实现投资回报等。这也要求狭义法务科技资本应当具有较大规模，足以应对狭义法务科技前期建设的大量投入、后期运营的稳定投入、更新迭代的持续投入。无论是整体规模还是持续能力，法务私有资本显然难以匹配狭义法务科技的发展需求。

对于法务经济主体而言，需要依托法务产业资本和法务金融资本，合理配置狭义法务科技资本并支持狭义法务科技发展。在法务经济发展初期，法务经济主体虽然积累了一定的法务产业资本，但是仍然面临法务资本整体规模相对不足的问题。随着法务经济活动愈加趋向模块化、产业化、精细化，狭义法务科技的重要性日渐突出，特别是在法务经济活动产业化发展倒逼的情形之下，法务经济主体必须先行依托有限的法务产业资本发展狭义法务科技。随着法务经济活动产业化快速发展，法务产业资本得以迅速积累并最终孕育法务金融资本，而后者也将被以更大规模导入狭义法务科技领域，支持狭义法务科技加速发展。

二、狭义法务科技资本的平衡配置

法务科技在本质上仍然是一种法务经济要素，既需要将法务经济活动作为价值支点，也需要以法务经济生态协调发展为基础。对法务经济主体而言，需要从法务经济宏观体系、法务科技微观领域、法务科技动态过程等各个层面平衡配置狭义法务科技资本，促进狭义法务科技持续发展。

首先，配置狭义法务科技资本需要保持法务经济宏观体系的平衡。诚然，支持狭义法务科技发展有着重要价值，但是狭义法务科技需要以整个法务经济体系作为价值支点，而后者的发展同样离不开法务资本的必要支持。在法务资本规模相对有限的背景下，法务经济主体更加需要从宏观体系角度着眼，平衡配置狭义法务科技资本，在支持法务经济体系平衡发展的基础上促进狭义法务科技发展。对于发展初期的法务经济主体而言，往往侧重于实施法务经济项目，而狭义法务科技资本配置相对不足，短期来看并不会对单个法务经济项目实施造成较大影响，但是从长期来看将会影响法务经济活动产业化发展。

其次，配置狭义法务科技资本需要保持法务科技微观领域的平衡。基于法务经济活动多领域、多样态特性，狭义法务科技需要演化出不同形态并支持特定的法务经济活动。例如，法务科技需要细分出法务情报科技、法务技术科技、法务营销科技等不同类型，分别用于支持法务情报活动、法务诉讼活动、法务营销等特定活动。对于法务经济主体而言，需要根据法务经济活动发展需求，在法务科技微观领域平衡配置相应的狭义法务科技资本，促进细分法务科技平衡发展。

最后，配置狭义法务科技资本需要保持法务科技动态过程的平衡。法务科技是一种定制化的法务经济要素，不仅需要根据法务经济活动的内在需求开展基础建设，而且需要及时动态调整响应法务经济活动的需求变化。这也要求法务经济主体平衡配置法务科技建设资本、法务科技运营资本、法务科技创新资本，促进法务科技在基础建设、运营维护、迭代创新等不同阶段持续发展。这一点对于单项法务科技发展极为重要，尤其在法务科技资本相对不足、法务科技资本投资周期较长等情形下，法务科技资本更加需要保持动态过程平衡。

三、狭义法务科技资本的分类应用

正如前文所述，法务经济主体需要依托狭义法务科技资本，支持狭义法务科技开展基础建设、运营维护、迭代创新等活动。在狭义法务科技不同发展阶段，狭义法务科技资本的具体应用并不完全相同。

在狭义法务科技基础建设阶段，狭义法务科技资本主要用于支持法务科技系统建设、法务科技人才培育、法务科技平台开发等活动。法务科技系统是承载法务科技的职能平台，狭义法务科技资本首先需要支持法务科技系统建设。鉴于本书已在法务经济主体建设等章节对此作了详细论述，此处不再赘述。法务科技人才需要在法务经济思维指导下，利用科技工具构建法务经济规则，支持法务经济活动。在某种意义上，法务科技人才就是法务科技的核心要素。因此，狭义法务科技资本需要支持法务科技系统培育法务科技人才，特别是具有法务经济战略思维的法务科技人才，这对提升法务科技高度、促进法务经济活动产业化发展极为重要。法务科技平台是承载法务科技的物理平台，无论是硬件配置还是软件开发，都需要狭义法务科技资本的大量投入。

在狭义法务科技运营维护阶段，狭义法务科技资本主要用于支持法务科技系统基础运营、法务科技平台日常维护等活动。从法务经济活动的角度来看，法务科技是一种法务经济要素，但是管理、提供法务科技本身又是一项专门的法务经济活动，需要在法务科技系统主导下，由各种法务科技人才针对法务科技平台开展基础运营、日常维护等各项工作。无论是法务科技系统运营、法务科技人才发展，还是法务科技平台维护，都需要狭义法务科技资本的基础支持。

在狭义法务科技迭代创新阶段，狭义法务科技资本主要用于支持法务科技平台升级换代等活动。随着法务经济生态的持续发展，狭义法务科技同样需要创新发展。其中，最为主要的就是在既有法务科技平台基础上更新硬件设施和升级软件程序。在某些情况下，法务科技平台的升级换代并不亚于基础研发。对于狭义法务科技资本而言，需要持续性地投向法务科技平台的升级换代。

总之，基于狭义法务科技的基础性特征，狭义法务科技资本主要来自法务产业资本和法务金融资本，需要在平衡配置的前提下，支持狭义法务科技的基础建设、运营维护、迭代创新等活动。

第三节　广义法务科技资本

基于广义法务经济活动与狭义法务经济活动的差异性，广义法务科技与狭义法务科技存在较大差异。广义法务科技资本同样是广义法务科技的必要支持,但是在主要价值、主要来源、应用领域等方面又与狭义法务科技资本存在诸多区别。

一、广义法务科技资本的主要价值

法务经济不仅需要构建狭义法务经济生态,而且需要在此基础上延伸至传统经济领域,最终构建广义法务经济生态。毋庸置疑,狭义法务经济主体并无可能直接介入所有传统经济领域,更无可能逐一主导传统经济活动并将其法律属性化,而是需要以适合的法务经济要素、法务经济模式等为支点,反向切入传统经济领域,赋予关联传统法务活动法律属性,从而逐步构建广义法务经济生态。基于自身的广泛性和穿透性,广义法务科技将成为法务经济切入传统经济领域并构建广义法务经济生态的核心支点之一。

广义法务科技的核心内涵是将自身法律属性赋予传统经济活动,支持构建广义法务经济生态,但是其存在前提是广义法务科技资本的必要支持。正如前文所述,作为法务经济活动的基础要素,法务科技并非天然存在,而是法务科技活动的产物。对于法务经济主体而言,开展法务科技活动不仅需要具有法务科技系统、法务科技人才,还需要配置大量设施设备,这些显然离不开法务科技资本的支持。相较于狭义法务科技而言,广义法务科技要想在更为广阔的传统经济领域运行,必然需要获得更大规模的广义法务科技资本支持。

在狭义法务经济生态中,狭义法务科技只是一种基础元素,目的是为整个法务经济活动提供辅助性支撑,因此处于相对较低的价值层级。或者说,狭义法务科技并非构建狭义法务经济生态的核心支点。但是在构建广义法务经济生态过程中,法务科技和法务资本基于自身的广泛性和穿透性,成为法务经济反向渗透到传统经济领域的两个核心支点,跃升至价值顶层。加之广义法务科技对于广义法务科技资本规模的更大需求,进一步凸显了后者的重要价值。

总言之,相较于狭义法务科技在狭义法务经济活动中的价值,广义法务科技在构建广义法务经济生态中的价值更为重要,对于广义法务科技资本

第十四章 ● 法务资本与法务投资

法务投资是CLEAR基于法务经济理论和法务经济实践,创新设计的一种法务经济模式,试图通过在法务技术之外导入法务资本、法务情报、法务科技、法务人才、法务管理等更多法务经济要素,构建全新的风险控制和要素管理体系,系统解决法务投资对象根本需求,实现优化法务经济活动品质、维护法务投资对象利益、提高法务投资主体收益等综合目的。法务资本是法务投资中不可或缺的核心法务经济要素,在法务投资系统建设、法务投资要素建设、法务投资项目实施、法务投资主体发展等领域发挥着重要作用和价值。本章将在概要解读法务投资的基础上,详细阐述法务投资资本和法务项目资本的具体应用。

第一节 法务投资概述

所谓法务投资,是指在法务经济主体主导之下,针对法务经济项目投入法务资本等法务经济要素,并在解决法务经济需求基础之上实现法务经济收益的一种法务经济模式。从社会经济角度来看,法务投资是一项特殊的投资活动;从传统法务角度来看,法务投资是一种创新的法务模式;而从法务市场的角度来看,法务投资又是一个全新的法务产品。本节将从法务投资的顶层设计、基础元素、具体措施、职能系统、基本流程、理论比较等多个角度入手,系统解读何为法务投资。

一、法务投资的顶层设计

法务投资并非是对传统法务模式的细节修补和局部创新，而是站在法务经济高度，以解决法务投资对象根本需求为目标，以导入更多法务经济要素为支撑，重建基础法务经济关系，重构活动底层组织运行，从而构建而成的全新法务经济模式。完美的顶层设计建立在对于基本内需的有效回应之上，因此，有必要从解决法务活动内在需求角度透视法务投资的顶层设计，以便更为深刻地认识法务投资的创新价值。

首先，法务投资解决要素错配问题。正如本书伊始所述，传统法务主体虽然掌握法务技术要素，但是恰恰缺少法务资本这一核心法务经济要素，客观上难以有效导入法务情报、法务科技等其他法务经济要素，导致自身过度依赖法务技术。与此相对，传统法务对象固然占有一定的资金，但是不仅缺少法务技术这一核心要素，而且并不具备管理法务情报、法务科技等其他法务经济要素的基础条件和基本能力，因此，其占有的资金并不能够有效转化为法务资本并支持其他法务经济要素发展，只能用于采购传统法务主体手中的法务技术。基于诸多客观条件限制，无论是传统法务主体还是传统法务对象，均非法务经济活动的适格主导者。更为遗憾的是，两者在法务经济要素均有缺失的背景下，不仅思维宽度受到较大限制，而且在实践活动中缺少更多路径选择，导致整个传统法务活动难以达到法务经济高度。可以说，法务要素错配从根本上限制了传统法务活动的高度和深度。正是基于“创建法律与经济广泛适用的联系”这一核心理念，CLEAR 从法务经济要素配置层面切入，以改变底层支撑要素推动法务经济活动组织运行重构，进而在新的高度和深度上创新法律和经济价值，法务投资即是在此背景之下创建的全新法务经济模式。需要略加说明的是，法务投资在配置法务经济要素上绝非简单地进行机械叠加，而是依托法务资本这一核心法务经济要素，支持导入法务情报、法务科技、法务人才、法务管理等其他法务经济要素，并让包括法务技术在内的各种法务经济要素产生化学反应，形成相互融合、互为支点的底层法务经济要素群。

其次，法务投资解决基础信任问题。在有形商品交易中，需求主体能够直接比较商品性状，并在此基础上作出选择。但是对于传统法务对象而言，首先需要确定传统法务主体，并在后续活动中接受随之而来的传统法务产品。因此，传统法务对象总是希望借助熟人关系或者对方名头来规避传统法务产品的不确定性风险。但是，在传统法务人员个体化执业背景之下，“选律师”依然是传统法务对象不得不面对的巨大风险。此外，传统法务对象更是难以全程掌控传统法务活动进程，对于传统法务产品的信任纽带依然是传统法务主体，而非传统法务活动的真实品质。换言之，传统法务活动是一个“信用产品”，但是传统法务对象与传统法务主体之间的信任基础又十分脆弱。从表象上看，基础信任只是传统法务对象的心理感受，但是从本质上看，则说明传统法务活动本身带有极强的人为性，缺少规范、严谨、合理的内在机制，这导致向不同传统法务主体提供的同类法务产品存在巨大差异性，即便是同一传统法务主体提供的同类法务产品也存在较大波动性。法务投资需要解决基础信任问题，绝非是单纯抚慰法务投资对象的心理感受，而是需要构建更为合理的法务经济商业模式和更为精细的法务经济管理机制，用法务投资产品本身建立信任。例如，法务投资主体负担包括法务资本在内的各项投入，与法务投资对象风险绑定；法务投资主体取得收益建立在法务投资对象实现利益之上，与法务投资对象权益绑定等。这些基于法务投资产品的信任将更为稳定、可靠。换言之，真正让法务投资对象信赖的是法务投资产品，而非法务投资主体。

最后，法务投资解决品质管理问题。正如前文所述，传统法务对象缺乏信任的根源是传统法务活动本身，而法务投资以“风险绑定、权益绑定”的法务经济模式构建了商业信任基础。当然，单纯的风险权益绑定模式并不能够直接决定具体法务投资项目的最终品质，更不能够确保法务投资对象和法务投资主体的最终利益。在内部组织运行中，法务投资不再是由单个人员全程式主导实施，而是由若干法务经济系统职能化协作实施。此外，法务私有资本的组合配置、收益分配方式的灵活设定、法务人才绩效的动态评定等机制在细节上进一步优化了法务投资运行管理。可以说，法务投资在风险权益绑定模式基础之上，以职能化协作为运行框架、以精细化机制为运行配套，构建了多层次的综合管理体系，从而为打造具体项目最佳品质提供了制度基础。对法务投资对象而言,虽然其并非全程介入具体法务投资项目的运营管理,但是合理的商业模式和精细的管理机制无疑是法务投资更为可信的品质保障。

总之,法务投资通过导入更多法务经济要素并在内部发生化学反应,为在更高维度、更广领域解决法务投资对象根本需求创造了基础条件,风险绑定、权益绑定的商业模式构建了信任基础,而精细的管理机制则为具体项目实施建立了品质保障。可以说,法务投资的顶层设计既是 CLEAR 法务经济理论的具体实践,也是 CLEAR 法务经济理论对于法务市场现实需求的创新回应。

二、法务投资的基础元素

作为创新法务经济模式,法务投资不仅需要导入法务技术、法务资本、法务情报、法务科技、法务人才、法务管理等法务经济要素支持项目实施,同时需要借助法务经济资源提升项目实施的效能。

在法务投资中,法务管理是顶层要素,法务技术和法务资本是核心要素,而法务人才、法务情报和法务科技则是基础要素。法务投资需要导入诸多法务经济要素、开展各项法务经济措施、包含若干法务经济模块,是一项多要素、多措施、多模块的系统工程,因此,法务管理就成为非常重要的顶层要素,并将在很大程度上决定法务投资项目的整体效能。在法务投资中,法务技术贯穿于各项法务经济措施和各个法务经济模块,是核心要素之一。法务资本同样是法务投资的核心要素,不仅被用于支持导入各种法务经济要素、开展各项法务经济措施,还将被用于支持法务投资主体建设、法务投资系统运营等诸多领域。法务人才是具体管理法务经济要素、开展法务经济措施的特定人员,法务情报是法务投资主体决策具体法务经济措施的重要支撑,而法务科技则为法务经济要素管理和法务经济措施开展提供基础支撑,三者都是法务投资的基础法务经济要素。

从社会经济的角度来看,法务投资是一项特殊的投资活动,加上法务经济收益的“结果型”特征,法务投资主体必须考虑投资风险、投资效益等问题。因此,法务情报、法务科技、法务人才、法务管理等法务经济要素不仅需要支持解决法务投资对象根本需求，还需要兼顾投资活动，管控法务投资资本的投资风险，提高法务投资资本的投资收益。例如，法务情报是法务投资主体决策具体法务经济措施的重要依据，不仅需要为解决法务投资对象根本需求提供支撑，而且需要从法务投资主体角度出发，将法务投资对象的结算能力、结算意愿、结算干扰等作为重要关注点，为法务投资主体管控投资结算风险提供决策依据。

基于法务投资具有的投资属性，法务投资主体同样需要合理利用法务经济资源，缩短法务投资项目实施周期，从而提高法务投资资本的整体效能，这对于法务投资资本的快速积累乃至法务投资主体的良性发展都将产生积极影响。

三、法务投资的具体措施

法务投资的直接目的是解决法务投资对象的根本需求，因此，法务投资主体需要在合法前提之下，依托各种法务经济要素，综合采取法务战略、法务诉讼、法务谈判、法务商业等各项法务经济措施。

诚然，诉讼领域是法务投资较为常见的应用领域，法务诉讼也是法务投资中重要的法务经济措施之一，但是从根本上说，法务诉讼只是法务经济工具而非法务经济目的，更非唯一的法务经济措施。当然，此处并非否定法务诉讼的重要价值，而是为了避免产生“法务投资就是投资帮人打官司”的误解。传统经济活动出现运行异常往往都是综合因素所致，各种因素在动态发展过程中不断变化、相互影响。法务投资主体积极介入其中并成为重要因素，完全可能依托诸多法务经济要素开展法务战略、法务诉讼、法务谈判、法务商业等各种法务经济活动，平衡各种影响因素，从而修复传统经济活动运行异常。需要强调的是，法务战略、法务诉讼等各种法务经济措施并非界限分明、孤立应用，而是交叉融合、相互支撑、综合利用。

四、法务投资的职能系统

为了有效管理法务经济要素、高效开展法务经济措施，同时匹配法务投资活动的模块化运行、产业化发展，法务投资主体一般需要建立项目决策系统、法务营销系统、风险评估系统、法务资本系统、项目执行系统、法务情报系统、法务科技系统等若干职能系统，配置职能化的法务人才，协同实施具体的法务投资项目（见图 14－1）。

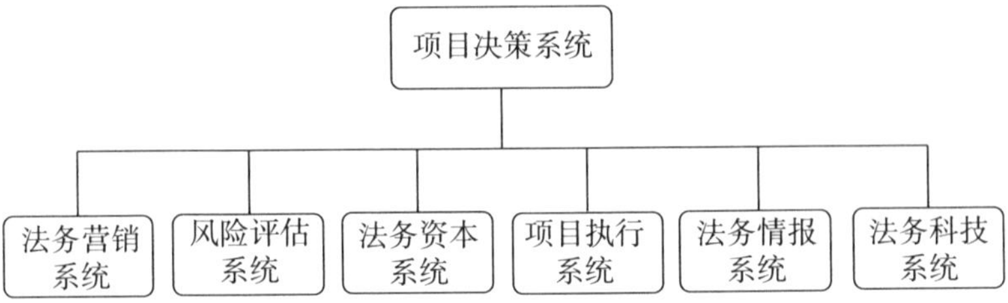

图 14－1 法务投资的职能系统

作为一种创新法务经济模式，法务投资不仅需要导入法务技术、法务资本、法务情报、法务人才、法务科技、法务管理等诸多法务经济要素，而且需要开展法务战略、法务诉讼、法务谈判、法务商业等各项法务经济活动，单一的诉讼律师显然无法有效承载和管理全部法务经济要素，也难以主导和开展所有法务经济措施。此外，法务投资项目实施涉及诸多领域，整个法务投资活动需要模块化运行，从而实现产业化发展。这些都要求法务投资主体建立职能化的法务经济系统、配置职能化的法务经济人才，模块化、职能化协作实施法务经济项目。

在整个法务投资职能系统中，项目决策系统居于顶层位置，负责整个法务投资项目的宏观决策。法务营销系统处于整个法务投资活动链条的最前端，直接面对潜在法务投资对象，主要负责筛选潜在法务投资项目并与潜在法务投资对象建立业务意向。风险评估系统需要在保持相对独立的情况下，针对潜在法务投资项目的法律风险和投资风险进行综合评估，为后续实施法务投资项目提供风险指引。法务资本系统不仅需要管理法务投资建设资本和法务投资运营资本，支持各个职能系统进行基础建设和基础运营，而且需要管理法务投资项目资本，支持项目执行系统具体实施法务投资项目，此外还需要管理法务投资发展资本，支持法务投资主体的持续发展。项目执行系统主要负责开展各项法务经济措施，推进法务投资项目实施。法务情报系统主要负责开展法务情报业务，为项目决策系统、法务营销系统、项目执行系统等其他职能系统提供法务情报产品，支持其决策具体法务经济措施。法务科技系统是法务科技要素的管理者，主要负责开发、维护法务科技平台，支持法务投资活动的高效组织运行。

为了匹配法务投资活动的精细化发展，法务投资职能系统需要进一步细分为不同的次级系统，并配置相应的法务投资人才。例如，对于潜在法务投资项目，法务投资主体既需要评估其法律风险，又需要评估其投资风险，但是两者有着不同的侧重方向，因此，风险评估系统需要进一步细分为法律风险评估系统和投资风险评估系统，分别配置法律风险评估人才和投资风险评估人才。

五、法务投资的基本流程

法务投资是一项综合性系统工程，需要遵循基本的业务流程，主要包括前期营销环节、风险评估环节、方案制定环节、成员配备环节、资本配置环节、项目执行环节、项目结算环节、实效评定环节和收益分配环节。之所以设置诸多业务环节，既是法务投资职能化、产业化发展的需要，也是法务投资主体管控法务经济风险的要求（见图 14－2）。

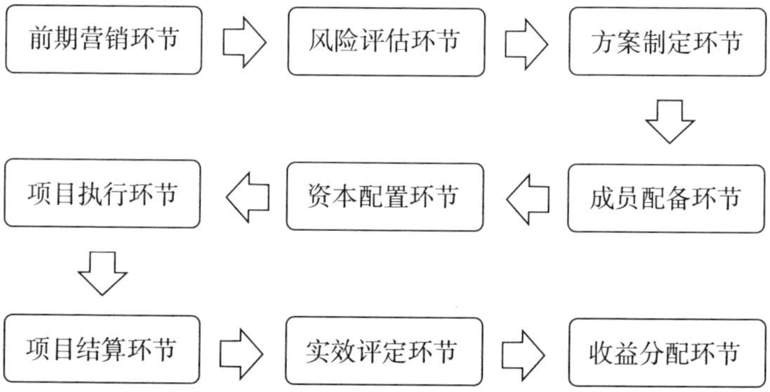

图 14－2　法务投资的基本流程

作为一种创新法务经济模式，法务投资同样需要遵循商业交易规则，通过前期营销发现潜在法务投资项目，这也是实施具体法务投资项目的前提基础。当然，在法务资本、法务情报、法务科技综合支持之下，法务投资主体可以相对更为主动、更为高效地实施法务营销活动。对于潜在法务投资项目，法务投资主体并非是不加选择地直接进入具体实施阶段，而是需要开展法律风险评估和投资风险评估，确定其风险内容及等级，为筛选适合的法务投资项目及后续运行管理提供重要参考。需要延伸说明的是，法务投资只是一种法务经济模式，在适用领域上必然存在局限性，对于被法务投资排除在外的法务经济项目，完全可以由法务经济主体采用其他法务经济模式加以实施。对于符合基础标准的法务投资项目，法务投资主体需要在风险评估基础之上制订具体方案，指导后续配置法务经济要素、开展法务经济措施。对于法务投资人才而言，同样需要实现职能化、专业化发展，这也要求法务投资主体应当根据项目的领域、类型、地域等具体情况，优选适合的管理律师、情报律师、诉讼律师、谈判律师、资本律师等法务人才协作实施具体项目。资本配置是法务投资项目实施中的重要环节，绝非只是简单地拨付项目所需资金，而是法务投资主体根据法务产业资本、法务私有资本、法务金融资本等具体状况，在兼顾法务投资项目实施和法务投资主体发展的基础上，综合管理法务项目资本的一项专业活动。鉴于本章将专节论述法务资本管理，故不对此作详细阐述。项目执行是整个法务投资项目实施中最为复杂、最为核心的环节，直接决定了法务投资项目的品质。虽然并不存在完全相同的法务投资项目，更不存在完全相同的项目执行路径，但是法务投资主体完全可以而且应当建立稳定、有效的执行机制，在流程控制层面实现标准化，为法务投资的产业化奠定基础。在项目执行完毕之后，法务投资对象已然实现了预期目标，但是法务投资主体尚未实际取得收益。因此，法务投资主体需要在项目结算环节管控法务投资对象的结算风险，完成法务投资资本循环。当然，管控法务投资对象的结算风险并不仅存在于项目结算环节，而是贯穿法务投资项目实施的整个过程。实效评定是在完成项目结算之后，法务投资主体针对职能系统和法务人才进行的绩效评定。虽然实效评定并不直接作用于具体的法务投资项目，却是分配项目收益的重要依据，也是法务投资主体在后续项目实施中进行成员配置的主要参考。在收益分配环节，法务投资主体以前期资本配置方案为主要依据并兼顾实效评定结果，将项目最终收益分配至职能系统和法务人才。合理的收益分配不仅有利于法务产业资本积累,而且有利于法务投资人员发展。需要说明的是,前述基本流程只是简化的理论模型,法务投资项目实施并非是线性活动,各个环节完全可能存在循环反复。

法务投资项目模块化运行是法务投资主体职能化发展的自然结果,也是法务投资主体管控法务经济风险的内在要求,同时也为法务投资产业化发展奠定基础。在法务投资项目实施中,不同业务环节是由相应的职能系统加以主导的。例如,风险评估环节是由相对独立的法律风险评估系统和投资风险评估系统主导实施,资本配置环节的主导者则是法务资本系统。可以说,法务投资主体的职能化发展为法务投资模块化运行创建了前提基础。需要说明的是,法务投资主体职能化发展的立足点并非是法务投资流程的分段处理,而是以法务经济要素为中心构建的职能模块。例如,法务情报是法务投资活动中极为重要的基础要素,法务投资主体需要围绕法务情报构建专门的法务情报系统,对法务情报进行职能化管理并支持法务投资活动,因此,法务情报系统将会参与到法务投资项目实施的各个环节。换言之,法务投资主体职能化发展为法务投资项目模块化运行提供了绝佳条件。同时,诸多业务模块之间并非是机械割裂的,而是在整体职能协作基础之上实现相互制衡,系统管控法务投资潜在风险。例如,风险评估、方案制定、项目执行三个环节虽然相对独立,但是方案制定需要以风险评估为基础,项目执行又需要以方案制定为依据,各个模块有效过滤、分解了法务投资潜在风险。此外,模块化运行在千姿百态的法务投资项目之上构建了标准的操作流程,为法务投资项目产业化发展构筑了基础环境。

六、法务投资的理论比较

单纯从收益方式角度来看,法务投资与风险代理似乎并无明显区别,只不过诉讼费用的负担主体由传统法务对象转变为法务投资主体,极易错误地认为法务投资是风险代理的“改进版”。事实上,法务投资与风险代理在主体性质、法务要素、法务措施等方面有着巨大区别,两者在本质属性上存在根本差异。

首先,法务投资主体与风险代理主体在性质上存在区别。正如前文所述，法务投资主体是法务经济主体，在保持法律服务属性的同时，更加强调社会经济属性。正因如此，法务投资主体可以具备更多法务经济思维、管理更多法务经济要素，在更为广阔的法务经济层面运行。反观风险代理主体，其只是在收费模式上区别于一般代理，这种改变固然可以激发风险代理主体的能动性，但是并未因此而从实质上改变自身的法律服务主体性质，导致其在运行上依然局限于法律服务层面。

其次，法务投资主体与风险代理主体在法务要素上存在区别。作为法务经济主体，法务投资主体不仅能够承载而且需要配置更多法务经济要素，因此除了法务技术之外，法务投资主体同时需要配置法务资本、法务情报、法务科技、法务人才、法务管理等其他法务经济要素，而这些法务经济要素相互融合、互为杠杆，为法务投资主体实施项目提供了更多空间和支撑。对风险代理主体而言，其并不因为收费模式的改变而增配更多的法务要素，而是仍然将法务技术作为主要工具和手段，法务技术本身亦未因此而发生实质性改进。换言之，风险代理主体占有的法务要素并无变化，能够提供的依然是法务技术产品。

最后，法务投资与风险代理在法务措施上存在区别。在法务投资中，法务投资主体不再是单纯的法律服务主体，而是上升为法务经济主体，同时增配了法务资本、法务情报等更多法务经济要素，并且能够以此为支点实施法务诉讼、法务谈判、法务商业等更多法务经济措施，更易于实现法务投资对象的根本需求，创造更多法务经济价值。对风险代理而言，法务要素的单一性让整个法务活动缺少足够的空间和支点，法务诉讼依然是最为主要的法务措施。

总之，法务投资不仅是一种创新的法务经济模式，更是一个风险控制和要素管理系统。

第二节　法务投资资本

法务投资融合了诸多法务经济系统、法务经济要素和法务经济措施，而法务投资资本则是其中不可或缺的核心法务经济要素，广泛应用于法务投资各个活动领域,发挥着不可替代的基础支撑作用。本节将在详细介绍法务投资资本的分类应用和平衡配置基础上,解读法务投资资本循环。

一、法务投资资本的分类应用

在法务投资活动模块化、产业化、精细化发展背景之下,法务投资主体应当向职能化、专业化方向发展,而法务投资资本则需要实现多层级细分应用,匹配法务投资活动和法务投资主体的发展需求。法务投资资本可以分为法务投资建设资本、法务投资运营资本、法务投资项目资本和法务投资发展资本,分别支持法务投资主体的基础建设、系统运营、项目实施和持续发展,而每一类型的法务投资资本又可以细分为不同类别(见图 14-3)。

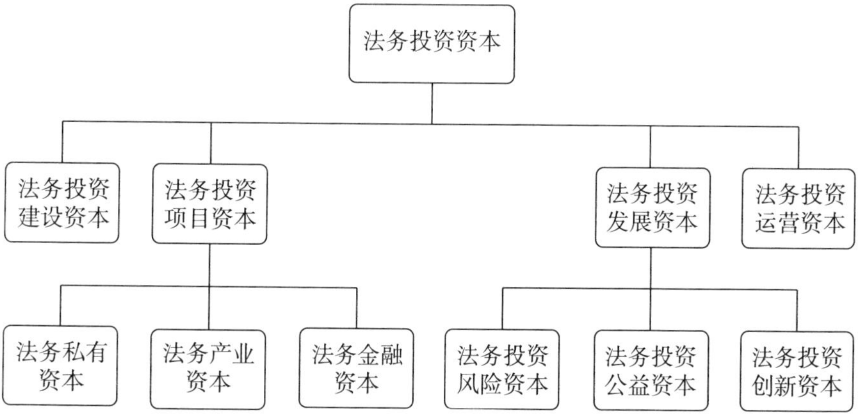

图 14-3 法务投资资本的分类应用

(一)法务投资建设资本

法务投资建设资本主要用于支持法务投资的基础建设,为实施法务投资项目提供间接支撑。根据具体应用领域的不同,法务投资建设资本可以细分为法务投资主体建设资本和法务投资要素建设资本,分别用于支持法务投资主体建设和法务经济要素建设。

在法务投资中,法务投资主体建设资本用于支持项目决策系统、法务营销系统、风险评估系统、法务资本系统、项目执行系统、法务情报系统、法务科技系统等职能系统建设。鉴于本书已在法务资本与法务经济主体一章对相关内容进行了较为详细的论述,此处不再赘述。需要略加说明的是,基于法务投资具有的投资属性,法务投资主体需要在法务投资主体建设资本支持下,专门建立职能化的风险评估系统,对潜在法务投资项目进行法律风险评估和投资风险评估,并为后续具体实施法务投资项目提供风险指引。

法务投资要素建设资本主要用于支持法务技术、法务情报、法务科技、法务人才等法务经济要素建设,进而支持法务投资项目实施。基于法务投资具有的投资属性,法务投资情报、法务投资人才等同样具有特殊性。例如,法务投资主体的收益是“结果型、轮候式”收益,因此法务投资主体必须配置定制化的法务资本人才,一方面需要管理法务投资项目资本并支持项目实施,另一方面又需要管理法务投资对象,支持法务投资项目顺利结算。对于法务投资要素建设资本而言,就需要定向支持法务资本人才的培育和管理。

基于法务投资建设的基础性特征,法务投资建设资本主要来自法务投资主体自身所有的法务产业资本。在整个法务经济生态较为成熟之时,法务金融资本也将成为法务投资建设资本的重要来源,有利于加速法务投资活动产业化发展。

(二)法务投资运营资本

法务投资运营资本主要用于支持各个法务投资职能系统的基础运营。

为了支持具体项目实施,法务投资职能系统需要始终处于运营状态,完成基础性、辅助性工作。例如,法务营销系统需要在法务科技、法务情报等支持下,从法务市场广泛获取潜在法务投资项目;风险评估系统需要在立项前针对潜在法务投资项目,相对独立地开展法律风险评估和投资风险评估,在筛选法务投资项目基础上为后续具体实施提供风险指引;法务科技系统需要为整个法务投资活动提供法务科技支持,开发、维护、创新法务科技平台等。这些活动并不直接作用于具体的法务投资项目,甚至并不必然为法务投资主体带来法务投资项目,但是对于整个法务投资活动同样十分重要。因此,法务投资主体需要持续性投入法务投资运营资本,支持法务投资职能系统开展基础运营。

法务投资主体必须考虑具体项目实施的边际成本问题,因此需要推进法务投资项目的规模化、产业化发展，降低具体项目实施的边际成本，提高法务投资运营资本、法务投资建设资本等边际效益。当然，在法务投资项目规模化、产业化发展越过临界点之后，法务投资主体就应当继续增加法务投资建设资本和法务投资运营资本，进入下一个发展周期。

法务投资运营同样具有基础性特征，因此，法务投资运营资本与法务投资建设资本一样，主要来自法务产业资本和法务金融资本，并不适宜让法务私有资本介入。当然，在法务经济发展初期，法务产业资本将是法务投资运营资本最为主要的来源。

（三）法务投资项目资本

法务投资项目资本主要用于支持项目执行系统管理特定法务经济要素、开展具体法务经济措施。根据初始来源的不同，法务投资项目资本可以细分为法务私有资本、法务产业资本和法务金融资本（见图 14－4）。

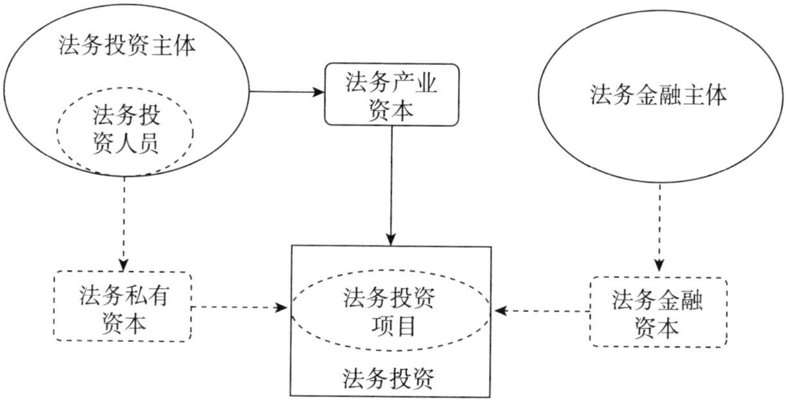

图 14－4　法务投资项目资本的细分

在法务投资中，法务投资建设资本用于法务经济系统建设和法务经济要素建设，法务投资运营资本则用于保障法务经济系统的基础运营，两者并不直接指向具体的法务投资项目。与此不同，法务投资项目资本则是直接投向具体的法务投资项目，用于支持法务投资主体管理特定的法务经济要素、开展具体的法务经济措施，推动实现法务投资项目预期目标。例如，在某个实现债权的法务投资项目中，法务投资主体一方面将部分法务投资项目资本用于开展法务情报业务，从而获取法务投资彼方情报，另一方面在前述法务情报产品支持下,将部分法务投资项目资本用于开展法务谈判,最终实现预期法务投资目的。从具体法务投资项目的视角来看,法务投资建设资本和法务投资运营资本是隐性的、间接的,而法务投资项目资本则是显性的、直接的。

法务产业资本是法务投资项目资本中极为重要的组成部分。虽然法务投资活动能够获得诸多法务经济要素支持,但是其本身即具有显著的投资属性,法务投资项目实施存在诸多变量,法务投资项目资本必然需要面对各种潜在风险。法务产业资本完全属于自身所有,具有更强的风险抗压能力,而且也需要以法务投资项目实施为支点,在资本循环中实现自身规模积累。在法务经济发展初期,法务私有资本不仅规模较小而且抗风险性相对较低,法务金融资本尚未形成,因此,法务产业资本成为法务投资项目资本的主要组成部分。即便在法务投资产业化发展时期,法务产业资本仍将是法务投资项目资本的重要组成,并成为法务金融资本介入法务投资项目的信用支点。

法务私有资本源于法务投资人员和项目执行成员,以法务众筹或法务担保的方式暂时介入具体法务投资项目实施,成为法务投资项目资本的有益补充。在法务投资发展初期,一方面,法务产业资本需要支持法务投资主体建设、法务经济要素建设等诸多活动,法务投资项目资本面临相对不足的困境;另一方面,法务投资活动标准化程度相对较低,法务人才的能动性将会对法务投资活动品质产生较大影响。因此,法务投资主体需要积极导入法务私有资本,这一方面是为了弥补法务产业资本相对不足,促进法务投资项目实施规模化发展,另一方面是为了实现项目执行成员与具体法务投资项目的风险权益绑定,提高法务投资项目实施品质。在法务投资产业化发展时期,法务产业资本规模迅速壮大,法务金融资本的积极介入将进一步充实法务投资项目资本规模,法务众筹资本的货币价值将大为降低,加之法务投资活动标准化程度的提升,法务担保资本的管理价值亦将相对弱化,法务私有资本在法务投资项目实施中的应用将大为萎缩,但是仍将在特殊法务投资项目实施或者特定职能领域中发挥一定的管理功能。

在法务经济成熟期,法务金融资本将积极介入法务投资领域,成为法务投资项目资本的重要组成部分,加速法务投资产业化发展。对于法务金融资本而言,虽然法务投资项目存在较大差异,但是法务投资本身是标准化的法务经济产品,也是理想的投资领域。法务投资主体虽然积累了一定规模的法务产业资本,但是仍然需要扩大法务投资项目资本规模,加速法务投资产业化发展。因此,法务金融资本将会在法务投资主体和法务金融主体共同推动下,积极介入法务投资领域并成为法务投资项目资本的重要组成部分。

(四)法务投资发展资本

法务投资发展资本主要用于支持法务投资主体开展风险对冲、公益项目、创新研究等特定活动,促进法务投资主体良性、持续发展。根据具体功能的不同,法务投资发展资本可以细分为法务投资风险资本、法务投资公益资本、法务投资创新资本等不同类别。

法务投资风险资本来源于法务投资主体所有的法务产业资本,相对独立于其他法务投资资本,用于对冲法务私有资本和法务金融资本在法务投资项目中的损失风险。在法务投资商业运营中,法务投资主体虽然能够获得各种法务经济系统和诸多法务经济要素的综合支持,但是不可避免地会存在各种风险,特别是在单个法务投资项目实施过程中,无论是法律风险还是投资风险都可能转化为现实危害,减损法务投资主体预期收益,甚至影响法务投资主体的良性发展。例如,虽然整个法务投资项目进展可能都极为顺利,法务投资对象业已完全实现其预期利益,但是只要法务投资对象拒不依约完成项目结算,法务投资主体就可能面临投资周期被迫延长甚至无法实现投资收益的不利后果,甚至因此而陷入发展困境。因此,法务投资主体需要设立一定规模的法务投资风险资本,对冲商业运营中出现的不确定性风险,保持法务投资主体良性发展。显而易见,设置法务投资风险资本必然会减少法务产业资本在其他领域的份额,影响法务产业资本整体收益率,因此,法务投资风险资本规模并非越大越好。对于法务投资主体而言,其需要根据自身基础能力条件、整体法务投资项目实施情况、具体法务投资项目风险等级、法务投资项目资本组合类型等具体情况,合理设置并动态调整法务投资风险资本总体规模,在保证有效对冲法务众筹资本和法务金融资本潜在风险基础之上，积极提高法务产业资本整体效能。

法务投资公益资本专门用于支持公益性法务投资项目实施，同样直接来自法务产业资本并相对独立于其他法务投资资本。诚然，法务投资是一项法务经济活动，需要追求投资价值和法律价值。但是，作为更具法务经济属性的一类社会经济主体，法务投资主体理应承担更多的社会责任。因此，法务投资主体需要建立法务投资公益资本，支持公益性法务投资项目实施。延伸一点，在公益性法务投资项目中，虽然法务投资主体并不以实现投资收益为目标，但是也并不会因此降低项目实施标准，仍然会尽力维护法务投资对象的既有利益、刚性利益、柔性利益、增益利益和关联利益。换言之，公益性法务投资项目与一般法务投资项目在运营管理上并无本质区别。

法务投资创新资本主要来源于法务产业资本，用于支持法务投资主体进行要素创新、产品创新、商业创新等活动。作为一种创新法务经济产品，法务投资必然需要在商业实践中持续创新完善，从而回应法务投资市场需求变化、适应法务经济生态整体发展。法务投资创新资本是要素创新、产品创新、商业创新等法务投资创新活动的必要支持，对于法务投资主体的持续发展极为重要。

二、法务投资资本的平衡配置

法务投资资本是法务投资的核心法务经济要素，广泛应用于法务投资活动的诸多领域。对于法务投资主体而言，其既需要在法务投资资本的宏观层面平衡配置法务投资建设资本、法务投资运营资本、法务投资项目资本和法务投资发展资本，促进法务投资主体持续发展，又需要在法务投资项目资本的微观层面平衡配置法务私有资本、法务产业资本和法务金融资本，支持法务投资项目高效实施。

（一）法务投资资本的宏观平衡配置

虽然法务投资活动的最终目标是实施具体项目并实现预期法务经济目的，但是实施法务投资项目需要具备必要的基础条件，法务投资主体同样需要获得良性的持续发展，这些都离不开法务投资资本的基础支持。在法务投资资本规模有限的背景下，法务投资建设资本、法务投资运营资本、法务投资项目资本、法务投资发展资本之间需要平衡配置，避免任何一项成为整个法务投资的发展“短板”（见图14－5）。

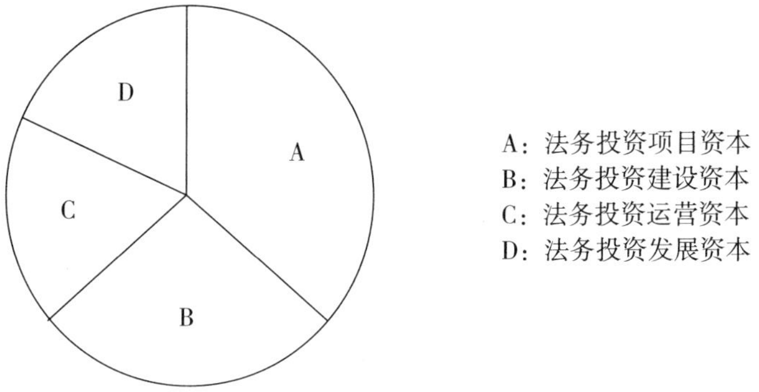

图14－5　法务投资资本的宏观平衡配置

法务投资资本的宏观平衡配置并非简单同步、平均配置各项法务投资资本。在整个法务投资活动中，各个领域不仅存在逻辑上的先后顺序，而且对于法务投资资本的需求规模亦不完全相同。一般而言，法务投资主体需要先行投入法务投资建设资本，构建实施具体项目的基础环境，同时适当投入法务投资运营资本，维持法务经济系统基础运营。在此基础之上，法务投资主体需要投入较大规模的法务投资项目资本，快速推进法务投资资本积累。与此同时，法务投资主体需要依托法务投资资本积累建立法务投资风险资本、法务公益资本、法务投资创新资本，并继续加大法务投资建设资本和法务投资运营资本投入，保障法务投资主体良性、持续发展。

由于法务投资主体自身体量、具体项目资本需求、原始法务投资资本规模等可能存在较大差异，加之法务投资主体自身亦在持续发展之中，因此，各项法务投资资本并无固定比例，且需要法务投资主体不断进行动态调整。一般而言，法务投资主体在发展初期应当适度增加法务投资建设资本、法务投资运营资本和法务投资风险资本比例，在发展中期需要适当增加法务投资项目资本、法务投资公益资本、法务投资创新资本比例，在发展成熟期则可以适度减少法务投资建设资本和法务投资风险资本比例。

（二）法务投资项目资本的微观平衡发展

在法务投资项目实施中，法务投资主体不仅需要将自身所属的法务产业资本投入其中，而且为了实现精细化管理和产业化发展，同样需要积极导入法务众筹资本、法务担保资本、法务金融资本等其他法务投资项目资本。基于投资获益、规避风险的天然属性，其他法务投资项目资本在促进法务投资项目实施的同时，不可避免地会对法务产业资本产生消极影响，甚至给法务投资主体良性发展带来潜在风险。因此，法务投资主体需要平衡配置各项法务投资项目资本，在有效管控潜在风险的基础上积极促进法务投资活动的开展。

法务产业资本居于核心主导地位是法务投资项目资本平衡发展的重要基础。法务产业资本是法务投资资本的核心组成，决定了整个法务投资活动的良性、持续发展，不仅应当积极介入具体项目实施并始终处于主导地位，避免法务私有资本主体和法务金融主体的非专业干扰，合理管控法务众筹资本、法务担保资本、法务金融资本的消极影响和潜在风险，而且应当在上层结构设计中强化自身主导性，广泛、深度支持整个法务投资活动并保持其根本属性。例如，法务产业资本应当相对独立地设置一定规模的法务投资风险资本，不仅可以维护法务私有资本和法务金融资本利益，而且能够对冲两者的潜在风险，保障法务投资主体持续发展。此外，法务产业资本通过支持法务经济系统建设等方式，为法务私有资本和法务金融资本介入具体项目提供了间接支撑，而这也是法务私有资本和法务金融资本所不具备的隐性价值。当然，法务产业资本不仅需要借助法务担保资本实现精细化管理，而且需要借助法务众筹资本和法务金融资本加速产业化发展。

诚然，法务担保资本对于具体法务投资项目实施同样具有一定的货币价值，但是管理纽带才是其核心价值。因此，法务担保资本是法务投资项目资本中重要的组成部分，法务众筹资本、法务金融资本并不能够取而代之。从根本上说，法务担保资本平衡配置的主要参照标准并非法务产业资本或者法务众筹资本、法务金融资本的绝对规模，而是法务担保资本主体自身。换言之，法务资本系统需要根据项目执行成员的投资能力、投资意愿等因素，合理设置法务担保资本的具体标准。

法务众筹资本与法务担保资本正好相反，虽然也是链接法务投资人员与具体项目实施的管理媒介，但是货币功能才是其主要价值。在本质上，法务众筹资本就是法务金融在法务投资项目实施中的特殊形态。当然,具体法务投资项目实施必然带有不确定性风险,法务投资主体可能未能实现预期收益,法务投资人员亦可能因此而蒙受损失。此外,法务众筹资本介入法务投资项目的重要目的就是追求投资获益,势必会分割法务投资项目收益,减缓法务产业资本积累。此外,法务众筹资本也需要借助具体项目实施完成自身积累,以更大的基础规模匹配法务投资项目的规模化、产业化发展。因此,法务众筹资本应当作为法务产业资本的有益补充,适度参与具体法务投资项目实施。

法务金融资本将为法务投资产业化加速发展提供重要支持,但是也将给法务投资主体发展带来潜在风险。区别于法务私有资本主体的是,法务金融主体与法务投资主体之间并无其他纽带,主要是暂时性让渡货币价值并获取投资收益。对于法务投资主体而言,固然可以在杠杆作用之下规模性导入法务金融资本,很好地弥补法务产业资本相对不足,但是这也同时意味着潜在风险亦被杠杆放大。因此,法务金融资本并非多多益善,法务投资主体需要根据法务产业资本规模等因素合理配置法务金融资本。需要说明的是,法务众筹资本与法务金融资本具有更为相似的属性特征,或者说法务众筹资本即是法务金融在法务投资项目实施中的特殊形态,因此两者必然存在一定重叠。基于自身与法务投资主体的天然关联,法务众筹资本更易于被导入具体项目实施。相较而言,法务金融资本更加具有规模优势,更适宜对接法务投资项目实施的产业化发展。因此,在法务投资主体不断规模化、产业化发展的背景下,法务众筹资本和法务金融资本在总体发展上处于此消彼长的状态。当然,法务众筹资本兼有促进法务投资主体良性发展的功能,在同等条件下应当被优先选择。

总之,在法务投资项目实施中,应当以法务产业资本为主导,保持法务产业资本、法务众筹资本、法务担保资本、法务金融资本的平衡发展,一方面支持法务投资主体的职能化发展,另一方面促进法务投资项目实施的精细化管理和产业化发展。

三、法务投资资本循环

基于自身的资本属性，法务投资资本同样需要追求价值创造。法务产业资本在支持法务经济系统建设、法务经济要素建设、法务经济系统运营基础之上，同时支持具体法务投资项目实施，实现法务投资项目收益并完成自身循环。其间，法务私有资本和法务金融资本亦会选择性介入法务投资项目等领域，支持法务投资活动开展并实现自身增殖（见图14－6）。

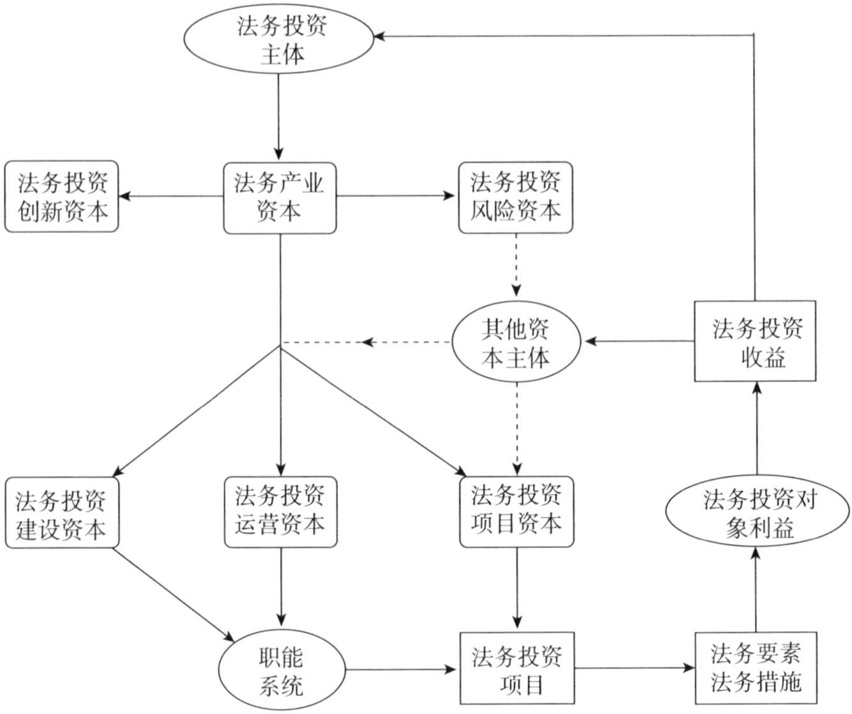

图14－6　法务投资资本循环

法务经济系统、法务经济要素是实施法务投资项目的前提基础，因此，法务投资主体首先需要依托法务产业资本，配置法务投资建设资本和法务投资运营资本，建立法务经济系统并支持其基础运营，同时培养和管理法务技术、法务人才、法务科技等法务经济要素。在此过程中，法务投资建设资本和法务投资运营资本转化为法务投资主体的组织机构、商业平台等“基础资产”,并逐步转化至若干法务投资项目。在法务经济成熟期,法务金融主体完全可能将法务金融资本投向法务投资主体,协同法务产业资本转化为法务投资主体的“基础资产”。

在具体法务投资项目实施中,法务投资主体将法务产业资本投向法务经济要素生产领域,并在此基础上进一步转化为各项法务经济措施。在此阶段,法务经济人员和法务金融主体亦可能将法务私有资本、法务金融资本等投入其中,伴随法务产业资本同步转化。需要略加说明的是,这些法务经济经济要素和法务经济措经济施并非直接作用于法务投资对象,而是包括法务投资彼方在内的整个法务投资活动。换言之,法务投资对象并非这些法务经济要素和法务经济措施的直接需求者,这与传统法务活动并不相同。

在各项法务经济措施作用下,本已秩序异常的传统经济活动得以重构平衡、有序状态,法务投资对象乃至法务投资彼方等各方主体得以实现利益,法务投资主体则在法务投资对象取得利益之上实现了自身收益。在这一过程之中,法务投资资本转化为法务投资收益,并恢复至法务产业资本形态。在向法务营销人员、项目执行成员、法务投资人员、法务金融主体等各方参与主体支付法务投资项目收益之后,剩余法务产业资本被用以支持次轮法务投资项目实施、职能系统建设及运营等活动。

毋庸讳言,法务投资项目完全存在失败风险,法务投资主体并非每次都可以完全实现预期收益。在法务众筹资本、法务金融资本以储蓄型投资方式介入具体项目之时,法务投资主体即便未能取得预期收益,也仍然需要向法务投资人员、法务金融主体等支付约定投资对价。因此,法务投资主体需要依托法务产业资本建立法务投资风险资本,对冲法务投资项目失败的风险。此外,法务投资主体还需要依托法务投资创新资本,进行要素创新、产品创新、商业创新等法务投资创新活动,这些投入也将在长期的法务经济项目实施中完成资本循环。

总之,法务投资资本是法务投资活动的基础支撑,可细分为法务投资建设资本、法务投资运营资本、法务投资项目资本、法务投资发展资本等诸多类型,能够平衡配置并应用于基础建设、系统运营、项目实施、创新发展诸多法务投资活动,在具体法务投资项目实施中实现资本循环。

第三节　法务投资项目资本

法务投资项目资本包括法务产业资本、法务担保资本、法务众筹资本、法务金融资本等诸多法务资本类型，是法务投资项目实施的核心要素，在多个维度和领域为后者提供必要支持。本节将从法务投资项目实施的视角着眼，详细论述法务投资项目资本的配置管理、拨付管理、分配管理和风险管理。

一、法务投资项目资本的配置管理

法务投资项目资本是实施具体法务投资项目必不可少的法务经济要素，配置法务投资项目资本并非简单地调拨资金，而是一项关联诸多因素的精细化管理，需要法务资本系统在评估法务投资项目、法务投资主体、其他资本主体等多项因素基础之上，确定法务投资项目资本的组成类别、构成比例、收益类型、增资预案等内容，并按照设定方式筹集法务投资项目资本（见图14－7）。

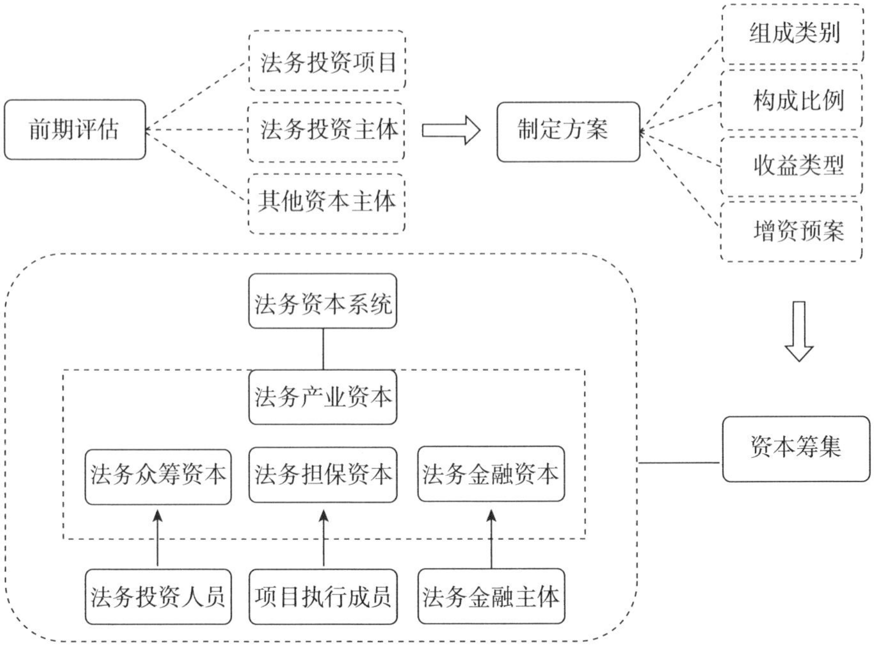

图14－7　法务投资项目资本的配置管理

（一）法务投资项目资本的配置评估

法务投资项目资本配置的合理性不仅直接影响具体法务投资项目实施，而且可能会影响法务投资主体的持续发展。因此，在配置法务投资项目资本过程中，法务资本系统不仅需要全面评估法务投资项目本身，还应当充分考量法务投资主体、其他资本主体等诸多因素。

对于法务资本系统而言，法务投资项目本身是配置法务投资项目资本最为重要的依据，需要全面评估项目类型、投资总额、投资周期、预期收益、项目风险等内容，综合评判法务项目资本配置。例如，对于项目风险相对较高的法务投资项目，显然应当给付法务私有资本更高的投资收益，但是为了保护法务众筹资本基本利益，一些较高风险的法务投资项目就需要限制法务众筹资本以风险式投资介入，乃至直接将其排除在高风险项目之外，代之以投入更多法务产业资本支持项目实施。

法务投资主体不仅主导开展各项法务经济措施，而且需要直接投入法务产业资本，因此，法务投资主体本身就成为配置法务投资项目资本的重要参考依据。具体而言，法务资本系统必须对法务投资主体自身的法务产业资本规模、项目实施综合能力、法务投资项目总量等作综合评估。例如，在发展初期，法务投资主体相对缺乏项目实施经验，管控其他法务项目资本的能力也相对偏弱，因此，即便自身处于法务产业资本相对不足的困境，亦应当谨慎导入法务私有资本和法务金融资本。

对于法务资本系统而言，还需要了解法务经济人员、项目执行成员、法务金融主体等其他法务资本主体状况，评估其投资能力、投资意愿、风险偏好等，为导入法务私有资本和法务金融资本提供参考。以法务经济人员为例，其自身虽然具有良好的法务经济意识，但是必然受到法务私有资本规模限制，在不同时期对于法务投资项目的匹配能力并不一致。当法务经济人员已经通过法务投资项目实现利益时，其显然具有更为良好的投资能力，能够在更大规模上匹配法务投资项目需求。

总之，在实施具体法务投资项目之前，法务资本系统需要先行评估法务投资项目、法务投资主体、其他法务资本主体等因素，为制定具体的法务项目资本配置方案提供依据。从某种意义上讲，法务投资主体及法务投资项目等因素决定了如何配置法务项目资本，但是从另一个角度来看，配置评估又是从法务资本角度管理这些影响因素，为法务投资项目高效实施构建了基础环境。

(二)法务投资项目资本的配置方案

在前期配置评估基础之上，法务资本系统应当制定法务投资项目资本配置方案，确定法务投资项目资本的组成类别、构成比例、收益类型、增资预案等主要事项，为后续法务投资项目资本筹集等提供指引(见表14－1)。

表14－1　法务投资项目资本的分类管理

内容	法务产业资本	法务担保资本	法务众筹资本	法务金融资本
组成必要	是	是	否	否
整体占比	占据主导	不宜过低	适当补充	合理利用
投资方式	风险式	风险式	风险式/储蓄式	风险式/储蓄式
收益比率	—	浮动式	固定式	固定式
分配顺序	居后	居中	优先	优先
风险负担	自担	自担	自担/对冲	自担/对冲

首先，法务资本系统需要确定法务投资项目资本的组成类别。法务投资项目资本可以细分为法务产业资本、法务担保资本、法务众筹资本和法务金融资本，但是并非每个具体项目都适合采取标准的混合模式，而是需要根据法务投资项目等因素进行灵活组合。法务产业资本是法务投资项目资本的必要组成主体，不仅能为具体项目实施提供资金支持，也是法务投资主体进行系统管理的重要基础。法务担保资本具有独特的管理价值，是项目执行成员与具体项目之间实现风险绑定、权益绑定的重要纽带，因此同样是不可或缺的法务投资项目资本类别。就法务众筹资本和法务金融资本而言，二者固然可以充实法务投资项目资本规模，对于法务投资产业化发展也十分重要，法务众筹资本还同时具有一定的管理价值，但是两者也会在一定程度上会影响法务投资主体系统管理、延缓法务产业资本积累、增加法务投资风险资本压力等。因此，法务资本系统需要综合各种因素决定是否导入法务众筹资本或者法务金融资本。

其次,法务资本系统需要确定法务投资项目资本的构成比例。在法务投资项目资本混合模式中,法务资本系统需要合理设定每种法务投资项目资本的构成比例,依托精细化的结构设计,既充分利用法务投资项目资本的积极价值,同时又化解其消极影响。由于法务投资项目、法务投资主体、其他资本主体等存在差异,因此,法务投资项目资本在构成比例上并无固定模式。一般而言,法务产业资本应当占据主导,法务担保资本不宜过低,法务众筹资本予以适当补充,法务金融资本则不宜过高。

再次,法务资本系统需要确定法务投资项目资本的收益类型。由于法务担保资本、法务众筹资本、法务金融资本的混合导入,法务资本系统需要根据前期评估情况合理设定具体的收益类型,明确各种法务投资项目资本的投资方式、收益比率、分配顺序、风险负担等事项。在投资方式上,法务产业资本必然是风险式投资;为了实现绑定管理价值,法务担保资本同样应当是风险式投资;法务众筹资本和法务金融资本则可以根据风险偏好及其他因素,选择风险式投资或者储蓄式投资。在收益比率上,法务产业资本是兜底受益,并不存在该项问题;项目执行成员虽然实现了风险和权益绑定,但是仍然需要在实际绩效等微观层面作精细化管理,因此,法务担保资本一般采用浮动式收益比率;法务投资人员、法务金融主体并不直接参与项目实施,更适宜采用固定式收益比率。在分配顺序上,一般采用“法务金融资本和法务众筹资本优先,法务担保资本居中,法务产业资本最后”的分配方式,适度优先保护法务投资人员和法务金融主体的投资利益。在风险负担上,主要根据各种法务投资项目资本的投资方式加以确定,一般情况下均为各方主体自担风险,但是在法务投资人员和法务金融主体以储蓄式投资介入时,法务投资主体就需要以法务投资风险资本为保障,来对冲前者的投资风险。

最后,法务资本系统需要确定法务投资项目资本的增资预案。法务投资项目实施具有较强的不确定性,即便法务投资主体已经开展了周密的前期评估,仍然可能需要在项目实施过程之中追加投资。在法务产业资本规模较大或者法务金融资本、法务众筹资本较为充足的情况下,法务投资主体可以较为自如地应对后续增资及其影响,但是在不具备前述条件的情况下,法务资本系统更应当设计增资预案,以避免法务投资项目实施中出现休克现象。特别是在法务投资主体发展初期,法务投资主体相对缺乏主导项目实施的经验和能力,更容易忽视这一问题,面对后续增资需求也更可能因无法及时应对而陷入僵局。

(三)法务投资项目资本的资本筹集

在法务投资项目资本混合模式中,法务资本系统应当根据法务项目资本配置方案,筹集所需法务投资项目资本,各个法务项目资本主体需要及时、足额向法务资本系统完成资本交付。

法务投资项目往往需要经历较长的实施周期,所需资金可能需要阶段性支出,但是为了降低法务投资项目资本无法如期到位的风险,法务投资人员、项目执行成员、法务金融主体等应当根据筹集方案及时、足额交付资金,将法务投资项目资本完全置于法务资本系统有效管控之下。尤其是项目执行成员,虽然本身就是法务项目资本的最终使用者,但是法务资本系统才是法务项目资本的职能管理者,因此同样应当及时、足额交付法务担保资本,从制度上管控法务投资项目资本风险。此外,法务投资人员和项目执行成员及时交付法务私有资本并不只是改变了资金的占有状态,还从商业制度上确认了法务私有资本属性和双方投资关系,促使法务投资人员和项目执行成员以更为理性的态度对待法务投资项目资本使用,充分释放法务私有资本的管理价值。在法务投资发展初期或者外部协作成员加入的情况下,这一看似苛刻的制度设计对于法务投资项目实施极为重要。

对于法务投资主体而言,筹集的法务投资项目资本将会在一定时期停滞在法务资本系统,客观上将会降低资本效率。但是,对于发展初期的法务投资而言,适度舍弃法务投资项目资本效率将会更有利于保障法务投资项目实施。当然,在法务投资发展较为成熟之时,法务投资主体完全可以依托法务产业资本规模对法务投资项目资本进行宏观调配。

二、法务投资项目资本的拨付管理

在法务投资项目执行过程中,法务资本系统应当根据项目执行系统需求拨付所需资金,并在项目执行完毕之后清算法务投资项目资本。

在法务投资中，项目执行系统会开展法务诉讼、法务谈判等各项法务经济活动，是法务投资项目资本等各种法务经济要素的直接利用者。但是，为了形成相互制衡的管理架构并管控法务投资项目资本的使用风险，法务投资项目资本应当始终置于法务资本系统的直接管理之下，并根据项目执行系统需求予以拨付。此外，职能化管理看似增加了法务投资项目资本的流转程序，实际上却有利于减少项目执行系统的非核心事务干扰，提高项目执行的实质效能。

法务投资项目资本清算是后续分配项目收益的前提基础之一。在法务投资项目执行完毕后，法务投资项目资本可能仍有结余，法务资本系统应当及时清算，确定项目执行实际支出资金总额。对于法务投资人员和法务金融主体而言，个体收益以法务众筹资本或者法务金融资本作为确定基础，与法务投资项目资本清算并无直接关联，但是对于法务营销人员、项目执行成员等主体而言，个体收益是以项目实际收益作为确定基础的，因此必须以法务投资项目资本清算为前提之一。

三、法务投资项目资本的分配管理

通过支持法务投资项目实施，法务投资项目资本既要实现法务价值，也要在法务资本循环中实现投资价值。当然，法务投资项目资本只是推动法务投资项目实施的要素之一，需要按照既定规则从法务投资项目收益中分配对应收益。在微观层面，法务产业资本、法务担保资本、法务众筹资本、法务金融资本又需要确定分配顺序，而法务众筹资本、法务金融资本还需要建立风险对冲机制，保证实现预期收益。

（一）法务投资项目资本收益的主要基础

概括而言，法务投资项目资本收益是整个法务投资项目收益的一部分，而法务产业资本、法务众筹资本、法务担保资本、法务金融资本在收益基础上均存在较大差异。

法务投资项目收益是法务投资主体的综合性收益，法务投资项目资本收益则是其组成部分。对于法务投资主体而言，需要投入法务技术、法务资本、法务情报、法务科技、法务人才、法务管理等诸多法务经济要素，共同支持开展各项法务经济活动,并在实现法务投资预期目的基础之上取得法务投资项目收益。因此,从法务经济要素角度来看,法务投资项目收益包括法务资本收益、法务技术收益、法务情报收益、法务科技收益、法务人才收益、法务管理收益等不同类型,法务投资项目收益是标准的综合性收益。需要强调的是,法务投资项目资本是整个法务投资资本的组成部分,因此,法务投资项目资本收益只是法务资本收益中的一部分。

在法务投资项目资本中,法务产业资本、法务众筹资本、法务担保资本和法务金融资本在收益基础上并不相同。虽然从法务投资项目实施的角度来看,法务担保资本和法务众筹资本都具有一定的管理价值,但是从价值收益角度来看,两者取得的只是单纯的资本收益。至于法务金融资本,更是纯粹的资本收益。在法务投资中,法务产业资本既包括直接投向法务投资项目之中的法务投资项目资本,还包括投向基础建设、基础运营等领域的法务投资建设资本、法务投资运营资本等类别。法务投资项目资本之中的法务产业资本取得的也应当是单纯的资本收益,但是,在法务金融主体、法务投资人员、项目执行成员等其他法务项目资本主体介入的情况下,法务产业资本成为法务投资主体的代名词,法务产业资本收益不再是单纯的资本收益,而是既包括各种类型法务产业资本的对应收益,还包括法务情报收益、法务科技收益、法务管理收益等诸多收益,成为一种综合收益。换言之,法务产业资本收益实质上成为法务投资主体的整体收益。

之所以分析法务投资项目收益与法务投资项目资本收益的关系、各种法务投资项目资本的不同收益基础,既是为了辨析法务投资项目资本在整个法务投资活动中的相对价值,也是为了避免在法务投资项目资本收益分配过程中忽视其他法务经济要素的价值,仅仅从投入资金数额大小角度出发,简单比较各种法务投资项目资本收益分配比例的合理性。

(二)法务投资项目资本收益的分配顺序

在法务投资项目顺利实施、法务投资主体按期取得预期收益的情况下,各种法务投资项目资本均能及时取得相应收益,无须考量各自分配顺序问题。但是基于各种因素,法务投资项目收益在某些情况下并不能够完全实现前述标准设计,可能会出现分批延迟取得预期收益、最终取得部分预期收益等情形。仅从资本层面而言，各种法务投资项目资本在法务投资项目中的价值并无大小差异，在分配顺序上亦不应当存在先后之别，但是法务投资主体为了实现有效导入法务私有资本和法务金融资本、充分利用法务担保资本管理价值等目的，需要按照一定原则设定各种法务投资项目资本的分配顺序（见图14－8）。

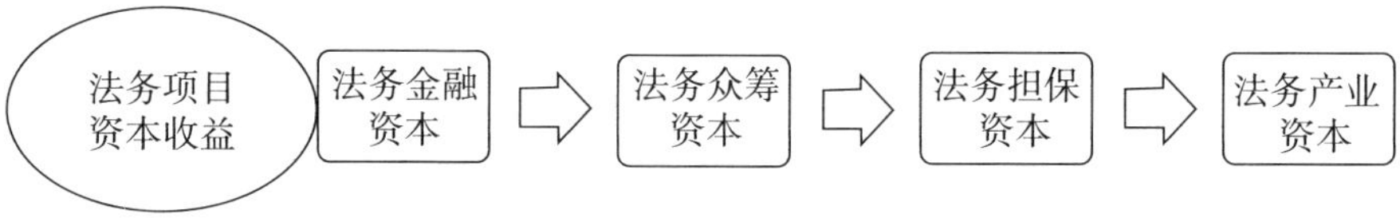

图14－8　法务投资项目资本的收益分配顺序

在法务投资项目资本收益分配中，一般按照法务金融资本、法务众筹资本、法务担保资本、法务产业资本的先后顺序进行。在法务投资项目实施中，法务金融资本虽然只具有单纯的资本价值，但是法务金融主体与法务投资主体之间并无直接关联，为了积极导入法务金融资本，法务投资主体往往需要先行保证法务金融资本的收益。法务众筹资本虽然也具有一定的管理价值，但是在性质上属于"准法务金融资本"。由于法务经济人员是法务投资主体重要的基本组成单元，为了积极导入法务众筹资本并充分利用其管理价值，法务众筹资本也将相对优先取得收益。法务担保资本虽然也具有货币价值，但是管理价值才是其核心内涵，为了充分开发利用其管理价值，法务担保资本需要在法务众筹资本之后取得收益。法务产业资本是法务投资项目得以实施的根本基础，而且实质上代表了整个法务投资主体的收益，但是为了促进其他法务投资项目资本的积极介入，法务产业资本需要在最后取得收益。需要说明的是，法务项目资本的收益分配顺序并非一成不变，在不同的法务投资项目以及不同的法务经济发展阶段，完全可能发生变化。

（三）法务投资项目资本收益的风险对冲

正如前文所述，法务投资主体可能存在不能及时、全额实现乃至根本无法取得任何法务投资项目收益的情形，这就需要依托法务投资风险资本对冲法务众筹资本、法务金融资本的收益风险。

对于法务产业资本而言,发生预期收益受损本身即是合理的投资风险,无须多言。为了实现与法务投资项目的风险权益绑定,法务担保资本亦是以风险式投资介入法务投资项目,预期收益受损同样是合理投资风险。在法务众筹资本、法务金融资本以储蓄式投资介入法务投资项目之时,就需要依托法务投资风险资本直接弥补两者的预期收益损失。当然,在法务众筹资本、法务金融资本同样以风险式投资介入法务投资项目之时,亦不存在弥补预期收益损失的问题。

法务投资风险资本不仅能够分流锁定部分法务产业资本,而且将在法务投资项目收益减少的情形下进一步消耗法务产业资本,但是对于法务投资主体积极导入法务众筹资本和法务金融资本有着重要的促进作用。或可预想的,在法务保险资本较为成熟之时,法务投资主体完全可以依托法务保险资本对冲法务众筹资本和法务金融资本的预期收益损失风险,法务投资风险资本将被释放并投向法务投资主体建设、法务投资项目实施等其他领域。

四、法务投资项目资本的风险管理

虽然法务投资主体掌握了诸多法务经济要素,而且能够运用各种法务经济措施支持法务投资项目实施,但是法务投资活动本身就处于风险密集、动态多变的背景之下,而且自身同样可能存在各种运行风险。对于法务投资项目资本而言,可能需要面临法务投资项目法律风险、法务投资对象结算风险、法务项目资本应用风险、法务投资项目执行风险等各种潜在风险。这些风险并非仅仅来自法务资本系统或者项目实施阶段,而是客观上要求法务投资主体必须构建全程性、多层次、综合化的风险管理体系,系统管控法务投资项目资本的潜在风险(见图 14 -9)。

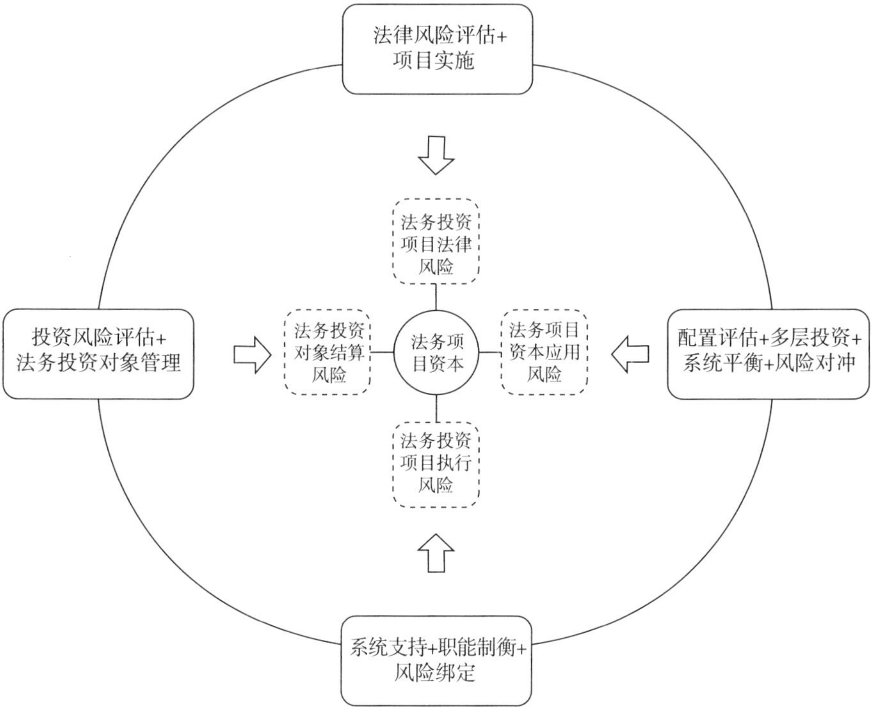

图 14-9　法务投资项目资本的潜在风险及系统管控

(一)法务投资项目法律风险的管理

基于各种原因,某些潜在法务投资对象的原始诉求并不一定合理、合法,甚至严重偏离客观实际,即便法务投资主体积极介入亦不能够解决其根本需求。这些潜在法务投资项目显然并非合适的介入目标,一旦法务投资主体未能有效识别其中的潜在风险,法务项目资本就可能面临相应损失,甚至会影响法务投资主体的良性发展。

对于法务投资项目法律风险,法务投资主体一方面需要通过前期法律风险评估进行严格筛选,过滤部分法律风险超标的潜在法务投资项目,另一方面也需要在法务投资项目实施过程中依托法务技术、法务情报、法务科技等法务经济要素,动态管控并消除法务投资项目的潜在风险。需要特别强调的是,法务诉讼并非是法务投资的唯一路径,法务战略、法务谈判、法务商业等均是重要的解题之道,一些基于法务诉讼视角认定的法律风险并不必然成为法务投资的实施障碍。例如,证据是法务诉讼中非常中重要的支点,当法务对象无法举证时则要承担不利后果，但是在法务战略、法务谈判、法务商业等其他法务经济措施环境下，证据的必要性和重要性显然就大为下降，证据缺失风险完全可能被忽略。因此，法务投资主体需要在具体法务投资项目实施中多措并举，有效管控、消除潜在风险。

（二）法务投资对象结算风险的管理

法务投资主体收益属于“结果型、轮候式”收益，因此在法务投资对象无法实现预期利益的法务投资项目中，法务投资主体自然需要承担无法取得预期收益的不利后果。但是，即便是在法务投资对象实际取得预期利益的情况下，也完全可能因为法务投资对象主观或者其他介入因素的影响，导致法务投资主体未能依约取得项目收益。从法务经济活动的角度来看，修复传统经济运行异常的目标固然得以实现，但是单纯从投资角度来看，法务投资主体无疑是失败的。

针对法务投资对象结算风险，法务投资主体一方面应当在前期投资风险评估中有效识别潜在法务投资对象的结算风险，指引法务资本系统、项目执行系统等强化对结算风险的专项管理，乃至直接排除某些法务投资对象结算风险较大的潜在法务投资项目；另一方面还需要在整个项目实施过程中有效管理法务投资对象，防止结算风险扩大化。在很多情形下，法务投资对象是法务投资主体极为重要的协作者，能够有效促进具体法务投资项目实施，但是在某些情况下，法务投资对象又会成为法务投资主体实现预期收益的变动因素，甚至成为直接障碍。因此，法务投资主体既需要管理具体法务投资项目这一直接投资目标，又需要管理法务投资对象这一间接投资目标。例如，管理律师需要在法务情报系统和项目执行系统支持下，对法务投资对象及其关联因素进行全程性跟踪管理，其中一项重要内容就是合理管控结算风险。

（三）法务投资项目资本应用风险的管理

在具体项目实施中，法务投资项目资本完全可能因为自身配置缺陷、拨付管理漏洞等原因，导致法务投资项目资本出现错配、低效、损失等不利结果。例如，法务投资项目在实施过程中，若出现介入因素并需要追加投资，但是法务资本系统却未设置增资预案，将会导致后续法务投资项目资本不足,整个法务投资项目实施意外终止,前期法务投资项目资本亦不能获得预期收益。

针对法务投资项目资本应用风险,法务资本系统需要在准确配置评估基础之上建立多层投资模式,依托双系统制衡机制管控法务投资项目资本支付风险,并以法务投资风险资本对冲法务金融资本、法务众筹资本潜在风险。在配置法务项目资本之前,法务资本系统需要先行对具体项目本身、法务投资主体、其他资本主体等进行系统评估,目的之一就是评估配资本身及其衍生风险,为制定具体配资方案提供依据。诚然,多层次投资体系在一定程度上增加了法务投资项目资本管理的复杂性,但是另一方面又可以在法务投资项目资本之间形成结构力,为管理法务投资项目资本乃至具体项目提供更多支点。在法务投资项目资本拨付阶段,法务资本系统与项目执行系统的双线管理能够确保法务投资项目资本安全可控。在具体法务投资项目未能实现预期目标之时,法务资本系统依托法务投资风险资本向法务投资人员和法务金融主体给付投资收益,一方面是为了维护这些主体的投资利益,另一方面也是为了维护法务投资主体自身发展安全。

(四)法务投资项目执行风险的管理

在整个法务投资活动中,项目执行人员是关键的能动要素,既可能积极促进具体法务投资项目实施,同样可能给其带来消极影响,这些都将会对法务投资主体收益产生较大影响。特别是在法务投资发展初期,法务投资主体对于法务投资项目的整体管控能力相对较弱,而项目实施人员又相对缺乏法务经济素养时,更可能给法务投资项目执行带来较大负面影响。

针对法务投资项目执行风险,法务投资主体需要在多要素背景之下实现职能化发展,一方面提升正面综合能力,另一方面建立平行制衡体系,并以实效评定、利益绑定为基础,构建单体风险管控机制。在法务技术、法务情报、法务科技等多要素背景之下,法务投资主体客观上需要建立若干主导系统并实现职能化发展,单个法务投资人员的功能作用虽然相对降低,但是在职能系统支持之下的单体能力却得到了绝对提升,可以更为有效地管控风险。同时,职能化发展更加强调协作配合,事实上又构建了一个平行制衡体系。例如,项目执行机构一般包括管理律师、诉讼律师、谈判律师、情报律师、资本律师等法务人才,这些项目执行成员在各自职能系统支持之下互为支点,在职能上相互协作,不仅可以有效管控项目执行中的潜在风险,而且可以对其他项目执行成员形成内部制衡,避免项目执行成员的个体行为偏离整体路径。此外,以职能系统为主导针对单个法务人才开展实效评定,在单个法务人才与职能系统、具体项目之间实现利益绑定,有利于构建单体风险管控机制。例如,项目执行系统应当对项目执行成员进行实效评定,评定等级高低将会直接影响其项目收益分配比例,如若项目执行成员因重大失误被评定为较低等级,则还将影响其参与其他具体项目的机会利益。

总之,法务投资项目执行环节是整个法务投资活动的关键部分,而法务投资项目资本则为此提供了必要支持。对于法务资本系统而言,需要对法务投资项目资本进行精细化的配置管理、拨付管理和分配管理,从而提升法务投资项目的品质;而从法务投资主体角度来看,同样需要对整个法务投资活动进行综合性管理,从而管理法务投资项目资本的风险。

第十五章 ● 法务资本与法务融资

在CLEAR法务经济中,法务融资既是独立的法务经济产品,又是整个法务金融体系的重要组成部分,具有促进法务经济目的实现、支持法务融资对象发展、增益法务经济主体价值、扩大法务资本投资领域等诸多功能。法务融资资本是法务融资的关键要素,配置、投入法务融资资本也因此成为整个法务融资活动的核心内容。本章将在概要介绍法务融资的基础上,详细论述法务融资资本的配置管理和投入管理。

第一节 法务融资概述

作为一种创新法务经济产品,法务融资不仅可以直接解决法务融资对象的资金需求,而且可以促进法务经济主体积极修复传统经济运行秩序异常,对于构建法务经济生态有着重要价值。本节将对法务融资的需求背景、基本概念、主要分类、功能价值等进行概要阐释,以便我们更为准确地理解法务融资资本在法务融资中的具体应用。

一、法务融资的需求背景

在现代经济活动中,传统经济主体为了扩大生产规模、清偿到期债务等,往往需要对外融资以便解决自有资金相对不足的问题。当生产经营正常、没有外部法律纠纷之时,传统经济主体一般可以借助自身的资产、信用等较为顺利地融入所需资金。而在传统经济主体陷入法律纠纷泥潭之时,虽然往往需要更多资金以便解决经济运行异常，但是此时其恰恰难以提供有效的对外融资担保，而传统金融主体又缺乏识别、管控法律风险的经验能力，总是简单地认为传统经济主体存在不可识别、不可管控的巨大风险，对其唯恐避之不及，更不愿向其提供资金支持。可以说，传统经济主体在特殊时期的资金需求恰恰无法得到传统金融的有效回应。

从融资安全的角度来看，传统经济主体在特殊时期的风险显然大于正常状态，传统金融主体的选择亦无可厚非，但是这对于传统经济主体而言无疑是雪上加霜。修复经济运行秩序异常本身就需要额外的资金投入，但是在法律风险影响之下，传统经济主体不仅难以有效融入外部资金，而且往往引发前期融入资金的恐慌性外流，导致传统经济主体资金压力进一步加大。诚然，一些身处运行秩序异常的传统经济主体的确存在诸多问题，但是不可否认，其中有相当部分的传统经济主体最终会蒙受巨大损失乃至被社会经济市场抛弃，究其根本原因并非社会经济秩序异常本身，而是由于法律风险引发的各种衍生风险，其中一个重要方面就是资金链条的非理性断裂。

事实上，法律纠纷固然是一种风险，但是并非完全不可识别、不可管控。在大部分情况下，传统金融主体只是传统经济主体法律风险的旁观者，所作的风险隔离都是基于自身判断。对于法务经济主体而言，其不仅掌握法务技术并能够有效识别法务经济对象的法律风险，而且拥有法务资本、法务情报、法务科技、法务人才、法务管理等更多法务经济要素，能够有效管控法律风险及其衍生风险，修复社会经济运行秩序。在这一点上，传统法务主体与法务经济主体同样存在较大差别：前者虽然缺少法务情报等法务经济要素支持，依然可以在大部分情况下依托法务技术识别法务对象的法律风险，但是由于缺少法务资本这一关键法务经济要素，其并不能在此基础之上更进一步地同步解决法务对象的资金需求。事实上，在接受法律服务产品过程中，相当部分的传统法务对象仍然需要面临资金短缺诱发的一系列风险，甚至因此而陷入不可逆的困境，导致传统法务活动失去价值基础。

总之，在面对法律风险之时，传统经济主体可能更为需要资金支持，但却恰恰难以从外部融入资金，而衍生风险进一步加大了资金压力，并最终放大了传统经济主体因法律风险所致的损害结果。法务融资恰恰是处于传统金融主体不愿涉足、传统法务主体无力介入的特殊领域,解决了传统经济对象的现实资金需求,从另一个方向修复了社会经济运行异常并创新法务经济价值。

二、法务融资的基本概念

所谓法务融资,是指法务经济主体在实施法务经济项目过程中,依托法务资本向法务经济对象等提供融资的一种法务经济活动。

法务融资主要是在狭义法务经济活动之中进行叠加应用的。传统融资活动虽然亦需评估传统经济主体未来可能的法律风险,但是此时传统经济主体尚未出现显著的运行异常,并不存在现实的法律争议。法务融资则恰恰相反,传统经济主体已然出现秩序异常和法律争议,并且因此而启动了狭义法务经济活动。可以说,法务融资是叠加在狭义法务经济活动之上的一个附加法务经济产品。此处有必要延伸讨论一个问题,即在传统经济主体虽有法律争议但未启动狭义法务经济活动之时,乃至在传统经济主体运行正常情况之下,法务经济主体是否可以开展融资活动呢?答案是肯定的。在前一种情形中,法务经济主体同样可以向传统经济主体提供融资服务,但是在缺少狭义法务经济活动这一风险管控支点的情形下,法务经济主体需要承担更大的融资风险。对于后一种情形,法务经济主体相比传统金融主体具有更强的风险识别和管控能力,在符合行业监管条件之下同样可以开展融资活动。这些显然同样属于"法务融资",但本章将要讨论的是"狭义法务融资",即在狭义法务经济活动中叠加应用的法务融资。为了便于区别,我们将前者称为广义法务融资。

法务融资活动包括法务融资主体和法务融资对象,其中,法务融资主体同时是实施法务经济项目的法务经济主体,而法务融资对象不仅包括法务经济对象,还包括法务经济彼方等其他传统经济主体。正如前文所述,即便是在狭义法务经济活动之外,法务金融主体同样可能为传统经济主体提供融资服务,即广义法务融资,法务金融主体则属于广义法务融资主体。此处的法务融资主体仅指主导实施特定法务经济项目的法务经济主体,即狭义法务融资主体。例如,在实施法务投资项目中,法务投资主体完全可能同时向法务投资对象提供法务融资,因此同时具有法务融资主体身份,而法务投资对象同时又是法务融资对象。此外,在法务经济活动中,法务经济对象、法务经济彼方等都可能存在资金需求。法务经济对象自不待言,法务经济彼方在某些情况下亦可能成为资金融入方。诚然,法务经济对象与法务经济彼方往往存在利益冲突,但是法务经济活动的根本目标是解决社会经济秩序运行异常,而非只在法律层面确定各方是非过错,因此任何有助于实现根本目标的措施都将被积极运用,其中就包括向法务经济彼方提供资金融通。

法务融资是以法务融资资本为依托,从法务经济主体到法务融资对象的单向资金融通。在法务融资中,融出资金并非源于传统资本,而是法务资本。换言之,法务融资主体并非传统金融主体与法务融资对象之间的融资中介,而是特殊的融资主体。当然,法务融资并不排斥法务融资主体导入法务金融资本、法务私有资本等其他法务资本,用以弥补法务产业资本的相对补足。此外,法务融资是由法务经济主体向法务融资对象的单向资金融通,并不包括反向的资金融通。在一般情况下,法务经济对象并不会向法务经济主体提供资金融通,甚至根本不具备客观基础条件;但是在某些特殊情况下,法务经济对象所有的资金亦会逆向导入法务经济主体,而且完全符合融资特征,该类情形亦不属本书所称狭义法务融资之范畴,不作具体分析(见图 15－1)。

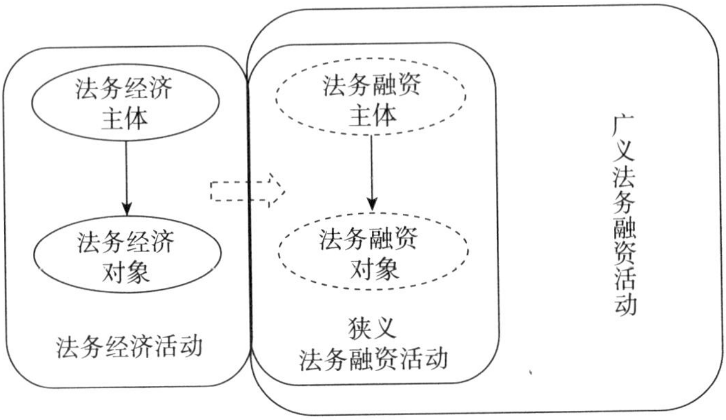

图 15－1　法务融资

法务融资的收益形式具有多样性。在法务融资中,法务融资对象获得了资金融通,而法务融资主体则获得了相应融资收益,可以是货币资金、对应股权、法务经济项目等多种形式。对于前两者无须赘述,需要略加说明的是法务经济项目。在实施法务经济项目过程中,法务经济主体不仅需要向其中投入包括法务资本在内的各种法务经济要素,而且需要面对无法取得法务经济项目收益的风险,似乎不应将其作为法务融资收益,但是不可否认,法务经济项目本身蕴含一定价值并可能撬动更多价值,而获取实施法务经济项目的主导权同样有着商业价值,法务经济主体固然需要承担并无最终法务经济项目收益的风险,但是同样可能在此基础上创新更多价值,覆盖前期法务融资的常规收益。当然,法务融资的收益形式并不限于前述三类,任何具有直接或者间接商业价值的对象都可能成为法务融资收益。

总之,法务融资是法务金融在狭义法务经济活动这一特殊领域的特定表现形式,虽然是叠加于其他法务经济产品之上进行了组合应用,但是仍具有独立的法务经济价值。

三、法务融资的主要分类

根据融资对象、资金来源、收益方式等不同,法务融资可以细分为不同类型,在应用领域、管理重点等方面亦不完全相同。

(一)根据融资对象不同分类

根据融资对象的不同,法务融资可以分为同向式法务融资和逆向式法务融资。

所谓同向式法务融资,是指以法务经济对象作为资金融入方的法务融资类型。法务经济活动的目标是解决法务经济对象的根本需求,恢复社会经济运行秩序,因此不仅需要化解法务经济对象的法律风险,而且需要管控法务经济对象的衍生风险。同向式法务融资直接解决法务经济对象的资金融通需求,主要目的是管控法务经济对象的衍生风险。在同向式法务融资中,法务融资对象本身又是法务经济对象,与法务经济主体之间存在密切关联,这让法务经济主体拥有更多的管理支点,可以更为积极主动地管控法务融资风险。

所谓逆向式法务融资，是指法务经济彼方、法务经济关联方等其他主体作为资金融入方的法务融资类型。法务经济主体与法务经济对象在利益方向上高度一致，而法务经济对象与法务经济彼方往往存在利益冲突，但是法务经济主体并不因此而必然与法务经济彼方存在严重的利益对立。更为准确地来说，法务经济主体与法务经济彼方在特定背景下虽然完全可能存在某些利益冲突，但是在背景重建之下，不仅两者可能出现同向利益，法务经济彼方与法务经济对象之间亦可能重构利益关系。在法务资本等诸多法务经济要素支持之下，法务经济主体完全可能而且应当努力构建新的经济场景，解决法务经济对象乃至法务经济彼方的利益需求，逆向式法务融资即是可能的法务经济措施之一。当然，逆向式法务融资的必要前提之一就是不得损害法务经济对象的利益。虽然法务经济彼方本身即是法务经济主体必须全程性关注的重要因素，但是管理支点相对较少，因此，在逆向式法务融资中，法务经济主体需要更为精细地管控融资风险。

(二)根据资金来源不同分类

根据资金来源的不同，法务融资可以分为单一式法务融资和复合式法务融资。

所谓单一式法务融资，是指融出资金全部来自法务产业资本的法务融资模式。在单一式法务融资中，法务融资主体独自承担法务融资风险并完全享有其收益，因此在资金筹集、融出、收回等管理上更为单一。但是，单一式法务融资对法务经济主体的法务产业资本规模提出了较高要求，尤其是在法务融资对象资金需求总量较大之时，可能会对法务经济主体的法务产业资本结构带来负面影响。虽然法务经济活动同样需要大量法务资本支持，但是相较于一些传统经济行业而言，仍然属于“轻资本、重智力”的产业，特别是在具体法务经济项目实施层面更是如此。换言之，在单一式法务融资中，法务产业资本需要从“轻资本、高增值”转向“重资本、低回报”。单纯从资本收益比较来看，法务融资显然并非最为理想的商业选择。但是，法务经济活动不仅需要追求经济价值，而且需要实现法律价值，法务经济主体同时应当具有经济使命和社会责任，并不应当仅从自身收益高低角度衡量法务融资的重要价值。

所谓复合式法务融资，是指融出资金包含法务私有资本、法务金融资本等其他法务资本的法务融资模式。法务产业资本是法务融资的基础，无论是单一式还是复合式法务融资，法务产业资本都是不可或缺的融出资金来源。除法务产业资本之外，复合式法务融资可以只包含法务私有资本或者法务金融资本，亦可两者皆有。在导入其他法务资本筹集融出资金时，法务经济主体是资金融入者，而在向法务经济对象开展复合式法务融资时，法务经济主体则是资金融出方。对法务经济主体而言，复合式法务融资不仅增加了资金融入环节，而且出现了法务私有资本主体、法务金融资本主体等间接管理对象，在管理内容上显然更为复杂。但是，复合式法务融资不仅可以有效缓解法务产业资本相对不足的问题，而且也为法务金融资本、法务私有资本构建了更为安全的融资通道，可以实现法务融资对象、法务经济主体和法务金融主体三者的共赢。

（三）根据收益方式不同分类

根据收益方式不同，法务融资可以分为债权式法务融资、股权式法务融资和权益式法务融资。

所谓债权式法务融资，是指法务融资主体基于资金融出而对法务融资对象享有特定债权的法务融资类型。法务融资对象取得融入资金理应支付相应对价，最为普遍的就是按照资金占用时长给付一定财务费用，法务融资主体则享有相应债权。在债权式法务融资中，法务融资主体需要承担债权不能实现的风险，并不排斥要求法务融资对象设置相应资产担保。需要略加说明的是，法务融资对象在具体法务经济项目中的预期利益是一种特殊形式的资产，同样可以作为法务融资对象的担保资产，而这并不在传统金融主体的一般认可范围之内。

所谓股权式法务融资，是指法务融资主体基于资金融出而取得法务融资对象相应股权的法务融资类型。在法务融资对象是公司企业等组织形式时，其股权可能就具有一定价值，完全可以作为自身取得资金融入的相应对价。对法务融资主体而言，就是以一定法务资本置换了法务融资对象的股权。股权式法务融资与投资法务的股权投资在形式上较为相似，都是以一定法务资本换取法务经济对象的股权，但是两者仍有本质区别：前者持股只是法务融资主体实现融资对价,而后者持股则主要是为了介入投资法务对象的顶层管理,提升传统经济活动品质,并在此基础上获取股权收益和法务收益。

所谓权益式法务融资,是指法务融资主体基于资金融出而对法务融资对象享有其他权益的法务融资类型。除了债权、股权等收益形式之外,法务融资对象还可以提供法务经济项目本身等其他权益,作为法务融资主体融出资金的相应收益,此即权益式法务融资。鉴于前文已对此作了详细阐释,故此处不再展开。

总之,法务融资可以细分为不同类型,在微观管理上存在诸多差异。法务融资主体需要根据法务经济项目、法务融资对象和自身情况,选择适合的法务融资方式。

四、法务融资的功能价值

法务融资是在狭义法务经济活动中叠加应用的法务经济产品,虽然附随于主法务经济活动,但是仍有其独立的功能价值。具体而言,法务融资主要具有促进法务经济目的实现、支持法务融资对象发展、增益法务经济主体价值、扩大法务资本投资领域等功能。

首先,法务融资有助于促进法务经济目的实现。法务经济活动的目标是解决法务经济对象的根本需求,恢复社会经济运行秩序。作为法务经济活动的主导者,法务经济主体需要投入法务技术、法务资本等各种法务经济要素,并以此创建新的利益平衡环境,促使法务争议双方在此基础之上重建利益平衡点,构建新的社会经济活动秩序。诚然,法务经济主体掌握更多的法务经济元素并占据一定主导地位,但是法务经济对象乃至法务经济彼方都是利益平衡环境的重要影响因素,需要在外部因素积极介入的背景下,将自身变化传导至法务争议环境,从而创造利益再平衡基础。从深层次来看,法务融资即是一项有效的介入因素。法务融资对象借助融入资金,将会在一定程度上改善自身生产经营状况,进而改变自身与法务经济彼方等关联因素的相对关系,甚至可能直接解决双方法务争议。例如,在法务经济对象因不能清偿到期债务被法务经济彼方提起诉讼,传统融资主体基于法律风险考量提前撤回融出资金，进一步导致法务经济对象的生产经营处于停滞状态时，法务经济彼方会更加担心无法实现债权，但是在法务融资支持下，法务经济对象就可能恢复生产经营，并在法务谈判中与法务经济彼方达成分期清偿债务的协议，以持续发展解决双方争议，或者以股权式法务融资获得资金支持，直接解决自身与法务经济彼方的法务争议，重启良性发展。从某种意义上讲，资本是社会经济活动发展的推进剂，而法务融资则是修复社会经济活动秩序异常的促进剂和催化剂。

其次，法务融资有助于支持法务融资对象发展。在某些情况下，传统经济主体可能因为不符合经济发展趋势、违背社会基本准则等各种原因陷入困境甚至被直接淘汰，这可能更为符合社会经济发展规律，并不需要强行维持其既有发展。但是不可否认，相当部分的法务经济对象主要是在经营资金层面出现问题而陷入困局，或者因为法律风险而诱发经营资金断裂，如果因此而走向消亡无疑是对社会经济发展的二次伤害。对法务经济对象而言，陷入法律纠纷本身已经阻碍了其正常发展，因此而引发的资金流动紧张、难以正常融资等次生风险更是令其雪上加霜，甚至会直接就导致法务经济对象休克。例如，法务经济对象原本拥有一笔债权，但是债务人到期违约，这可能直接就打乱了法务经济对象的资金安排，导致法务经济对象生产经营陷入停滞，进一步引发生产订单违约、银行贷款收紧、其他债权人催要借款等次生风险，法务经济对象完全可能在实现债权之前即已消亡。如果前述法务经济对象在主张自身债权的法务经济活动过程之中，能够尽早获得法务融资支持，那么完全可能避免产生次生风险，从根本上促进法务对象良性发展。换言之，法务融资可以在解决法务经济对象争议问题的过程中积极降低次生风险的出现，从而促进经济的良性发展。

再次，法务融资有助于增益法务经济主体价值。正如前文所述，法务融资能够促进预期法务经济目的实现和法务融资对象良性发展，这些当然是法务经济主体价值的体现，不再赘述。此处需要略加说明的是，法务融资可以在法务经济活动进行过程中支持法务经济对象应对风险，从而增益法务经济主体价值。当法务经济对象陷入法务争议之中时，法务经济主体能够介入其中并积极解决法务经济对象根本需求，但是，整个法务经济活动往往需要经历一个过程，而法务经济对象的法务争议及衍生风险可能仍在持续状态，甚至可能出现阶段性恶化、蔓延，这也要求法务经济主体不仅能够最终解决法务经济对象根本需求，而且需要为法务经济对象及时止血，乃至同步为其输送营养，让法务经济活动更具实质意义。法务融资即是可供选择的重要方法之一，其补强了法务经济活动过程中的风险管控和价值创造。延伸一点，法务经济对象的需求存在多样性，法务融资将会实现法务经济主体的产品多元化，满足法务经济对象的多样需求，提升法务主体的综合竞争优势。

最后，法务融资有助于扩大法务资本投资领域。诚然，法务融资能够为法务经济对象导入资金并支持其管控风险、良性发展，但是不可否认，法务资本同样能够借此实现自身增殖。从法务资本角度来看，不应再局限于解决法务经济对象根本需求这一特定领域，而应借助狭义法务经济活动切入法务经济对象，在关联领域创造价值并实现自身增殖。相较而言，法务融资资本在收益率上可能低于法务项目资本，而在需求规模上又相对较大，因此，法务产业资本更加倾向于支持法务经济项目实施，但是对于法务金融资本而言，法务融资就是一项结构简单、容量更大的投资领域。

总之，法务融资是 CLEAR 主要针对法务经济对象融资需求设计的创新法务经济产品，属于整个法务金融体系的一部分，将会积极促进法务经济生态构建。

第二节　法务融资资本配置

合理配置所需的法务融资资本不仅是开展法务融资活动的基本前提，而且是法务融资主体管控法务融资风险、提高法务融资效能的重要基础。对于法务融资主体而言，法务融资资本配置并非简单地筹集所需资金，而是应当站在整个法务经济活动高度，综合评估各项影响因素，合理确定法务融资资本的整体规模、项目收益、预计周期、资金来源等事项，为后续法务融资资本投入管理创建基础条件（见图 15－2）。

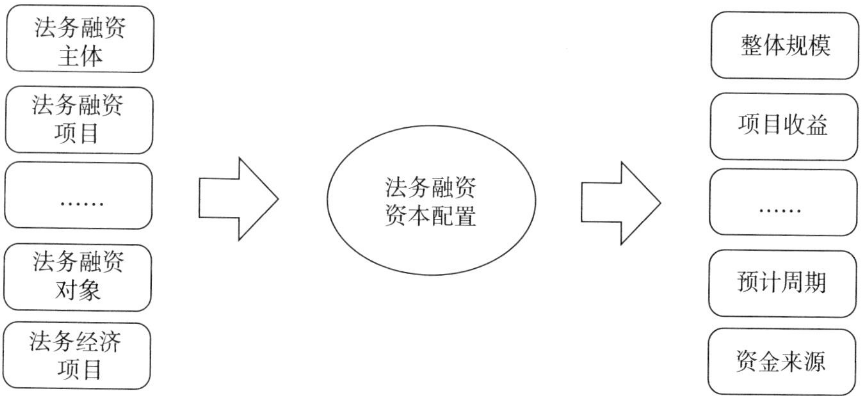

图 15－2　法务融资资本配置

一、法务融资资本配置的前期评估

法务融资是整个法务经济活动的有机组成,法务融资主体需要在评估自身状况基础之上,结合法务融资项目、法务融资对象、法务经济项目等因素,综合确定法务融资资本配置。

首先,法务融资主体需要评估自身的法务产业资本规模、法务融资主导能力等因素。法务融资看似是简单的资金融出,但是基于自身具有的“重资本、双主体”特性,其实际上对于法务融资主体提出了较高要求。法务融资对象往往需要较大规模的资金融入,这也要求法务融资主体首先就要评估自身法务产业资本规模,判断是否能够独自有效匹配或者需要导入其他法务融资资本等。此外,法务融资资本将会被置于法务融资对象和法务融资主体的双主体管理之下,这也必然会增加法务融资资本管理的复杂性,法务融资主体同样需要评估自身管理法务融资资本的基础条件和基本能力,并据此合理配置法务融资资本。

其次,法务融资主体需要评估法务融资项目的具体类型、融资规模、融资周期、融资方式、融资投向、预期收益、潜在风险等诸多因素。法务融资资本是实施法务融资项目的核心要素,必须匹配具体的法务融资项目。对法务融资主体而言,应当根据法务融资项目具体情况定制法务融资资本。例如,融资规模是法务融资项目的重要内容,融资规模的大小将会直接影响法务融资资本的配置，当法务融资对象的融资规模较大时，法务融资主体自身所有的法务产业资本可能就不足以单独匹配，而是需要积极导入法务金融资本；反之法务融资主体完全可能采取单一式法务融资。

再次，法务融资主体需要评估法务融资对象的公允价值、资信状况、发展趋势、关联风险等因素。法务融资资本直接投向法务融资项目，而法务融资对象不仅是法务融资项目的重要参与主体，并将在法务融资过程中直接管理法务融资资本，因此，法务融资对象就成为法务融资主体在配置法务融资资本时必须关注的重要因素。例如，在债权式法务融资中，法务融资对象需要于法务融资期限届满时归还融入资金，但是如果法务融资对象在融入资金后未能向好发展，甚至陷入更大困境，势必会影响其归还融入资金的能力，因此，法务融资主体必须事先评估法务融资对象的发展趋势，合理配置法务融资资本。

最后，法务融资主体需要评估法务经济项目的产品类型、预计周期、预期收益等因素。法务融资是叠加于法务经济活动之上的法务经济产品，与法务经济项目之间存在微妙的逻辑关联，因此，法务融资主体同样需要评估法务经济项目的产品类型、预计周期、预期收益等因素，相应配置法务融资资本。例如，法务投资主体在实施法务投资项目时，法务投资对象需要以债权式法务融资融入资金，但是往往潜在风险较大，法务投资主体需要在法务投资项目的预计周期和预期收益之内配置法务融资资本，以法务投资项目预期收益对冲融资收回风险。

总之，法务融资资本是实施法务融资项目的必要条件，法务融资资本配置并非是简单募集所需资金，而是需要在综合评估法务融资主体、法务融资项目、法务融资对象、法务经济项目等诸多因素之上，合理配置所需法务融资资本。

二、法务融资资本配置的主要内容

在法务融资资本配置中，法务融资主体需要根据前期评估结果，合理确定法务融资资本的整体规模、项目收益、预计周期、资金来源等内容。

首先，法务融资主体需要确定法务融资资本的整体规模。诚然，法务融资的目的是解决法务融资对象的资金需求,但是法务融资主体必须根据自身基础等因素确定合理的法务融资资本整体规模。需要说明的是,法务融资既可以是一次性融资,也可以是分次性融资。在分次性法务融资中,法务融资主体还需要合理确定法务融资资本的分次规模。

其次,法务融资主体需要确定法务融资资本的投资周期。从法务融资资本的角度来看,法务融资就是一项特殊的投资活动,不同的法务融资资本对于投资周期有着不同偏好,不同的投资周期也将影响项目收益的确定。因此,法务融资主体需要确定法务融资资本的投资周期,为后续确定项目收益、导入资金等提供参考。当然,在某些特殊类型的法务融资中,并不涉及投资周期问题。例如,某些权益式法务融资中,法务融资主体就是以取得法务经济项目主导权为融资收益,并不涉及投资周期。

再次,法务融资主体需要确定法务融资资本的项目收益。不可否认,法务融资具有投资性,法务融资主体需要从中实现一定经济收益。一方面,法务融资主体需要与法务融资对象确定合理的法务融资资本收益;另一方面,法务融资主体需要确定法务产业资本、法务私有资本、法务金融资本等不同法务融资资本收益。在复合式法务融资中,合理的项目收益将有助于法务融资主体积极导入法务私有资本和法务金融资本。

最后,法务融资主体需要确定法务融资资本的资金来源。正如前文所述,足额的法务融资资本是开展法务融资活动的必要前提。在单一式法务融资中,法务融资主体需要一次或者分次从法务产业资本中拨付所需融资资金。在复合式法务融资中,法务融资主体除了需要从法务产业资本中拨付一定比例的融资资金之外,还需要积极导入法务私有资本和法务金融资本。需要略加说明的是,法务金融市场中完全可能存在若干种法务金融产品可供选择,法务融资主体需要综合各种因素确定适合的法务金融产品,积极导入法务金融资本。

总之,法务融资资本配置是法务融资活动的重要基础,法务融资主体基于主法务经济活动,一方面能够更为全面、深入地了解法务融资对象,另一方面能够将此作为法务融资资本配置的管理支点,从而支持自身开展系统的前期评估并合理配置法务融资资本。

第三节　法务融资资本投入

在法务融资活动中,法务融资资本将以资金形态融入法务融资对象,用于支持后者开展各项经济活动。对于法务融资主体而言,需要积极介入法务融资对象决策层面,对融出资金进行延伸管理,创造法务融资活动价值、实现法务融资资本收益、促进法务经济项目实施。

法务融资对象是融入资金的直接管理者,但是由于自身处于法务争议和衍生风险之中,客观上需要法务融资主体的积极介入。在法务融资中,法务融资对象期望借助融入资金直接或间接解决法务争议、化解衍生风险,但是在此特殊背景之下,其并不完全具备有效识别、管控风险的能力和条件,管理融入资金时同样面临能力不足和基础薄弱的困境,客观上需要法务融资主体平行介入,参与管理融入资金以便最大限度化解法务融资对象的法务争议和衍生风险。例如,法务融资对象存在多个债权人,融入资金并不足以直接、完全解决自身债务问题,这就需要法务融资主体积极介入,在法务技术、法务情报等支持下,运用法务谈判、法务商业乃至法务诉讼等方式,利用有限的融入资金最优化处置法务融资对象的债务危机。

法务融资主体是整个法务融资活动的主导者,应当对融出资金进行必要的延伸管理。单纯从资金流通角度来看,法务融资资本将脱离法务融资主体的直接管理,被置于法务融资对象实际控制之下并被用于开展各项经济活动,但是从法务融资活动高度来看,法务融资对象融入资金只是整个法务融资活动的组成部分。作为整个法务融资活动的主导者,法务融资主体仍然需要对法务融资对象融入资金的活动进行延伸管理。需要注意的是,法务融资主体并非完全取代法务融资对象直接管理融入资金,而是站在法务经济视角进行必要的延伸管理。

法务融资资本延伸管理的主要目的是创造法务融资活动价值、实现法务融资资本收益、促进法务经济项目实施。首先来看创造法务融资活动价值。法务融资活动的直接目的是为法务融资对象融通资金,根本目的则是在修复经济运行秩序异常期间,支持法务融资对象有效应对法务争议和衍生风险,减少负面影响并促进良性发展。因此,法务融资活动的价值支点并非法务融资资本配置环节,而是法务融资对象针对融入资金的具体应用,这也要求法务融资主体通过延伸管理支持法务融资对象合理应用融入资金,从而创造法务融资活动价值。其次来看实现法务融资资本收益。为了取得法务融资资本收益,法务融资主体需要暂时让渡资金并置于法务融资对象直接管理之下,但是,法务融资对象身处法务争议和衍生风险之中,而且相对缺乏管控融入资金应用风险的能力,因此,法务融资主体需要积极开展延伸管理,在保证融出资金安全的基础上实现法务融资资本收益。最后来看促进法务经济项目实施。法务争议是多种因素的集中表现,同样也将对关联领域产生传导影响,因此,法务经济主体并不只是单纯针对法务争议本身实施法务经济项目,而是需要将目光投射在整个法务经济对象之上,一方面寻找更多实施法务经济项目的着力点,另一方面削减法务争议对法务经济对象的冲击波。此外,法务争议可能诱发更多、更大的衍生风险,因此,更加需要法务经济主体的积极干预。由此可知,法务经济主体需要在法务经济项目之上叠加法务融资活动,间接支持法务经济项目实施。

法务融资主体应当保持法务融资资本的法律属性,对融出资金的投向领域、具体用途等加以管理。在法务融资资本投入阶段,融出资金被置于法务融资对象直接管理之下,用于支持实施各项经济活动。但是,法务融资对象并非法务经济主体,亦不具有良好的法务经济意识和思维,客观上存在干扰法务融资资本法律属性的可能。对于法务融资主体而言,必须站在法务经济高度管理融出资金,设定融出资金的投向领域、具体用途等规则,指导法务融资对象具体应用融入资金。在某种意义上,法务融资活动同时具有广义法务经济活动的性质,这也是在构建广义法务经济生态。

总之,法务融资是法务经济活动的有机组成部分,法务融资资本投入是法务融资活动中的重要阶段,法务融资主体需要从整个法务经济活动高度审视法务融资资本投入,指导法务融资对象以法务经济思维管理融入资金,在创造法务融资活动价值、实现法务融资资本收益的同时,积极促进法务经济项目实施。

第十六章 ● 法务资本与投资法务

投资法务是CLEAR基于法务经济理论创新设计的一种法务经济模式，也是狭义法务经济主体介入传统经济领域、构建广义法务经济生态的重要路径之一。法务资本是投资法务的核心要素，呈现出多样形态并在多个领域支持投资法务活动。本章将在简要介绍投资法务基础之上，阐述投资法务资本循环，详细论述投资法务资本在投资法务各个领域中的具体应用。

第一节　投资法务概述

对于投资法务对象而言，投资法务是一项创新的法务经济产品，而从投资法务主体视角来看，投资法务既是法务经济终端产品又是法务经济中间产品。从法务经济生态层面来看，投资法务不仅联通了狭义法务经济主体和传统经济主体，而且链接了狭义法务经济活动和广义法务经济活动，在构建广义法务经济生态中有着极为重要的战略价值。基于自身的综合性特征，投资法务需要与其他法务经济产品有机组合，立体支持投资法务对象发展。本节将在简析投资法务基本概念基础之上，详细阐释投资法务在广义法务经济生态建设中的战略价值，并简要解读投资法务与其他法务经济产品的组合应用。

一、投资法务的基本概念

所谓投资法务，是指法务经济主体基于对外法务股权投资，引导投资对象开展广义法务经济活动,同时解决投资对象狭义法务经济需求的法务经济模式。从微观层面来看,投资法务就是“一个纽带,两种关系,两类收益”(见图16-1);而从宏观层面来看,投资法务则是“法务经济终端产品+法务经济中间产品”。

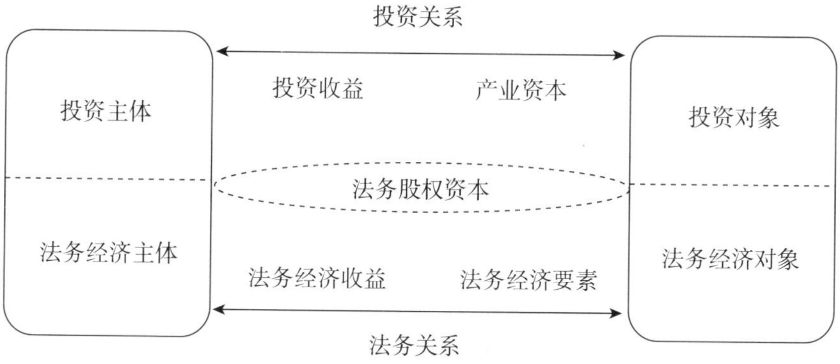

图16-1 微观层面的投资法务

在投资法务中,投资法务主体依托法务资本开展法务股权投资,与之相对的则是投资法务对象。从法务经济角度来看,无论是投资法务主体还是投资法务对象,都应当是“法务经济主体”。投资法务主体并非一般社会经济主体,而是狭义法务经济主体,所投资本亦非传统资本,而是法务资本。换言之,投资法务主体必须是狭义法务经济主体,才能以自身法务经济属性介入投资法务对象战略发展,最终引导后者从传统经济主体转化为广义法务经济主体,否则也将失去投资法务核心内涵,无异于传统经济主体对外商业持股。从更深层次来讲,投资法务主体更应当是综合性法务经济主体,投入的并非仅有投资法务股权资本,而是需要间接投入法务技术、法务情报、法务科技、法务人才、法务管理等诸多法务经济要素,一方面实施隐性法务经济活动引导投资法务对象战略发展,另一方面实施显性法务经济活动解决投资法务对象特定需求。就投资法务对象而言,其虽然初始状态并非标准意义上的“法务经济主体”,但是投资法务主体的积极介入将会改良其自身基本属性,使之逐步在法务经济的轨道之上运行,转化为广义法务经济主体。为了表述方便,我们仍将两者称为投资法务主体和投资法务对象,但是并不应当因此而忽视投资法务主体的基本属性,更不应当忽视投资法务对象在此过程中基本属性的渐变改良。

投资法务中的“一个纽带”,是指投资法务股权资本,即投资法务主体将法务资本导入投资法务对象,并以所得法务股权为纽带在两者之间建立多层次关联。在投资法务中,法务资本从投资法务主体直接主导下的法务产业资本形态,转化为投资法务对象直接主导下的投资法务股权资本。正是因为投资法务股权资本的存在,投资法务主体与投资法务对象在法务经济层面才建立了较为稳固的联系:一方面,投资法务主体不仅可以借此介入投资法务对象的战略性经营管理,而且可以主导实施投资法务对象的狭义法务经济活动;另一方面,投资法务对象除了可以直接获得投资法务股权资本之外,还可以在经营决策中获得法务技术、法务情报、法务科技、法务人才、法务管理等其他法务经济要素综合支持,并同时在狭义法务经济活动中得到投资法务主体的系统支持。鉴于下文将详细阐述法务资本在投资法务中的具体应用,此处不再展开叙述。

投资法务中的“两种关系”,是指在投资法务主体与投资法务对象之间同时存在投资关系和法务关系。投资法务主体将投资法务股权资本注入投资法务对象并取得相应股权,而投资法务对象则获得一定规模的投资法务股权资本,两者之间是长期、稳定的投资关系。基于前述投资关系,投资法务主体得以深度参与投资法务对象的战略经营管理并取得相应的股权收益,但是同样需要因此而承担相应的股东义务。投资法务中的另一种关系就是法务关系,即投资法务主体基于投资关系,与投资法务对象之间并行建立了主导处置相关法律事务的关系。根据是否针对特定法务经济项目,这种法务关系又可以细分为隐性法务关系和显性法务关系两类。在隐性法务关系中,投资法务主体将自身掌握的法务经济要素、法务管理经验等叠加于投资法务对象的日常经营管理之中,让法律成为传统经济活动的核心要素和顶层资源,支持生产经营活动在广义法务经济轨道之上运行。虽然隐性法务关系并非直观易见,但是投资法务对象将会因此而享有“伴随式”法律服务,并得以主动利用法务经济要素并有效降低法律风险、提升运营品质。在显性法务关系中,投资法务主体得以主导实施狭义法务经济活动,解决投资法务对象的特定法务经济需求，创造法务经济价值。有必要略加说明的是，此处将投资法务主体与投资法务对象之间的关系拆分为投资关系和法务关系，主要是为了便于对此进行解析，从根本上说，两者之间就是独特的“投资法务”关系。

投资法务中的“两类收益”，是指投资法务主体一方面基于投资关系取得股权收益，另一方面基于法务关系取得法务经济收益。借助投资法务主体投入的法务股权资本，投资法务对象将之用于生产经营并取得一定收益，而投资法务主体则可获得相应的股权收益。此外，伴随投资法务股权资本同步输入的还有法务技术、法务情报、法务科技、法务人才、法务管理等其他法务经济要素，用于支持实施隐性法务经济活动，而这部分法务经济收益也会融合在股权收益之中。换言之，投资法务主体的股权收益是高附加值的综合股权收益。投资法务主体的显性法务收益则是自身基于主导实施特定法务经济项目所获取的收益，虽然需要以投资法务股权资本为前提基础，但是在收益性质上仍相对独立于股权收益。

从宏观层面来看，投资法务既是法务经济终端产品，又是法务经济中间产品。就投资法务对象而言，其既可获得一定的股权投资用于支持生产经营，又可获得叠加其上的系统性法律服务，投资法务显然是复合型法务经济终端产品。就投资法务主体而言，其即便未能主导实施特定法务经济项目，依然可以借助股权投资及隐性法务经济活动独立创造法务经济价值。因此，从股权投资及隐性法务经济活动的角度讲，投资法务是独立的法务经济终端产品。如果从显性法务经济活动的角度讲，正是投资法务为投资法务主体创造了主导实施特定法务经济项目的机会。或者说，投资法务成为一种独特的法务营销方式，是一种可以独立创造法务经济价值的法务经济中间产品。

总之，投资法务主体在法务产业资本支持下，借助法务股权投资与投资法务对象建立了长期、稳固的商业关系，不仅可以实现股权投资收益，而且可以实现隐性法务经济收益和显性经济法务收益。就投资法务对象而言，其不仅可以获得投资资金用于支持经营活动，而且可以借助更多法务经济要素管控经营风险并提高经济活动品质。或可预想的是，在传统的资本型股东、技术型股东、资源型股东之外,法务型股东将成为传统经济主体发展过程中非常重要的顶层元素,投资法务也将成为广义法务经济生态中的常态产品。

二、投资法务的战略价值

投资法务不仅是法务经济终端产品和法务经济中间产品的综合体,更让狭义法务经济主体切入了传统经济领域:一方面,“伴随式”引导投资法务对象嬗变为广义法务经济主体,法务经济主体积极开展广义法务经济活动,构建广义法务经济生态;另一方面,“前移式”衔接了投资法务对象的具体法务经济需求,便于其实施狭义法务经济活动,优化狭义法务经济生态。可以说,投资法务在构建 CLEAR 法务经济生态中具有极为重要的战略价值。

正如本书开篇所述,在缺少合适支点的情况下,法律难以真正成为整个传统经济活动中的核心要素和顶层资源,不仅自身价值难以得到充分释放,整个传统经济活动在法律缺失背景下亦未达到最优运行。CLEAR 法务经济理论和实践均已证明,法务资本是法律提升自身高度和价值的绝佳支点之一。在狭义法务经济领域,狭义法务经济主体以法务资本为支点,借助法务投资、法务融资、法务金融等法务经济产品快速切入,在创造巨大经济价值的同时将法律价值提升至一个新高度,并将构建全新的狭义法务经济生态。基于经济使命、社会责任等基本属性,狭义法务经济主体需要突破狭义法务经济领域,深度切入传统经济领域并构建广义法务经济生态。显而易见,狭义法务经济主体绝无可能直接取代所有传统经济主体并实现前述目标,介入改良就成为最佳路径。但是,如何深度切入就成为核心焦点,而且这是一个涉及狭义法务经济主体与传统经济主体的双边问题,在缺少合适模式和有效支点的背景下,显然并非易事。

在投资法务活动中,狭义法务经济主体利用投资法务主体这一表象角色,以投资法务股权资本为显性纽带、其他法务经济要素为隐性支撑,实质介入传统经济主体的经营决策层面,引导后者渐进式改良基本属性并转化为广义法务经济主体,成为广义法务经济生态的有机组成。在此期间,投资法务对象固然需要让渡一些现实权益,但是亦将获得更多法务经济要素系统支持,能够有效管控各种潜在风险、减少运行异常损失,得以在更高层次优质发展,创造和创新经济价值。与此同时,狭义法务经济主体也将以更为积极主动的态势,在更为广阔的领域创新更多法务经济价值。需要说明的是,投资法务虽然是切实可行的切入路径,但是同样需要具备一些前提条件,例如传统经济主体是否乐于开放接口、投资法务主体是否具有足够的法务产业资本规模等,都是投资法务活动需要考量的实际因素。此外,在构建广义法务经济生态中,法务资本并非唯一有效支点,法务科技亦是可选对象,投资法务更非唯一可行模式,基于法务资本等法务经济要素完全可能创新出其他有效的法务经济模式。即便如此,我们依然不能忽视投资法务在构建广义法务经济生态中的战略价值。或可预想的是,随着狭义法务经济生态日趋成熟、传统经济主体更为理性,投资法务或者说法务型股东将成为传统经济活动发展的主流趋势(见图 16-2)。

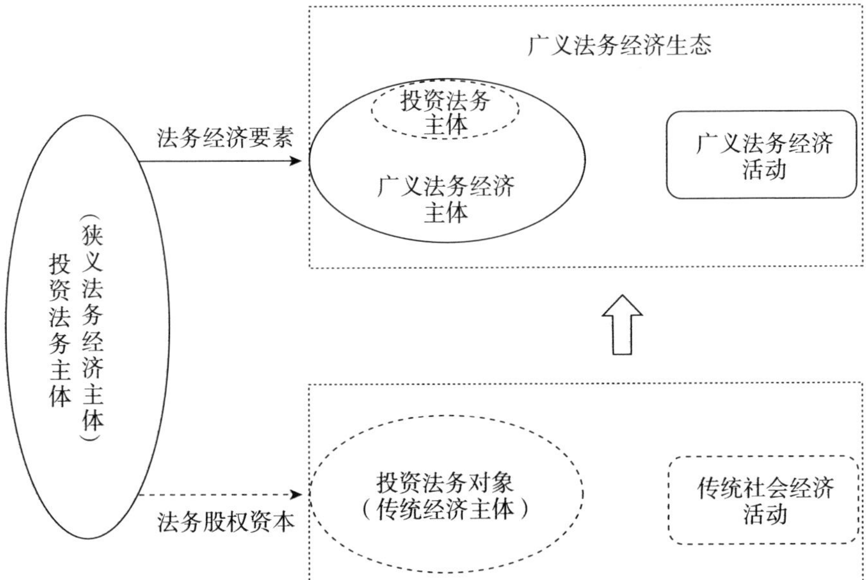

图 16-2　投资法务在广义法务经济生态中的战略价值

就狭义法务经济生态发展而言,投资法务同样有着重要战略价值。正如前文所述,法律在传统经济领域缺少有力支点,因此并未能平行介入传统经济运行。就传统经济主体而言,其往往是在自身运行已然出现严重异常之时才会诉诸法律,甚至是在自身多方尝试无效的情况下被迫寻求法务主体介入。相较于传统法务主体而言,狭义法务经济主体固然拥有更多法务经济要素支撑,但是两者在初始介入阶段面对的法务对象并无差异。换言之,在社会经济运行开始出现异常迹象直至狭义法务经济主体介入之前,更多的是由法务经济对象自行主导"准法务经济活动",其间可能错失转好机会、产生无效损耗,加剧异常程度、加大损害后果,甚至同时加大狭义法务经济活动难度。在投资法务中,投资法务主体完全平行伴随投资法务对象经营发展,不仅可以通过隐性法务经济活动有效降低发生运行秩序异常的概率,即便需要实施显性法务经济活动,这种"前移式"介入也将无缝衔接投资法务对象的根本需求,避免法务经项目实施前出现错乱状态。换言之,投资法务主体不再是社会经济秩序异常的"最后接棒者",而是"全程跟踪者",不仅将会重构狭义法务经济活动两方主体之间的关系,变革法务市场业务分配格局,而且将会模糊隐性法务经济活动和显性法务经济活动的界限,重新定义狭义法务经济活动的内涵。从另一个角度来讲,投资法务既是在开发法务经济项目,促进狭义法务经济活动发展,又是在消灭法务经济项目,消除狭义法务经济活动存在,这也正是 CLEAR 法务经济目标价值的辩证体现。

总之,法务资本是绝佳支点,投资法务则是可行模式,不仅能为狭义法务经济主体推动构建并同步融入广义法务经济生态提供了现实路径,而且能为狭义法务经济生态发展注入了创新因子,在整个法务经济生态建设中具有重要的战略价值。

三、投资法务的组合应用

法务投资、法务融资、法务开发等法务经济模式均直接指向具体法务经济项目,将解决传统经济主体的特定需求作为法务经济目标,而投资法务则是直接以传统经济主体为指向,在引导后者实施广义法务经济活动的基础上,叠加主导实施狭义法务经济活动。可以说,投资法务不仅在目标指向上较为特殊,而且兼具法务经济终端产品和法务经济中间产品的属性。正是基于前述特性，投资法务完全可以在各个阶段叠加多种法务经济模式，立体支持投资法务对象发展。

在前期营销阶段，投资法务主体可以借助既有的法务投资、法务开发等具体项目，低成本快速切入投资法务对象。诚然，投资法务将会给投资法务对象带来多重价值，但是并不意味着双方必然在商业层面一拍即合。基于既有的法务经济项目，法务经济主体不仅建立了良好的基础交易环境，而且投资法务对象自身价值往往处于风险期和贬值期，同时具有更为积极的交易意愿，这些都给投资法务主体创设了绝佳切入窗口。因此，在其他法务经济项目之后进行跟进切入无疑是投资法务一个优质营销路径。需要说明的是，投资法务低成本快速切入绝非趁火打劫，而是在投资法务对象由于其他原因身处困境之时，为其注入更多法务经济要素，引导其走出低谷并高质发展，恰恰是法务经济主体自身经济使命和社会责任的充分体现。当然，并非所有的法务投资、法务开发等具体法务经济项目均适合叠加投资法务，投资法务亦非必须附着于其他法务经济项目之上。

在隐性法务经济活动阶段，投资法务可以叠加法务融资、法务金融等法务经济产品。在广义法务经济活动中，投资法务对象完全可能出现法务资本相对不足的情形，而投资法务主体基于股权关系，不仅可以准确识别而且能够有效管控其中的潜在风险，完全能够依托自身法务产业资本或者导入法务众筹资本、法务金融资本，为投资法务对象提供法务融资产品。从某种意义上说，投资法务主体与投资法务对象在广义法务经济活动中应当融为一体，这为叠加其他法务经济产品提供了稳定基础。因此，面对投资法务对象的多样性法务经济需求，投资法务主体完全可以而且应当在诸多法务经济要素支撑下，为投资法务对象定制更多法务经济产品，促进广义法务经济活动的实施。

在显性法务经济活动阶段，投资法务可以叠加法务投资、法务开发、法务融资等诸多法务产品。正如前文所述，即便在投资法务主体支持下，投资法务对象仍然可能出现特定法务经济需求，需要狭义法务经济主体的专项干预。在这一过程中，投资法务成为一项法务经济中间产品，需要叠加法务投资、法务开发、法务融资等法务经济产品，解决投资法务对象的根本需求。

毋庸置疑,各项法务经济产品不仅在具体实施方面存在较大差异,而且对于法务经济主体的基础要求亦不相同,投资法务主体并非能够自主实施法务投资、法务开发、法务融资等法务项目,这就需要引入其他法务经济主体共同参与。

总之,投资法务兼有法务经济终端产品和法务经济中间产品属性,是狭义法务经济主体介入传统经济主体并构建广义法务经济生态的绝佳路径之一。就投资法务主体而言,其不仅需要输出法务经济要素支持投资法务对象实施广义法务经济活动,而且需要有机组合乃至定制更多创新法务经济产品,立体促进投资法务对象发展,并最终嬗变为广义法务经济主体。

第二节 投资法务资本循环

基于投资法务本身的综合性,投资法务资本相应呈现出法务产业资本、投资法务股权资本、法务建设资本、法务运营资本、法务项目资本等多样形态,不仅支持投资法务主体的基础建设和运营,而且支持开展广义法务经济活动和狭义法务经济活动,并在此期间创造法务经济价值,完成自身的资本循环(见图 16-3)。

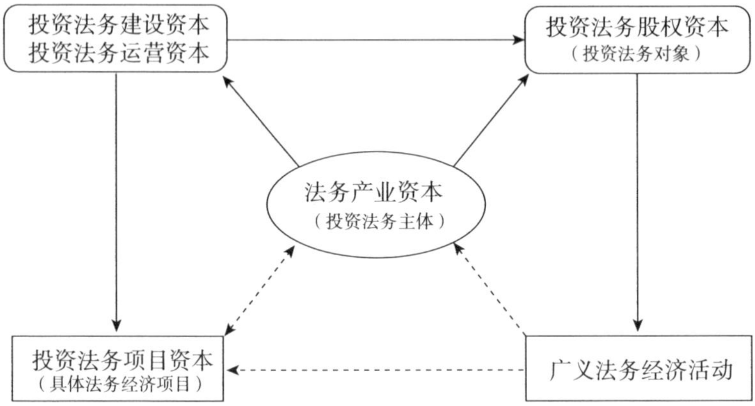

图 16-3 投资法务资本循环

投资法务主体所属的法务产业资本是整个投资法务活动的核心要素，也是投资法务资本循环的源点和终点。由于投资法务是一项周期较长、环节复杂的系统工程，并非法务私有资本、法务金融资本等其他法务资本的常规首选，因此，法务产业资本成为投资法务资本的主要类型。当然，在投资法务日趋成熟之时，投资法务的潜在战略价值完全可能吸引法务金融资本、法务私有资本参与其中。在投资法务主体层面，法务产业资本被细分为投资法务建设资本、投资法务运营资本、投资法务股权资本和投资法务项目资本，分别用于支持投资法务主体的法务经济系统及法务经济要素建设、法务经济系统基础运营、对外法务股权投资、具体法务经济项目实施等活动。

从投资法务主体角度来看，首先需要的是完成自身建设并保持基础运营，具备承载投资法务活动的必要基础。在投资法务主体的主导之下，投资法务建设资本和投资法务运营资本被持续投入，用于支持法务经济系统建设、法务经济要素建设、法务经济系统运营等活动，为投资法务主体实施隐性法务经济活动和具体法务经济项目提供基础支撑。例如，法务情报是法务经济主体决策具体法务经济措施的重要依据，投资法务主体同样需要在法务情报产品支持下，引导投资法务对象作出合理经营决策，这就需要投资法务主体先行利用法务情报资本建设法务情报系统、实施法务情报业务。投资法务建设资本和投资法务运营资本均为基础性投资，需要在较长周期内以股权收益或者项目收益形式完成资本循环。

在完成基础建设之上，投资法务主体必须依托法务产业资本投入投资法务股权资本，取得投资法务对象相应股份并在两者之间建立投资法务关系。从资金层面来看，投资法务股权资本完全可能被投资法务对象用于购买设备原料、支付员工薪酬、开展市场营销等各种生产经营活动，并在此期间创造经济价值，继而完成资本循环。这既是法务产业资本促进社会经济发展的本质要求，也是投资法务主体取得股权收益的现实基础。在分配股权收益之后，投资法务主体将其重新转化为法务产业资本，随即进入下一个投资法务周期。当然，即便是在投资法务主体支持之下，广义法务经济活动也并不能够完全避免经营失败、资本亏损情况的发生，投资法务主体理应承担无法取得股权收益的不利后果。

在投资法务对象出现特定法务经济项目之时，投资法务主体需要将法务产业资本转化为投资法务项目资本，支持具体法务经济项目实施。诚然，构建广义法务经济的目的之一就是管控社会经济运行秩序异常风险，但是基于各种原因，广义法务经济主体并不能完全消除社会经济秩序异常的实害结果，这就需要狭义法务经济主体加以干预。投资法务项目资本是投资法务主体实施具体法务经济项目的必要基础，同样需要法务产业资本的支持。当然，除了法务产业资本之外，投资法务项目资本完全可能导入法务私有资本、法务金融资本等其他类型法务资本，而后者亦将从项目收益中实现投资回报。此外，实施具体法务经济项目同样需要法务经济系统及其他法务经济要素的支持。换言之，法务产业资本除了直接介入具体法务经济项目实施之外，还将以支持法务经济系统及法务经济要素建设等间接方式支持具体法务经济项目的实施，并在此过程中完成资本循环。

总之，法务产业资本在投资法务主体主导之下，以投资法务建设资本、投资法务运营资本、投资法务股权资本、投资法务项目资本等多种形态，支持自身建设运营、对外股权投资、隐性法务经济活动和显性法务经济活动，在狭义和广义法务经济活动中创造价值，并因此而取得相应的股权收益和项目收益，实现自身资本循环。

第三节　投资法务资本

就投资法务主体而言，投资法务主要包括前期主体建设、系统基础运营、对外股权投资、隐性法务经济活动、显性法务经济活动等内容，而实施这些法务经济活动都离不开投资法务资本的基础支持。投资法务主体需要在法务产业资本支持下，导入法务私有资本、法务金融资本等其他法务资本，合理细分投资法务资本并支持各项投资法务活动，促进投资法务平衡、持续发展。本节将在概要叙述投资法务资本平衡管理基础之上，详细论述投资法务建设资本、投资法务运营资本、投资法务股权资本、投资法务项目资本等在投资法务中的具体应用。

一、投资法务资本的平衡配置

正如前文所述，投资法务活动包括诸多内容，整体上更为复杂、综合，这也要求投资法务主体必须平衡配置各项投资法务资本，支持投资法务活动和投资法务主体的平衡、良性发展。

一方面，投资法务主体需要平衡法务产业资本和其他法务资本的关系。投资法务主体是综合型法务经济主体，需要更大规模的法务资本予以支持，因此更为需要导入法务私有资本、法务金融资本等其他法务资本，弥补自身法务产业资本规模的相对不足。但是，投资法务相较于其他法务经济产品往往投资周期更长，亦不必然产生后续显性法务经济项目，因此并非法务私有资本、法务金融资本的最佳目标。对投资法务主体而言，应当侧重在显性法务经济活动中积极导入法务金融资本和法务私有资本，并将法务产业资本更多地投向主体建设、股权投资等领域。

另一方面，投资法务主体需要平衡各项投资法务资本的关系。投资法务资本需要细分为不同类型，支持不同领域的投资法务活动，并保持整个投资法务主体及投资法务活动的有机运行。概括而言，投资法务股权资本需要与投资法务对象的体量和发展保持平衡，投资法务建设资本需要与投资法务对象的隐性和显性法务经济需求保持平衡，投资法务运营资本需要与投资法务主体的职能运营保持平衡，投资法务项目资本需要与投资法务对象的显性法务经济需求保持平衡。换言之，投资法务资本需要以投资法务对象为基点，动态平衡各项细分投资法务资本的相对比例。

二、投资法务建设资本

在投资法务中，投资法务建设资本除了用于支持常规职能系统建设之外，还需要支持专门职能系统建设，同时定向建设法务情报等法务经济要素。

投资法务主体是综合型法务经济主体，在法务资本系统、法务情报系统等常规职能系统之外，还需要建设法务股权系统等专门职能系统，引导投资法务对象战略决策并实施隐性法务经济活动。同时，在投资法务对象组织结构、业务运行较为复杂的情况下，投资法务建设资本就需要适度偏向法务科技系统建设，定向开发法务科技并介入投资法务对象管理底层。此外，法务情报在投资法务中具有十分重要的价值，是支持投资法务主体介入投资法务对象战略管理的重要支点，同样需要投资法务建设资本的重点支持。

三、投资法务运营资本

在投资法务中，投资法务运营资本主要用于支持投资法务主体各个职能系统的基础运营，为隐性法务经济活动和显性法务经济活动提供基础支撑。不同类型的法务经济主体存在共通的基础运营领域，法务运营资本的具体应用也较为相似，本书不再赘述，仅对投资法务运营资本的特殊应用略作解读。

在投资法务中，法务情报系统不仅具有重要的功能价值，而且在基础运营上也较为特殊。投资法务主体应当以法律为内核并越过投资法务对象，相对独立地审视后者的宏观发展，引导其嬗变为广义法务经济主体。换言之，投资法务主体更应当是战略发展的引领者，否则也将失去法务型股东的存在价值，无异于传统的资本型股东。诚然，投资法务主体并无必要深入了解生产层面的微观细节，但是至少应当熟悉行业发展的市场方向、政策指引、法律规制、同业动态等宏观问题，前瞻性、动态性、系统性地研究预判并引导投资法务对象持续发展。因此，投资法务主体必须建立配套性法务情报系统，持续跟踪特定经济领域的战略性法务情报，匹配投资法务对象发展需求。此外，为了支持显性法务经济活动，投资法务主体还需要开展专项法务情报业务，收集获取特定法务经济领域的战术性法务情报，为开展具体法务经济措施提供决策依据。基于法务情报系统的重要性和特殊性，投资法务主体需要在投资法务运营资本中分配更多比例的法务情报资本，支持法务情报系统开展战略性和战术性法务情报业务。

四、投资法务股权资本

投资法务股权资本是投资法务的必要支点，不仅需要一定规模的法务产业资本的支持，而且将长期置于投资法务对象管理之下，一方面支持投资法务对象转变为广义法务经济主体，另一方面支持投资法务主体取得股权收益和法务经济收益。就投资法务主体而言，投资法务股权资本并非一定金额的股本金，而是基于股权投资之上的商业关系，因此，投资法务股权资本应用实质上是在构建合理、平衡、发展的法务经济关系。

（一）投资法务股权资本的初始形态

在投资法务发展初期，法务股权资本主要来源于投资法务主体的法务产业资本。随着投资法务日趋成熟，法务金融资本等其他法务资本类型也将参与其中。

正如前文所述，投资法务是一项环节复杂的系统工程，投资法务股权资本只是投资法务资本中的众多组成之一，不仅投资周期较长，而且是混合投资收益，因此并非其他法务资本主体的投资首选。这对投资法务主体的法务产业资本规模提出了较大挑战，而且必然间接影响投资法务建设资本、投资法务运营资本、投资法务项目资本等其他投资法务资本的相对规模，但是，投资法务项目资本的单一性客观上更加有利于投资法务主体引导投资法务对象作出具体决策。当然，在投资法务商业运营和整体生态更为成熟之时，法务金融主体或将以投资法务主体为跳板，主动介入广义法务经济领域。

（二）投资法务股权资本的前期导入

毋庸讳言，投资法务主体同样需要在输出法务经济要素基础之上，追求创造法务经济价值。因此，在拨付股本资金之前，投资法务主体需要开展评估投资目标、构建商业关系等前期活动，有效识别潜在风险并为后续运营创建基础环境。

首先是评估投资目标。一般而言，投资法务主体需要立足自身，综合评估潜在投资法务对象的既有风险、未来发展及交易价值。开展投资法务不仅需要具有所需的法务产业资本，能够建立基础股权关系，而且应当具备与之匹配的其他法务经济要素，能够有效实施后续投资法务活动。换言之，在投资法务双向选择的过程中，投资法务主体必须具备承载投资法务的能力，否则将失去法务经济价值。诚然，投资法务主体更善于管控风险，甚至需要在风险处置中创造法务经济价值，但是评估潜在法务投资对象的既有风险仍然是一项重要的前期工作。投资法务主体应当有效识别风险,为确定交易价值等提供参考依据。潜在投资法务对象的未来发展也是投资法务主体的重要评估内容,需要说明的是,“未来发展”并不仅指盈利能力,而是指是否符合广义法务经济主体内涵,那些有悖于法律精神、政治悟性、经济使命、社会责任的传统经济主体显然并非适格的投资法务对象。最后,投资法务主体需要评估潜在法务投资对象的当前交易价值,为确定投资法务股权资本规模提供直接依据。当然,投资法务是一个双向选择的结果,不同潜在投资法务对象对于投资法务本身的价值判断亦不完全相同。总之,基于投资这一重要属性,投资法务主体理应参照对外投资的一般商业思维评估投资目标,但是在具体评判上需要有所区别,一方面应当按照广义法务经济主体的较高标准审视潜在投资法务对象,另一方面又需要站在后续法务经济项目开发的商业角度评判投资价值,至于潜在法务投资对象的盈利性、风险性等传统投资评判标准则不再居于第一层次。

其次是构建商业关系。投资法务并非单纯股权投资,而是叠加了战略发展决策参与、法务经济要素输入、法务经济项目实施等诸多内容,因此,需要双方在确定股权投资之时,同步构建更为系统地投资法务商业关系。诚然,获取股权投资收益、创造法务经济项目机会是投资法务股权资本的重要目标,但是投资法务主体还需积极参与投资法务对象战略发展决策,引导后者转化为广义法务经济主体。同时,投资法务主体在投资法务股权资本之外还应当持续导入其他法务经济要素,支持投资法务对象开展广义法务经济活动,这也要求双方建立顺畅的对接机制,构建法务经济要素运行环境。此外,双方还需要确定在隐性和显性法务经济活动中的相互关系,便于法务经济项目顺畅实施。简言之,投资法务主体与投资法务对象之间并非只是建立简单的股权投资关系,而是构建涵盖更多内容的“投资法务”关系。

最后是拨付股本资金。在投资法务中,设定合理的投资法务股权资本规模是一项重要内容。对投资法务主体而言,法务产业资本不仅需要支持对外投资持股,还需要分立出投资法务建设资本、投资法务运营资本、投资法务项目资本等其他投资法务资本类型,同步支持其他投资法务活动,因此,需要合理确定投资法务股权资本的相对规模,保证投资法务主体平衡发展。即便在法务产业资本整体较为充足的情况下,投资法务主体亦需考虑投资法务股权资本的相对效率,设定最为经济有效的投资法务股权资本规模。此外,投资法务主体必须充分考量投资法务对象的主客观情况,找到两者在投资法务股权资本规模上的合理交叉点。在确定合理规模之后,投资法务主体需要拨付相应的投资法务股权资本并投入投资法务对象。需要说明的是,投资法务是一项动态性法务经济产品,投资法务股权资本并不必然是一次性介入,完全可能是一个根据投资法务对象持续发展等因素不断调整的过程。一般而言,投资法务对象对于投资法务的依赖性和认可度将会逐步提升,投资法务股权资本的介入规模也将会适度缩减。这虽然会在一定程度上降低投资法务股权资本的投资收益,但是也将会释放出一定规模的投资法务股权资本,提高法务产业资本整体循环效能。

(三)投资法务股权资本的管理延伸

从投资法务主体的角度来看,投资法务股权资本是战略性投资,而对投资法务对象而言,投资法务主体掌握更多法务经济要素,是战略性、法务型股东。换言之,股权收益并非投资法务主体的根本目标,股本资金亦非投资法务对象的主要诉求,法务经济管理才是投资法务股权资本之下的真正内核。

就投资法务主体而言,其需要以投资法务股权资本为跳板、以法务经济要素为支点,弥补投资法务对象在法务经济理念、思维、要素等方面的缺失,一方面积极介入后者的顶层管理,提供战略顾问、战略设计等宏观支持;另一方面同步导入法务资本、法务技术、法务情报、法务科技、法务管理等法务经济要素,为生产经营提供微观支持。例如,投资法务主体依托法务情报支持,一方面可以预判政策、法律调整,为投资法务对象决策战略发展提供有效支持;另一方面又可以识别交易对手的隐藏法律风险,为投资法务对象日常经营提供直接支持。

总之,投资法务主体以法务经济视角审视、介入、引领投资法务对象的发展经营,既是投资法务对象嬗变为广义法务经济主体的引领者,也是传统经济活动转变为广义法务经济活动的协助者。

(四)投资法务股权资本的收益分配

基于所持股权,投资法务主体可以依约从投资法务对象利润中分配相应收益。当投资法务股权资本完全来自法务产业资本之时,投资法务股权资本收益自然全部归属于投资法务主体并转化为法务产业资本。当在投资法务股权资本之中组合了法务私有资本、法务金融资本之时,投资法务股权资本收益则需进行二次分配。由于投资法务股权资本收益并非纯粹的股本金收益,而是包含了其他法务经济要素乃至整个投资法务的相应价值,因此,法务私有资本、法务金融资本显然不适合简单按照资金比例分配投资法务股权资本收益,较为合理的方式是在股权投资之初即按照各自实际价值确定收益分配比例,并以此作为投资法务股权资本收益二次分配的直接依据。

(五)投资法务股权资本的周期调整

虽然投资法务股权资本链接了更多法务经济要素,但是在单纯的股权投资层面,投资法务主体并非必须长期、固定持有投资法务对象股权,完全可以根据发展需要购买或者转让股权。

在投资法务期间,投资法务主体可能会为了强化自身的影响力或者增加股权收益而购买更多股权,也可能为了提高法务产业资本效率而转让部分股权,还可能为了实现自身战略发展而转让全部股权等。换言之,在股权转让规则方面,投资法务主体与一般股东并无区别。当然,除了投资法务主体转让全部股权并终结投资法务关系之外,投资法务股权资本的周期调整还应当以促进或保持投资法务基本功能为原则,即能够在战略层面有效引导投资法务对象实施广义法务经济活动,能够有效创造主导投资法务对象狭义法务经济活动的机会。此外,投资法务主体应当在前述原则之下,根据法务产业资本在不同职能领域、其他投资法务对象的资本收益率比较,合理调整特定投资法务股权资本的规模,实现法务产业资本收益最大化。

(六)投资法务股权资本的风险管理

在投资法务中,投资法务股权资本脱离了投资法务主体的直接主导,转由投资法务对象管理并参与到生产经营活动之中。在此期间,投资法务股权资本可能直接或者间接为投资法务主体带来股权收益和法务收益,但是同样面临着价值损失风险和属性丧失风险。因此,投资法务主体需要针对投资法务股权资本开展价值风险管理和属性风险管理。

一方面,投资法务主体需要对投资法务股权资本的价值风险进行管理,以实现股本金增值。任何投资活动都存在风险,股权投资亦是如此,投资法务对象需要面对政策风险、市场风险、管理风险等各种潜在风险,股东权益自然也可能因此而遭受损失。就投资法务主体而言,其主要目的固然是引导投资法务对象提高广义法务经济活动品质、争取投资法务对象潜在法务经济项目,但是显然也要面临股本金贬值乃至损失殆尽的风险。因此,在初始介入、中期管理、后续退出等环节,投资法务主体不仅需要实时管控投资法务对象的法律风险,还需要动态管控投资法务对象的经营风险,从而确保投资法务股权资本自身的价值安全。此外,投资法务主体管控投资法务股权资本的价值风险,实际上就是在管控投资法务对象所有股份的价值风险。

另一方面,投资法务主体需要对投资法务股权资本的属性风险进行管理,保证投资法务股权资本的法律属性。投资法务股权资本并非只是用于生产经营的货币,而是需要具有法律精神、政治悟性、经济使命和社会责任,才能匹配和引领投资法务对象的生产经营活动。当投资法务股权资本处于投资法务主体绝对管控之下时,其显然更易于保持自身的基本属性,但是当投资法务对象介入其中之时,投资法务股权资本就可能面临基本属性被弱化、更替的风险,其价值内核也将随之降低甚至丧失。从本质上说,保持投资法务股权资本的法律属性就是构建广义法务经济活动,让传统经济活动本身具有法律精神、政治悟性、经济使命和社会责任。这就需要投资法务主体通过积极介入投资法务对象的战略管理,引导后者按照法务经济思维开展生产经营管理,保持投资法务股权资本的法律属性。

五、投资法务项目资本

投资法务包含隐性法务经济活动和显性法务经济活动,两者都需要投资法务项目资本的支持,但是在微观层面又存在较大差别。

在隐性法务经济活动中,投资法务主体依托自身职能系统支持,为投资法务对象提供宏观决策参考,有效降低生产经营活动风险并提升其品质。

隐性法务经济活动所需投资法务项目资本是以投资法务建设资本和投资法务运营资本的形态出现,并不需要法务产业资本的专门支持,所获收益隐含在投资法务股权资本收益之中。鉴于前文已对投资法务建设资本和投资法务运营资本的应用作了详细论述,故此处不再赘述。

在显性法务经济活动中,投资法务主体将在微观层面解决投资法务对象的具体法务经济需求,这就需要叠加法务投资、法务开发、法务融资等法务经济产品,并配置相应的投资法务项目资本。在此期间,投资法务主体需要叠加法务经济产品主体角色,按照不同法务经济产品的具体要求应用投资法务项目资本。鉴于本书已在专门章节对法务投资等法务经济产品进行了系统阐释,此处亦不再赘述。需要说明的是,投资法务主体不仅需要在显性法务经济活动中实现角色转化,而且需要在此期间重构自身与投资法务对象的关系,按照具体法务经济产品的内在要求管理投资法务对象和投资法务项目资本,以避免因关系混同给具体法务经济项目实施及投资法务项目资本带来额外风险。

总之,投资法务主体需要以法务产业资本为基础,同时根据需要导入法务金融资本、法务私有资本等,平衡配置投资法务建设资本、投资法务运营资本、投资法务股权资本、投资法务项目资本等各个类型投资法务资本,支持各项投资法务活动的开展。

第十七章 ● 法务资本与法务金融

法务金融是法务经济发展到一定阶段的产物，不仅能够促进法务经济活动产业化发展，而且也将加速整个法务经济生态构建。法务金融资本是法务资本的细分类型之一，也是法务金融活动的核心要素。伴随法务金融活动的多领域发展，法务金融资本进一步细分为法务保险资本、法务信托资本、法务基金资本、法务保理资本等法务金融资本类别，在各自领域支持相应的法务金融活动。本章将在概要解读法务金融活动基础之上，详细论述法务保险资本、法务基金资本、法务保理资本等在各自领域的具体应用。

第一节　法务金融概述

所谓法务金融活动，是指以创造法务经济价值为目标，依托法务资本并用于支持法务经济活动开展的金融活动。

在本质上，法务金融活动是一种法律属性化的金融活动。金融的核心是跨时间、跨空间的价值交换，法务金融亦是如此。诚然，法务金融与法律存在极为紧密的关联，法务领域亦是法务金融的重要应用空间，但是法务金融并非专指应用于法务领域的细分金融活动，而是指金融的特定发展形态。或者说，法务金融是具有明显法律属性的金融形态，这也是法务金融与传统金融的最大区别，但应当注意的是，两者在应用领域上又完全可能存在交叉重合。以诉讼融资领域为例，法务金融自不待言，传统金融在理论上也完全可能介入，而在传统经济领域，法务金融同样可以积极介入，支持广义法务经济活动开展。简言之,法务金融与传统金融是处于不同维度、属性内涵并不相同的两种金融发展形态。

法务金融活动是一种特殊的法务经济活动。就法务金融主体而言,法务金融就是以各种方式向法务金融对象融出资金的活动。从更为微观的层面来看,法务金融对象既可能是法务经济主体、法务经济对象,还可能是传统经济主体、传统法务主体、传统法务对象。换言之,法务金融活动既可能是一项法务经济中间活动,通过向其他法务经济主体融入资金并间接支持后者开展法务经济活动,从而解决法务经济需求,又可能就是一项独立的法务经济活动,法务金融主体兼有法务经济主体功能角色,能够直接解决法务金融对象的资金需求。例如,法务金融主体向法务投资主体融出资金,而法务投资主体则将法务金融资本转化为法务投资项目资本,用以支持自身实施法务投资项目,解决法务投资对象根本需求。当然,法务金融主体完全可能直接介入诉讼融资领域,向法务经济对象融出资金并解决后者需求。从法务经济视角来看,前者是一项典型的法务经济中间活动,而后者则是标准的法务经济活动。

法务金融活动的根本目的是支持法务经济活动开展。在具体的法务金融活动中,法务金融主体固然需要实现法务资本增殖的直接目的,但是从整个法务经济生态角度来看,法务金融活动主要是为了在法务金融主体与法务金融对象之间合理配置法务资本,支持法务金融对象开展法务经济活动。需要说明的是,法务金融活动并不仅仅支持狭义法务经济活动开展,还将在延伸至传统法务领域过程中支持狭义法务经济生态拓展,同时在切入传统经济领域过程中支持广义法务经济活动开展。

法务金融主体是法务金融活动的主导主体,也是特殊的法务经济主体。法务金融活动既包括融出资金的法务金融主体,也包括融入资金的法务金融对象,而法务金融主体则是法务金融活动的主导者,具体管理、实施法务金融活动。在法务金融活动中,法务金融主体依托法务金融资本向法务金融对象融出资金,并被后者转化为开展法务经济活动的法务资本。从整个法务经济生态层面来看,法务金融主体是法务资本这一法务经济要素的供给者,因此属于法务经济要素主体。

法务金融资本是法务金融活动的核心要素。法务金融是法律属性化的金融活动,因此,必然需要以法律属性化的资本即法务资本作为匹配要素,从而保持自身的法律属性。需要强调的是,法务金融资本并不等于法务金融活动中的融出资金,不仅能够直接用于资金融通,还将在法务金融主体建设、法务金融人才建设、法务金融平台建设等诸多领域支持法务金融活动的开展。换言之,法务金融资本是开展法务金融活动的核心要素,而融出资金则是来源于法务金融资本的特殊“法务经济商品”。

法务金融模式是法务金融活动的组织方式。基于金融活动对于经济活动的重要影响,无论是金融主体还是金融应用领域,都有着更为严格的规范要求。就法务金融活动而言,其不仅需要以遵循这些规范要求为必要前提,而且需要在法务经济层面以可行方式回应各种法务金融需求。不得不说,这的确充满挑战,而并非是简单的“资金融通”。在某种意义上,法务金融模式不仅是标准化的法务金融产品,也是法务金融资本存在和发展的核心支点。

在法务金融主体主导之下,法务金融活动不仅广泛应用于诸多法务经济领域,而且将延伸至传统经济领域和传统法务领域。首先,在法务经济领域,法务金融活动除了直接指向传统经济主体之外,还将积极介入法务经济主体建设、法务经济要素建设、法务经济项目实施等各类法务经济活动,在各个领域支持法务经济生态建设。例如,法务金融活动的一个重要应用领域就是法务经济项目实施,法务经济项目主体导入法务金融资本并将其转化为法务项目资本,用以加速法务经济活动产业化发展。其次,传统经济领域是法务金融活动的另一个重要应用领域。对于法务经济主体来说,不仅需要构建狭义法务经济生态,而且需要在此基础上积极构建广义法务经济生态,法务资本则是切入传统经济领域极为重要的支点。基于自身规模优势,法务金融资本能够更为快速地拓展至更多传统经济领域,而法务金融活动则将为法务金融资本切入建立可行通道。可以说,法务金融活动将是构建广义法务经济生态的重要途径。最后,传统法务领域也是法务金融活动的重要应用领域。虽然传统法务主体无法有效承载资本,但是无论是传统法务对象还是传统法务主体,对于法务资本都有着内在需求,在契合的法务金融模式中,传统法务主体和传统法务对象完全可能成为法务金融对象。

总之，法务金融活动是特殊的法务经济活动，不仅能够加速法务经济活动产业化发展，也将是构建广义法务经济生态的重要支点。

第二节 法务保险资本

法务保险是法务金融的重要组成，广泛应用于法务经济领域、传统法务领域和传统经济领域，将会促进法务经济活动开展、法务金融体系发展和法务经济生态构建。法务保险资本是法务保险的核心要素，为法务保险的基础建设、基础运营及项目实施等提供了必要支持。本节将在概要介绍法务保险的基础上，详细论述法务保险资本的具体应用。

一、法务保险概述

所谓法务保险，是指以法务经济活动为指向，针对传统经济主体、传统法务主体、法务经济主体等构建的保险形态。

从法务经济活动的角度来看，法务保险是一项专门的法务金融活动。保险是一种损失分摊方法，即以多数人缴纳保费形成保险基金从而弥补少数人的损失，是现代金融体系中的重要组成部分。法务保险在本质上就是保险，也是一项专门的法务金融活动。需要强调的是，法务活动固然是法务保险的重要应用领域，但是法务保险并非是保险的应用细分，更非是指专门应用于法务领域的保险类型，而是具有法律属性的保险形态，并因此而区别于传统保险。

法务保险以法务经济活动为指向，涉及诸多法务经济领域。就传统保险而言，传统经济活动是其主要应用领域，虽然其亦在尝试向传统法务领域延伸，但仍属浅层次、边缘性探索。例如，在传统法务活动中，财产保全是当事人经常采取的措施之一，传统保险企业近几年来纷纷涉足诉讼保全保险领域，大大缓解了当事人保全担保压力。当然，相较于传统保险领域，诉讼保全保险仍然只是一个很小的业务领域，在业务内容上仍然比较传统，而传统保险企业需要向法务活动的更深领域延伸。基于自身的法律属性，法务保险以法务经济活动为指向目标，这里所说的法务经济活动既包括狭义法务经济活动,亦包括广义法务经济活动。为了便于细分比较,CLEAR 法务金融理论将前者称为狭义法务保险,而后者被则称为广义法务保险。在狭义法务经济活动中,必然存在不确定性风险,这就需要狭义法务保险积极介入并分摊、化解这些风险。例如,对于法务融资主体而言,必然需要面对融出资金无法收回的风险,客观上需要狭义法务保险积极介入,促进法务融资活动发展。随着法务金融活动的创新发展,法务保险完全可能渗透到狭义法务经济生态的各个领域,在各个方面支持狭义法务经济活动开展。在构建广义法务经济生态过程中,狭义法务保险主体需要向传统经济领域拓展,而传统法务保险主体同样需要升级为广义法务保险主体,共同支持传统经济活动转化为广义法务经济活动。

法务保险主体是法务保险活动的主导者,传统经济主体、传统法务主体和法务经济主体都可能成为法务保险对象。法务保险是一项专门的法务金融活动,法务保险主体则是法务保险活动的主导者,也是法务金融主体之一。正如前文所述,法务保险将渗透到法务经济生态的诸多领域,而传统经济主体、传统法务主体、法务经济主体等作为法务经济生态中的组成单元,都可能成为法务保险对象。例如,在法务诉讼保险中,传统经济主体是最为主要的法务诉讼保险对象,而在法务融资保险中,法务融资主体既是法务融资活动的主导者,又可能成为法务融资保险对象。可以说,法务保险在向法务经济生态各个领域渗透过程中,将会介入到各种社会经济活动之中,各种主体都将成为法务保险活动的参与者。

法务保险将会促进法务经济活动产业化发展、支持法务金融体系建设、加速法务经济生态构建。作为一种法务金融模式,法务保险直接支持法务投资、法务融资、投资法务等具体法务经济活动开展,不仅能够有效化解法务经济主体等面临的潜在风险,而且将会直接或间接提供法务金融资本,促进法务经济活动产业化发展。同时,法务保险将依托法务保险项目资本,积极支持法务信托、法务基金、法务保理等其他法务金融活动,从而促进整个法务金融体系的发展完善。此外,法务保险不仅广泛应用于法务经济领域,而且将会向传统法务领域和传统经济领域拓展,成为加速构建狭义法务经济生态和广义法务经济生态的重要支点。

法务保险资本是法务保险的核心要素，将与法务情报、法务科技、法务人才等其他法务经济要素共同支持法务保险活动的开展。在所有法务金融活动中，法务金融资本都是无可替代的核心法务经济要素，法务保险资本同样是法务保险活动的核心要素。除了法务保险资本之外，法务保险活动还需要法务情报、法务科技、法务人才等其他法务经济要素支持，而这些法务经济要素同样需要法务保险资本的必要支持。鉴于下文将详细解读法务保险资本的具体应用，此处不再展开。

总之，法务保险是法务金融体系中的重要组成部分，伴随法务经济生态的日趋成熟，将广泛应用于法务经济领域、传统经济领域和传统法务领域，加速法务经济活动产业化发展和法务金融体系创新发展，积极促进狭义法务经济生态和广义法务经济生态构建。

二、法务保险资本

法务保险资本是法务保险的核心法务经济要素，用于支持法务保险主体开展法务保险建设、法务保险运营、法务保险理赔、法务保险经营等各种法务保险活动（见图 17－1）。

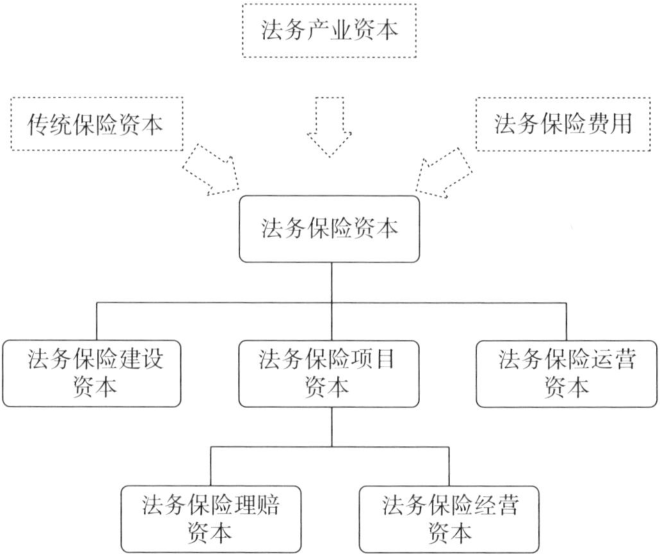

图 17－1　法务保险资本

法务保险资本主要源于法务产业资本分离、传统保险资本转化和法务保险费用缴纳。伴随法务经济快速发展,法务经济主体、法务经济对象等对于法务保险的需求也日趋旺盛,部分法务产业资本将从一些法务经济主体中分离,成为原始法务保险资本的重要来源。同时,基于传统保险主体的法律属性化或者特定法务保险模式,某些传统保险资本完全可能转化为法务保险资本,支持法务经济活动的开展。此外,法务经济主体、传统法务主体、传统经济主体等各类法务保险对象也将缴纳一定的法务保险费用,这些费用将沉淀并转化为法务保险资本。

根据主要功能和应用领域的不同,法务保险资本可以分为法务保险建设资本、法务保险运营资本、法务保险项目资本等不同类型,每种类型的法务保险资本又可以细分为不同类别,支持法务保险活动的微观运行。在法务保险主体主导下,法务保险建设资本主要用于支持法务保险系统、法务保险人才、法务保险科技等基础建设,为开展法务保险活动提供基础支持。法务保险运营资本主要用于支持法务保险系统基础性商业运营,为开展各项法务保险业务提供必要支持。例如,为了常态性获得潜在法务保险项目并对其初步评估,法务保险主体需要依托法务保险运营资本,在维护法务保险科技平台基本运营的同时开展法务保险营销获得潜在法务保险项目,并积极依托法务保险情报筛选评估潜在法务保险项目。法务保险项目资本主要可以细分为法务保险理赔资本和法务保险经营资本,分别用于支持法务保险主体开展法务保险理赔活动和法务保险经营活动。鉴于法务保险在基础建设和基础运营方面与其他法务经济活动较为相似,故不再对法务保险建设资本和法务保险运营资本具体应用展开叙述,仅在下文对法务保险项目资本的具体应用作详细阐释。

法务保险主体应当平衡配置各类法务保险资本,促进自身良性、持续发展。正如前文所述,无论是法务保险主体基础建设和运营、法务保险要素建设,还是法务保险项目项目实施,都离不开各类法务保险资本的基础支持。就法务保险主体而言,需要平衡配置法务保险建设资本、法务保险运营资本、法务保险项目资本等各类法务保险资本,平衡支持各项法务保险活动开展,从而促进法务保险主体和法务保险活动良性、持续发展。

法务保险理赔资本是直接用于支持法务保险主体实施法务保险理赔活动的法务保险资本。法务保险的一个重要功能就是分摊法务保险对象的损失,法务经济活动虽然是经济活动的更高形态,但是同样存在各种风险,法务经济主体、传统经济主体、传统法务主体等法务保险对象完全可能在此期间遭受损失,这就需要法务保险主体依托法务保险理赔资本,偿付法务保险对象的经济损失。当然,法务保险理赔资本并不等同于法务保险理赔资金,前者是法务保险主体开展法务保险理赔活动的支撑要素,而后者则是支付给法务保险对象的经济损失。换言之,法务保险理赔资金是法务保险理赔资本的具体应用之一。需要注意的是,法务经济活动的标准化是开展法务保险活动的重要前提,但是相较于传统保险标的,法务保险标的一般具有更高的不确定性,因此在整个法务保险资本中,法务保险理赔资本也需要相对保持更大的占比,以保证法务保险主体能够及时赔付法务保险对象经济损失。

法务保险经营资本是用于支持法务保险主体开展其他经营活动的法务保险项目资本。基于自身掌控的大量法务保险资本,法务保险主体能够而且应当积极开展经营活动,实现法务保险资本增殖。诚然,法务保险主体并不直接主导实施具体的法务经济项目,但是完全可能通过合适的法务金融模式,直接或者间接支持法务经济活动产业化发展和法务经济生态建设。例如,法务保险经营资本可以直接以股权投资方式支持法务经济主体发展,也可以依托投资法务主体介入传统经济主体,还可以借助法务基金等其他法务金融模式创新发展法务金融体系等。从法务经济生态视角来看,法务经济活动和法务金融活动的创新发展也将为法务保险经营资本创造更多应用空间,这也要求法务保险主体必须创新更多法务保险经营模式,提高法务保险经营资本增殖效能。

总之,法务保险是法务金融体系中的重要组成,法务保险资本将在支持法务保险活动开展基础上,促进法务经济活动产业化发展和整个法务金融体系的完善。

第三节　法务基金资本

基于法务经济理论和法务金融实践,CLEAR 创新提出法务基金概念,并在法务基金商业实践中进一步创新发展法务基金理论。法务基金是 CLEAR 法务金融体系中的重要内容,将会促进整个法务经济生态建设,而法务基金资本则是法务基金的核心要素,在各个领域支持法务基金活动的开展。

一、法务基金概述

所谓法务基金,是指为了创造法务经济价值,以法务经济活动为直接指向的基金形态。

法务基金并非传统基金的细分应用,而是基金的创新优化形态。传统基金是现代金融体系中的重要组成部分,在各个领域促进社会经济发展。但是,传统基金相对缺乏有效识别、管控法务风险的核心要素和基础能力,对介入法务领域极为谨慎。即便在传统经济领域,传统基金也并不具有法务经济属性,不仅自身更容易处于法律风险之中,而且难以促进传统经济活动提升运行品质。法务基金并非传统基金在法务领域的细分应用,而是基金被赋予法律属性之后的创新形态,具有法务经济思维和意识。

法务基金直接指向法务经济活动,既包括狭义法务经济活动,又包括广义法务经济活动。基于自身法律属性,法务基金具有法律精神、政治悟性、经济使命和社会责任,将在法务经济层面运行,直接指向法务经济活动。法务基金将依托各种法务经济要素支持,更为积极地介入狭义法务经济活动。在此基础之上,法务基金需要向传统经济领域创新延伸,支持传统经济活动转化升级为广义法务经济活动,促进广义法务经济生态构建。需要说明的是,基于法务基金自身的法律属性,某些不符合法务经济发展方向的传统经济领域并非法务基金的应用空间,而某些不适合传统基金介入的传统经济领域又可能成为法务基金的创新空间。

法务基金活动需要法务经济要素综合支持。在本质上,法务基金是一项法务金融活动,需要历经募投管退等环节,也需要面临各种法律风险和商业风险。因此,法务基金主体需要站在法务经济高度,依托法务资本、法务情报、法务科技、法务人才等各种法务经济要素开展法务基金活动。其中,法务基金资本是法务基金的核心要素,支持法务基金主体建设、法务基金要素建设、法务基金项目实施等各项法务基金活动;法务基金情报、法务基金科技是法务基金的基础要素,前者为法务基金主体的决策和管理提供参考依据,后者则为法务基金活动的组织运行提供基础支持;法务基金人才是法务基金的能动要素,具体实施各项法务基金措施。

法务基金需要以其他法务金融活动、法务经济活动为支点,通过组合应用创新法务经济价值。法务基金是法务金融体系乃至整个法务经济生态的重要组成部分,但是单一的法务基金并不能够创造法务经济价值,而是需要积极依托法务保险、法务保理等法务金融活动间接介入法务经济活动,或者直接指向法务经济活动,并以法务经济活动为支点创造法务经济价值。换言之,法务基金的发展和创新需要以其他法务金融活动和法务经济活动的发展为重要基础。从更为微观的角度来看,法务基金与其他法务金融活动和法务经济活动需要适合的对接模式,这将在很大程度上决定了法务基金价值的高度和空间。

法务基金具有加速法务经济活动开展、支持传统法务活动创新、优化传统经济活动品质、促进法务金融体系发展等功能,是构建法务经济生态的重要因子。首先,法务基金有助于加速法务经济活动开展。法务经济活动是法务基金的价值支点,法务基金的积极介入将直接解决法务经济主体和法务经济项目资本不足的问题,促进法务经济活动开展。特别是在法务经济产业化发展时期,法务基金将进一步加速这一进程。其次,法务基金有助于支持传统法务活动创新。在传统法务主体难以有效承载法务资本、传统法务对象需要法务资本积极支持的背景之下,法务基金完全可以直接或间接介入传统法务活动并输出法务资本,变革传统法务活动的要素结构和组织运行,为后者创新提供有力支点。再次,法务基金有助于优化传统经济活动品质。正如前文所述,法务基金并不局限于狭义法务经济领域,必然会积极反向融入传统经济领域,将自身法律属性导入传统经济活动,促使后者提升至法务经济形态,从根本上优化其内在品质。最后,法务基金有助于促进法务金融体系发展。面对法务经济活动的多样化需求,法务金融必然需要多业态发展,法务基金的创新发展也将促进法务保险、法务保理、法务信托等其他法务金融活动的同步发展,从而支持整个法务金融体系的创新发展。

二、法务基金资本

法务基金资本是法务基金的核心要素,源于诸多资本形态,也将广泛应用于法务基金活动的诸多领域。在具体应用中,法务基金资本一方面需要在内部平衡配置,积极促进法务基金整体平衡发展,另一方面又需要与其他法务资本组合配置,创新支持法务经济活动综合需求。

法务基金资本主要来源于法务产业资本、法务私有资本、法务金融资本和传统资本。在法务基金发展初期,尚未形成完善的法务金融体系,其他法务金融资本同样处于发展阶段,而传统资本主体尚未充分认知法务基金的重要价值,因此,法务产业资本和法务私有资本将成为法务基金资本的主要来源。对于法务经济人员而言,除了直接以法务众筹资本方式投向具体法务经济项目之外,法务基金显然是另一个可选通道,而法务私有资本也将会积极推动法务基金的初期发展。此外,某些具有法务经济创新意识的传统法务人员同样可能积极投入"准法务私有资本",成为原始法务基金资本的重要组成。在法务基金发展较为成熟之时,其他法务金融资本、传统资本也将成为法务基金资本的重要组成部分,甚至成为原始法务基金资本的主流。在这一过程中,"准法务私有资本"和传统资本的法律属性化将极为重要,特别是在两者规模占据原始法务基金资本较大比例之时,法律属性化程度将会影响法务基金资本属性。

法务基金资本可以细分为法务基金建设资本、法务基金运营资本、法务基金项目资本等不同类型,用于支持不同领域的法务基金活动。无论是法务产业资本、法务私有资本、法务金融资本还是传统资本,都将转化为法务基金资本并置于法务基金主体的主导之下,细分为不同类型并分别支持各项法务基金活动的开展。其中,法务基金建设资本用于支持法务基金主体建设、法务基金要素建设等,法务基金运营资本用于支持法务基金系统的基础运营,而法务基金项目资本则用于支持实施具体的法务基金项目。需要略加说明的是，法务基金项目资本根据具体应用领域的不同，可以进一步细分为不同类别，在具体管理上皆存在较大差异。

法务基金资本应当平衡配置，促进法务基金整体良性、平衡发展。正如前文所述，法务基金资本是法务基金的核心要素，法务基金主体建设、法务基金要素建设、法务基金系统运营、法务基金项目实施等各项法务基金活动都离不开法务基金资本的必要支持。就法务基金主体而言，其应当根据自身所处的不同发展阶段，平衡配置法务基金建设资本、法务基金运营资本和法务基金项目资本，促进法务基金整体良性、平衡发展。

法务基金资本需要与其他法务资本组合配置，创新法务经济价值。法务基金资本需要以法务经济活动为支点，创新自身法务经济价值。当然，法务基金资本并不能够直接匹配所有法务经济活动，这就需要与法务产业资本、法务金融资本等组合配置，以更为契合的方式支持法务经济活动。从更为宏观的视角来看，法务基金资本是整个法务资本体系的组成部分，既需要在法务资本体系层面创新组合，也需要在具体法务经济活动层面创新配置，创新自身法务经济价值。例如，法务基金资本既需要与法务保理资本、法务保险资本等组合创新，又需要与法务投资资本、法务融资资本等配置创新。

总之，法务基金是基金的创新发展形态，也是法务金融体系的重要组成部分。法务基金资本细分为不同类型并在多个领域支持法务基金活动开展，一方面支持法务金融体系创新完善，另一方面支持法务经济产业化发展，成为构建法务经济生态的重要元素。

第四节　法务保理资本

基于法务经济理论和法务经济实践，CLEAR 创新提出了法务保理概念，并在此基础上进一步发展完善，逐步形成了较为成熟的法务保理理论和法务保理商业模式，成为 CLEAR 法务金融体系中的重要组成部分。开展法务保理活动需要获得多种要素支持，法务保理资本则是其中最为重要的基础支撑。本节将对法务保理进行概要介绍，并详细解读法务保理资本在法务保理活动中的具体应用。

一、法务保理概述

保理即保付代理，又称托收保付，起源于国际贸易结算。由于保理尚属新兴金融活动，因此行业内并无规范统一的定义。一般而言，保理是指保理商以受让企业因销售货物或者提供服务所产生的应收账款为前提，所提供的贸易融资、销售分户账管理、应收账款催收、信用风险控制与坏账担保等综合性金融服务。根据保理主体性质不同，保理可以分为银行保理和商业保理两大类别。其中，银行保理的经营主体主要是商业性银行，而商业保理的经营主体主要是商业保理公司，两者在具体业务运营中也存在一定差异。

法务保理是一种创新的保理形态。作为一种新兴的金融活动，保理业务发展较为迅速，但是整体上仍处于商业探索阶段，特别是在如何对接经济活动内在需求、如何控制自身商业风险等成为亟待解决的问题上。基于对法务经济需求的精准把握和对法务金融创新的敏锐洞察，CLEAR 在法务经济层面导入并创新了保理模式，最终创建了法务保理这一法务金融模式。需要注意的是，法务保理并非指应用于法务领域的保理，而是法律属性化的保理，是保理的创新发展形态。因此，法务保理在应用上并不限于一般概念中的法务领域，事实上传统经济领域、传统法务领域将是法务保理活动更为广阔的应用空间，法务保理也将成为构建广义法务经济生态的重要支点之一。

开展法务保理活动需要具备诸多基础要素。首先，需要具有适格的法务保理主体。无论是银行保理还是商业保理，都需要保理主体具有保理的行业资质。就法务保理主体而言，其不仅需要具备基础的保理行业资质，更加需要具有法务经济意识，能够有效驾驭法务保理活动。从更深层次来讲，法务保理主体不仅需要法务经济要素的支持，而且需要法务经济体系的支持，一方面要能有效解决与经济活动内在需求对接问题，另一方面要能有效控制自身商业风险，实现法务保理在商业层面的落地运营。其次，需要具有相应的法务保理资本。在本质上，法务保理是一项法务金融活动，法务保理资本有着更为重要的基础价值。这也要求法务保理主体必须拥有一定规模的法务保理资本，在各个领域支持法务保理活动开展。再次，需要具有可行的法务保理模式。从法务金融层面看,法务保理就是一种法务金融模式,但是在商业运营层面,法务保理必须创建可行的法务保理模式,支持法务保理的微观运行。从另一个角度讲,法务保理需要在法务保理主体与法务保理对象之间构建可行的法务经济关系,解决法务保理对象的内在需求。在法务经济活动产业化发展背景之下,可行的法务保理模式还需要同时实现标准化,并且能够无缝嵌套至整个法务经济产业化体系之内,实现法务保理活动产业化发展。最后,需要具有匹配的法务保理要素。法务保理业务涉及贸易融资、销售分户账管理、应收账款催收、信用风险控制与坏账担保等一系列活动,因此开展法务保理活动除了法务保理资本之外,还需要法务保理技术、法务保理情报、法务保理科技、法务保理人才等其他法务保理要素支持。例如,法务保理科技将为法务保理主体高效管理批量化的应收账款等提供基础支持,法务保理人才则需要在法务技术、法务情报等支持下高效开展应收账款催收等活动。

法务保理是法务金融体系的重要组成部分,也将促进法务经济生态构建。作为一种创新的法务金融模式,法务保理不仅是对法务金融体系的创新发展,而且将与法务投资、法务开发、投资法务等诸多法务经济模式有机组合,加速法务经济活动产业化发展。此外,法务保理还将广泛应用于传统经济领域和传统法务领域,支持法务资本向传统经济活动和传统法务活动渗透,促进狭义法务经济生态拓展和广义法务经济生态构建。

二、法务保理资本

顾名思义,法务保理资本是用以支持法务保理活动开展的法务资本。法务保理资本属于法务金融资本的细分,也是法务保理活动的核心要素。

法务保理资本主要来自原始法务保理资本和法务金融资本。基于法务保理的金融属性,开展法务保理活动的前提基础就是需要具备较大规模的原始法务保理资本,这固然提高了法务保理主体的准入门槛,但是也将为开展法务保理活动提供了必要的资本支持。原始法务保理资本主要来自法务产业资本转化,而传统资本在法律属性化之后也将成为重要来源。同时,在法务金融较为成熟之时,法务保理主体也将积极导入法务基金资本、法务保险资本等法务金融资本,弥补自身法务保理资本的相对不足,加快法务保理活动产业化发展。

根据主要功能的不同,法务保理资本可以分为法务保理基础建设资本、法务保理融资担保资本和法务保理业务运营资本。法务保理基础建设资本主要用于支持法务保理机构、法务保理人才、法务保理科技等基础建设。虽然并未直接介入具体的法务保理项目,但是法务保理基础建设资本将会间接支持法务保理项目实施,并在较大程度上影响法务保理项目实施品质,乃至对法务保理产业化发展产生重要影响。法务保理融资担保资本主要用于支持法务保理主体开展法务保理贸易融资和法务保理坏账担保活动。在法务保理项目实施中,法务保理主体需要根据法务保理对象的需求选择,开展贸易融资、坏账担保等活动,这些显然离不开法务保理融资担保资本的必要支持。从规模比例角度来看,法务保理融资担保资本将在整个法务保理资本中占据较大份额。法务保理业务运营资本主要用于支持法务保理机构基础运营、销售分户账管理、应收账款催收、信用风险控制等法务保理活动开展。法务保理是一项综合性法务金融活动,法务保理主体需要根据法务保理对象具体需求,同时开展销售分户账管理、应收账款催收、信用风险控制等若干项子活动。此外,法务保理主体还需要开展前期营销、商业创新等活动,这些同样需要法务保理业务运营资本提供基础支撑。

法务保理资本需要平衡法务保理基础建设资本、法务保理融资担保资本和法务保理业务运营资本配置。正如前文所述,不同类型的法务保理资本分别用于支持不同领域的法务保理活动,法务保理资本的平衡配置实质上是在平衡法务保理主体建设与法务保理项目实施、法务保理融资担保活动与法务保理业务运营活动之间的关系,在整体上实现法务保理的平衡发展。从更为微观的视角来看,法务保理资本还需要在细分应用领域、不同发展阶段等方面进行平衡配置。

自身风险管理是法务保理资本应用中一项重要内容。法务保理是一项特殊的法务经济活动,不仅需要直接介入传统经济活动或者传统法务活动之中,而且需要根据法务保理对象需求选择叠加贸易融资、坏账担保等法务金融活动,甚至需要在应收账款催收中启动法务诉讼、法务谈判等狭义法务经济活动。可以说,法务保理是以法务金融活动为中心、包含广义法务经济活动和狭义法务经济活动的综合型法务经济活动。法务保理显然可以大为降低法务保理对象在交易活动中的信用风险,但是对于法务保理主体而言,其虽然具有更为良好的风险识别和管控能力,但是必然需要同时面对广义法务经济活动中的信用风险和狭义法务经济活动中的法律风险。相较于一般法务经济活动,法务保理具有较为明显的重资本特征,在贸易融资、坏账担保等活动中尤为明显。在此背景之下,法务保理主体必须依托法务技术、法务情报、法务科技等法务经济要素的综合支持,有效管控法务保理的信用风险和法律风险,以避免法务保理融资担保资本出现重大损失。此外,法务保理基础建设资本、法务保理业务运营资本等同样面临着各种商业风险,需要法务保理主体积极应对。

第三编

法务资本创新

法务资本既是开展法务经济活动的核心要素,也是构建法务经济生态的基础支撑。同时,法务经济活动又是法务资本的价值支点,法务经济生态则是法务资本的发展背景。随着法务经济活动的不断拓展和法务经济生态的持续发展,法务资本必然需要同步创新。法务资本创新理论是法务资本理论的重要组成部分,主要针对法务资本创新的重要意义、基本原则、主要领域等进行深入研究和系统总结,为法务资本实践创新提供基础理论指导。

第十八章 ● 法务资本创新概述

创新是 CLEAR 的核心基因,法务资本不仅是创新的产物,而且将在理论和实践层面持续创新,不断为法务经济主体、法务经济要素、法务经济活动、法务经济生态等创新发展注入动力。本章将在分析法务资本创新必要的基础之上,详细解读法务资本的创新基础和创新原则。

第一节　法务资本的创新必要

法务经济实践虽然快速发展,但是仍属创新事物,依然需要在各个领域持续创新并为发展注入动力。法务资本是法务经济生态的基础支撑,在各个层面、各个领域支持着法务经济生态构建。法务资本创新既是自身发展的内在需求,也是法务经济活动和法务经济生态创新发展的必然要求。

一、法务资本创新是自身发展需要

法务资本是法律属性化的资本形态,需要在持续创新、自我完善的基础之上,创新支持法务经济活动开展和法务经济生态构建,创造自身法务经济价值。

正如本书所述,法务资本具有法律精神、政治悟性、经济使命和社会责任,应当站在整个社会和谐、持续发展的高度,积极追求公正、秩序,提升社会经济运行品质,实现社会经济的“法务经济”形态。随着社会持续进步和经济快速发展,“法务经济”的内涵也在不断提升和丰富,法务资本同样需要在持续创新中实现自我完善,在更高层面支持“法务经济”构建。在发展形态等微观层面,法务资本尚不能够完美匹配法务经济活动内在需求,同样存在创新完善空间,特别是在法务经济活动不断创新的背景之下,法务资本自身的创新需求更为迫切。

法务资本需要持续创新自身应用,在更广领域支持法务经济活动开展和法务经济生态构建,创造更大法务经济价值。法务经济活动是法务资本的价值支点,静态法务资本不仅无法创造法务经济价值,而且将失去资本本质属性,法务经济内涵提升和丰富也将失去意义。诚然,法务资本快速发展并迅速向各个法务经济领域渗透,但是同时必须承认,法务资本仍然属于创新事物,依然有更为广阔的传统法务领域、传统经济领域尚待积极介入,即便在法务经济领域,法务资本也同样存在诸多创新空间。就法务资本而言,其需要持续创新自身应用,将自身法律属性推向更高层次、更广领域,赋予传统法务活动和传统经济活动“法务经济”属性,支持构建狭义法务经济生态和广义法务经济生态。

不可否认,法务资本基于资本本质属性,因此,必然要求在支持法务经济活动开展和法务经济生态构建的基础之上,积极追求自身规模积累。在资本本性驱动下,法务资本不仅将深度开发法务经济领域的潜在空间,而且必然需要向传统法务领域和传统经济领域扩张,在更为广阔的领域更为快速地实现资本积累。当然,法务资本具有法律属性,这种扩张并非唯利是图式的野蛮扩张,而是“法务经济”主导之下的理性扩张。

二、法务资本创新是法务经济活动发展需要

基于“创建法律与经济广泛适用的联系”这一核心理念,法务经济积极回应社会经济发展根本需求,旨在修复传统经济运行秩序异常、提升社会经济活动内在品质。在商业实践中,法务经济活动迅速得到法务市场强烈回应,狭义法务经济生态逐步构建。但是,随着社会经济发展需求不断提升,法务经济的最终目标亦不应止于此,法务经济活动仍然有巨大创新空间,而法务资本创新将为法务经济活动创新发展提供巨大驱动力。

首先,法务经济活动创新发展需要法务资本创新的基础支持。作为核

心法务经济要素,法务资本将为开展法务经济活动提供必要的基础支持。法务经济活动的创新发展,既需要法务资本为此提供基础驱动,又需要法务资本平行创新,匹配法务经济活动的创新样态。诚然,法务经济活动需要诸多法务经济要素支持,法务经济活动创新发展同样需要诸多法务经济要素同步创新,但是作为核心法务经济要素,法务资本的创新进度将在很大程度上决定法务经济活动的创新发展。

其次,法务经济活动创新发展需要法务资本创新的间接支持。正如前文所述,法务经济活动的创新发展需要诸多法务经济要素同步创新,而其他法务经济要素的创新发展同样离不开法务资本的基础驱动和创新匹配。例如,法务经济活动创新发展必然需要法务科技平行创新,而法务科技创新既需要法务资本的基础驱动,又需要与之匹配的创新法务科技资本。换言之,对于法务经济活动的创新发展,法务资本不仅需要在法务经济活动层面平行创新,而且需要在法务经济要素层面平行创新,为前者提供必要的间接支持。

最后,法务经济活动创新发展需要法务资本创新的延伸支持。诚然,法务资本是匹配法务经济活动的支撑要素,总是在法务经济活动范畴之内创造价值,但是法务经济主体同样需要将其作为重要支点和通道,切入传统法务领域和传统经济领域。不可否认,这一过程本质上仍然是一项法务经济活动,但是从传统法务主体和传统经济主体视角来看,法务资本才是显性的、有利的法务经济因子。或者说,法务资本才是传统法务活动和传统经济活动融入前述法务经济活动的必要媒介。从构建法务经济生态层面来看,法务经济活动必然需要向传统法务领域和传统经济领域拓展,这也要求法务资本积极创新,为法务经济活动创新发展提供延伸支持。

三、法务资本创新是法务经济生态发展需要

就法务经济而言,其不仅需要开展具体的法务经济活动从而解决特定法务经济需求,而且需要积极构建狭义法务经济生态和广义法务经济生态。法务资本是法务经济生态的血液,法务经济生态的创新发展同样需要法务资本的同步创新支持。

法务经济生态是以法务经济文化和法务经济规则为内在核心，由法务经济主体、法务经济要素、法务经济资源、法务经济市场、法务经济活动等诸多元素组成的有机生态体系。不仅是法务经济活动，各项法务经济生态元素都需要创新发展，而且也都离不开法务资本的基础支撑。从法务资本的角度来看，各项法务经济生态元素同样无法脱离法务经济生态而独立存在和发展，而需要伴随法务经济生态元素创新而同步创新。例如，广义法务科技与狭义法务科技存在较大差异，狭义法务科技资本并不能够完美匹配广义法务科技发展，因此，法务资本需要在狭义法务科技资本之外，同时创新演化出广义法务科技资本。随着广义法务科技向传统经济领域纵深发展，广义法务科技资本必然需要继续同步创新。当然，法务科技创新同样建立在法务经济生态创新发展背景之下。或者说，法务科技创新是法务经济生态创新发展的自然要求，而法务资本亦是如此。

总之，创新是法务经济的核心基因，法务资本创新既是自身发展的内在需要，也是法务经济活动和法务经济生态创新发展的外在要求。

第二节　法务资本的创新基础

正如前文所述，法务资本创新是自身发展的内在需要，也是法务经济活动和法务经济生态创新发展的必然要求，但是，法务资本创新并非孤立创新，而是仍然需要具备一定的创新基础。概括而言，法务资本创新基础主要包括系统的法务经济理论、基础的法务经济要素、成熟的法务经济模式、活跃的法务经济市场等方面（见图 18－1）。

首先，法务资本创新需要具有系统的法务经济理论。诚然，法务经济理论来源于法务经济实践探索，但是法务经济理论并非只是单纯的法务经济实践总结，前瞻性的法务经济理论将为法务经济实践指明创新方向，降低法务经济创新中的不确定风险。特别是在法务经济发展初期，法务资本本身极为脆弱，法务经济主体又相对缺乏实践经验，基于感性认识所做的探索将会为法务资本的创新发展乃至平稳成长带来巨大风险。当然，法务经济理论同样需要在创新探索中发展完善，进一步指导法务资本创新实践。

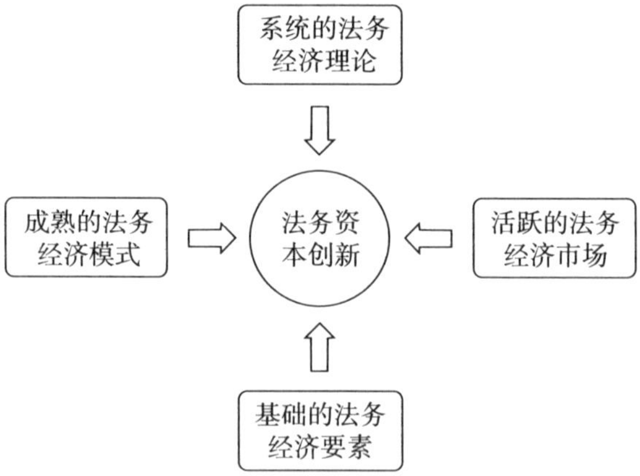

图 18－1　法务资本创新的基础

其次,法务资本创新需要具有基础的法务经济要素。正如本书所反复述及的,法务经济活动是一项需要多要素支持的系统工程,法务资本固然是法务技术、法务情报、法务科技、法务人才、法务管理等其他法务经济要素发展的基础支撑,但是法务资本同样需要其他法务经济要素的必要支持。法务资本创新并非孤立创新,而是需要其他法务经济要素与之处于同一创新纬度,并能够为其提供必要支持,否则法务资本创新将会迟延乃至遭到破坏。例如,法务资本人才能够为法务资本创新发展提供必要支持,法务资本人才的缺乏同样将制约法务资本创新。此外,法务资本创新还需要自身在规模、样态等方面具备创新基础。法务经济活动的内在需求是法务资本创新的根本驱动,而自身发展状态则是法务资本创新的客观基础。换言之,法务资本需要遵循自身发展规律,而跨纬度创新则并非发展常态。例如,在法务资本形成期,法务私有资本是法务资本的主要存在样态,尚未形成法务产业资本,即便忽视其他影响因素,亦不具备在此基础上创新发展法务金融资本的客观条件。

再次,法务资本创新需要具有可行的法务经济模式。法务资本是法务经济活动中极为重要的支持元素,但是法务资本同样需要将法务经济活动作为价值支点。法务资本创新的直接目的仍然是支持法务经济活动创新开展,在缺少可行的创新法务经济模式背景下,法务资本创新不仅缺乏存在基础,而且也将失去创新意义。在某种意义上,法务资本创新就是法务经济模式创新。在法务资本创新实践中,法务经济模式创新将在很大程度上影响法务资本创新,而这也恰恰成为法务经济主体的核心价值之一。需要略加说明的是,可行的法务经济模式并不仅仅是停留在理论层面,更为重要的是能够依托现有法务经济要素得以实践。

最后,法务资本创新需要具有活跃的法务经济市场。毋庸置疑,理论层面的法务资本创新应当具有前瞻性,这也正是法务经济理论的重要价值。但是在实践层面,法务资本创新的重要前提基础之一就是具有活跃的法务经济市场,能够有效承载法务资本创新并充分释放其价值。在某些情况下,无论是法务经济理论还是法务经济要素、法务经济模型,都完全可能支持法务资本创新,但是若法务经济市场尚未达到一定的活跃度,就并不能够为创新法务经济活动提供适宜的存在环境,法务资本创新也自然不能付诸实践。需要注意的是,此处的法务经济市场不仅包括法务经济产品的供需市场,而且包括法务经济要素的流转市场。概括而言,法务资本创新既需要有法务经济对象的现实需求,又需要有法务经济生态的整体环境。

总之,法务资本创新是在整个法务经济生态创新发展背景之下的协同创新,系统的法务经济理论、基础的法务经济要素、成熟的法务经济模式、活跃的法务经济市场等将为法务资本创新提供基础支撑。

第三节　法务资本的创新原则

基于自身在法务经济活动中的核心地位,法务资本创新不仅将会直接影响其他法务经济要素的发展,而且也将深刻影响整个法务经济生态的构建。对于法务资本而言,需要在秉持自身法律属性的前提之下,始终坚持体系创新、平衡创新。

首先,法务资本创新需要秉持自身法律属性。法务资本除了具有垫支性、运动性、增殖性、风险性、法务性等基本特征之外,还具有法律精神、政治悟性、经济使命、社会责任等法律属性。可以说,法律属性是法务资本与传统资本的根本区别,也是法务资本存在的价值支点。法务资本创新不仅包括基本形态上的创新,而且包括应用领域等方面的创新,将为法务资本创造与之不同的发展方式和更为广阔的发展空间。但是,创新同时意味着改变和突破,法务资本可能面临新的应用环境和介入因素,特别是在切入传统法务领域和传统经济领域之时,全新的应用环境和介入的其他主体都可能影响、弱化甚至逆转法务资本的法律属性,这将从根本上破坏法务资本创新的本原价值。就法务资本而言,秉持自身法律属性是创新发展最为基本的原则,即便是在切入传统法务领域和传统经济领域过程之中,其根本目标仍然是将自身法务经济属性赋予传统法务活动和传统经济活动,从而拓展狭义法务经济生态、构建广义法务经济生态,一旦失去法律属性,不仅将导致自身发展面临诸多风险,更为重要的还将失去自身的根本价值。需要略加说明的是,秉持自身法律属性绝不意味着法务资本必须保持法律属性内涵不变,事实上,法务资本的法律属性内涵同样需要创新发展,不断提升法务资本高度。

其次,法务资本创新需要坚持体系创新。从表象来看,法务资本创新是在自身组织形态、应用领域等方面的创新。例如,在法务保险资本、法务保理资本等组织形态之外,法务金融资本可能创新出新的组织形态,应用于新的法务金融领域。但是从深层次来看,法务资本创新并非法务资本的单独创新,而是以法务资本创新为表象、以法务经济活动创新为本质、以法务经济要素创新为配套的体系创新。仍以法务金融资本创新为例,法务金融资本组织形态、应用领域的创新在本质上是法务金融活动的创新,即在创新法务金融资本支持下,在全新的法务金融领域创新开展法务金融活动。当然,无论是创新法务金融资本还是创新法务金融活动,都离不开法务金融人才、法务金融科技等其他法务金融要素的创新支持。概言之,法务资本创新是整个法务经济生态创新的有机组成。因此,法务资本创新应当坚持体系创新原则,既需要从本位角度创新组织形态、应用领域,又需要从法务经济活动和法务经济生态角度出发,创新法务经济模式、法务经济要素,为创新法务资本创建适用性体系。

最后,法务资本创新需要坚持平衡创新。作为法务经济生态的血液,法务资本广泛应用于法务经济生态的各个领域,是法务经济主体、法务经济要素、法务经济措施、法务经济市场等各项元素发展的基础支撑。为了促进法务经济生态平衡发展，法务资本需要在各个法务经济生态元素之间平衡配置。创新是事物加速发展的重要驱动力，法务资本创新也将推动法务经济生态元素的快速发展。从法务经济生态的宏观视角看，法务资本不仅需要在各个法务经济生态元素之间平衡配置，还需要在此基础上平衡创新，促进法务经济生态整体平衡发展。从法务经济活动的中观视角来看，法务资本需要在不同的法务经济领域进行创新，促进各类法务项目资本的创新发展。从法务经济要素的微观视角来看，法务资本同样需要在平衡配置基础之上，针对不同的法务要素资本平衡创新，促进各种法务经济要素平衡发展。

总之，法务资本创新并非法务资本的单独创新，在某种意义上可以说是法务经济活动乃至法务经济生态的整体创新。因此，法务资本创新的首要原则就是秉持自身法律属性，将法律属性导入创新领域，推进法务经济生态构建。同时，法务资本创新还应当在纵向上坚持体系创新，构建法务资本创新发展小生态；在横向上坚持平衡创新，促进法务经济生态整体平衡发展。

第十九章 ● 法务资本的创新领域

法务资本是整个法务经济生态的核心元素,广泛应用于各个法务经济领域。法务资本创新是法务经济生态创新发展的重要内容,也是从理论到实践、从微观到宏观的综合创新。本章将分别从法务资本理论创新、法务资本应用创新、法务资本管理创新三个方面切入,详细阐述法务资本的创新领域。

第一节 法务资本理论创新

法务资本理论是 CLEAR 法务经济理论的重要组成部分,也是法务资本实践和创新的重要指南。法务资本的创新领域之一就是理论创新,表现为不断丰富和发展法务资本理论体系,从而以更为先进的法务资本理论促进法务资本实践创新发展。

法务资本理论需要持续发展创新。在法务经济实践探索中,CLEAR 创新提出了法务资本的概念,同时积极建设法务资本。经过长期理论创新和实践创新,法务资本从一个创新概念逐步发展成为较为完善的法务资本理论,并在整个 CLEAR 法务经济理论体系中居于极为重要的位置。在法务经济活动快速发展、法务经济生态持续构建、法务经济理论体系不断创新的背景下,特别是面对法务资本实践活动的持续调整、丰富和拓展,法务资本理论必须坚持持续创新,不断修正、完善和突破,始终保持自身的科学性和前瞻性,为法务资本实践活动提供系统性理论指导。

法务资本理论创新的基础是实践创新、逻辑创新和体系创新。首先，在法务资本理论指导下，法务资本活动不仅能反复验证法务资本理论设计，而且能在实践环境中不断对法务资本理论模型进行适应性调整、细节性丰富和外延性拓展。例如，由于法务投资是 CLEAR 创新设计的法务经济产品，因此，法务投资资本是其中不可或缺的核心法务经济要素，随着法务投资活动不断向新的领域延伸，法务投资模式在微观层面需要不断调整，法务投资资本也需要在细节方面的同步调整，乃至作出较大突破。事实上，法务投资模式就是在不断调整中逐步发展的，法务投资资本同样在实践中得到了创新发展。就法务资本理论而言，大量法务资本实践探索为自身创新发展提供了坚实基础。其次，逻辑创新将为法务资本理论创新发展提供支持。在大量法务经济实践基础之上，我们不仅可以发现法务经济的内在基础关系，而且可以总结法务经济的基本发展规律，加之传统经济活动发展等提供的积极借鉴，法务经济理论完全能够在逻辑层面对法务经济发展进行论证和预判。当然，法务经济的内在基础关系和基本发展规律同样受到诸多因素影响，这些变化完全可能改变逻辑创新的原始基础，但是绝不应当因此而否认逻辑创新的重要价值。例如，法务金融时代尚未完全到来，但是基于法务经济发展的基本规律，完全可以大胆对法务金融资本发展作出符合逻辑的创新预判，用以指导法务金融资本的实践活动。最后，法务经济理论体系的创新发展将为法务资本理论创新提供重要支持。伴随法务经济在诸多领域的实践创新，整个法务经济理论体系也在持续创新。例如，基于法务情报、法务科技、法务人才等法务经济要素的实践创新，相应的法务情报理论、法务科技理论、法务人才理论等也将持续创新，进而推动整个法务经济理论体系的创新。就法务资本理论而言，其也将从法务经济理论体系创新中汲取创新因素，以支持自身创新发展。

法务资本理论创新需要实现整体创新。首先，诚然，法务资本理论来源于实践创新、逻辑创新，但是并非毫无瑕疵，加之法务资本活动及其应用环境的不断变化，法务资本理论需要及时修正自身偏差，提高自身理论精度。其次，在法务经济活动产业化发展背景之下，法务资本实践将持续深入和细化，法务资本理论需要在深度和细度上不断创新，丰富自身理论内容。最后，法务资本理论需要积极拓展自身边界。从整个社会经济生态角度来看，法务经济虽然快速扩展，但是仍有更多空间尚待开发。对于法务资本而言，同样存在诸多创新方向和创新领域。这也要求法务资本理论必须在细节修正和细度提升的同时，更为大胆地拓展自身边界，在更多方向和领域创新发展。

第二节　法务资本应用创新

正如本书所述，法务资本是法务经济活动的配套资本，也是法务经济生态的关键元素，且需要根据法务经济活动和法务经济生态的多样化发展而不断演化、细分、组合。在实践应用中，法务资本将在初始来源、存在形态、组合方式、应用领域等多个方面实现创新发展（见图 19－1）。

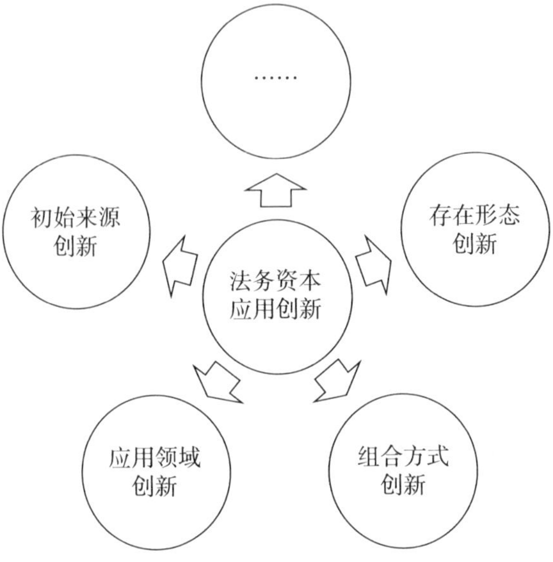

图 19－1　法务资本应用创新

一、法务资本初始来源创新

依托法务经济活动，法务资本可以完成资本循环并实现资本积累，从而以更大规模支持法务经济活动循环开展。但是，原始法务资本是开展初始法务经济活动的前提基础,在法务经济活动创新发展的过程中,将会不断出现新的法务经济业态,同样需要面临原始法务资本从何而来的问题。在理论上,原始法务资本可能来源于法务资本分离或者传统资本转化,对于法务经济主体而言,一方面需要创新传统资本法律属性化的方式,另一方面需要创新原始法务资本的组成类型、组合模式等。

在原始法务资本来源于法务资本分离模式中,原始法务资本本身即为法务资本,并不需要对其进行专门的法律属性化。但是在原始法务资本源于传统资本转化模式中,对传统资本的法律属性化就成为一项极为重要的活动。在理论上,法务经济主体可以选择自身绝对主导、建立法务经济管理规则、创建法务经济模式等方式,赋予传统资本法律属性从而匹配法务经济活动开展。实践中,无论是建立法务经济管理规则还是创建法务经济模式都是一项复杂的活动,而且在不同法务经济领域之中完全可能呈现出截然不同的表现形式。就法务经济主体而言,其需要积极创新建立法务经济管理规则、创建法务经济模式的方式,既要能够赋予传统以资本法律属性,又要能够促进传统资本导入。

在确保对原始法务资本法律属性化的基础之上,法务经济主体需要根据法务经济活动性质、法务资本发展阶段、自身基础发展状况等因素,创新原始法务资本的组成类型、组合模式等。例如,随着法务经济的持续发展,传统资本主体等对于法务资本也将有更为理性、全面的认知,传统资本将更易于转化为原始法务资本,因此,法务经济主体就需要积极导入传统资本,并以创新组合模式构建原始法务资本。

二、法务资本存在形态创新

在法务经济要素创新发展的推动和法务经济需求持续变化的拉动之下,法务经济活动一方面将会对现有形态优化升级,另一方面必然将会创建新的法务经济业态。就法务资本而言,其同样需要在纵向上优化创新,在横向上拓展创新,并以创新形态匹配法务经济活动的优化和拓展。

在产业化发展背景之下,精细化将是法务经济活动的内在要求。法务经济要素和法务经济措施的创新发展既为法务资本创新发展提供了基础支持,也对法务资本创新发展提出了现实需求。例如,法务投资是一种成熟的法务经济模式,但是在法务情报、法务科技等法务经济要素创新发展支持下,法务谈判、法务商业等法务经济措施也将同步创新发展,这也必然会支持和推动法务投资整体创新,法务投资建设资本、法务投资项目资本也就需要在存在形态上同步创新。

在诸多法务经济要素支持下,法务经济活动不仅需要而且能够向陌生领域延伸,更多法务经济措施、法务经济模式将被创新应用,新的法务经济业态将会不断出现,这也将为法务资本创新发展打开更为广阔的空间。就法务资本而言,必然需要在创新法务经济业态中演化出全新的存在形态,以匹配法务经济活动的业态创新。法务投资资本、投资法务资本、法务融资资本、法务保理资本、法务诉讼资本、法务谈判资本……我们完全有理由相信,更多法务资本形态将会被创建并纳入法务资本体系中。

可以说,法务资本存在形态创新既是法务经济活动创新的外在表现,又是法务经济活动创新的基础支持,不仅需要在纵向上予以优化创新,而且需要在横向上予以拓展创新。

三、法务资本组合方式创新

就法务经济主体而言,需要将各种类型的法务资本创新组合,以支持法务经济活动创新开展。

开展法务经济活动需要法务技术、法务资本等诸多法务经济要素的组合支持,而从更为微观的视角来看,各种法务经济要素又可以细分为不同类别,这也同样需要组合应用。例如,法务投资活动需要法务人才等法务经济要素支持,而法务投资人才又可以细分为管理律师、诉讼律师、谈判律师、情报律师、资本律师等不同类别,法务投资主体必须组合应用各种法务投资人才,更为精细化地支持法务投资项目实施。可以说,法务经济要素的微观组合应用是法务经济活动精细化发展的内在要求,而从宏观视角来看,创新法务经济要素微观组合又是在创新法务经济活动发展,乃至创建全新的法务经济活动业态。

基于法务经济活动和法务经济生态的多样化发展,法务资本演化出了法务私有资本、法务产业资本、法务金融资本等诸多形态，每种类型的法务资本又可以细分为不同类别，并具有不同的功能特征。就法务经济主体而言，同样需要依托法务资本存在形态的创新发展，进一步创新法务资本的组合应用，一方面创新提升法务经济活动精细化，另一方面创新法务经济活动新业态。例如，随着法务金融活动的不断创新，法务金融资本形态将会实现同步创新，诸多细分法务金融资本之间、法务金融资本与法务产业资本之间、法务金融资本与法务私有资本之间等完全可能被创新组合应用，从而设计出全新的法务经济模式。

四、法务资本应用领域创新

法务资本是法务经济的核心要素，被广泛应用于法务经济活动的各个领域。对于法务资本而言，需要在微观应用领域和宏观应用领域进行创新发展。

从微观视角来看，法务资本广泛应用于法务经济主体建设、法务经济要素建设、法务经济市场建设、法务经济系统运营、法务经济措施开展、法务经济项目实施、法务经济产品创新等诸多领域。随着关联因素的发展变化，法务资本需要在微观具体应用领域上不断创新。例如，随着更多法务经济模式被创新开发，完全可能出现新兴的法务经济主体类型，因此，法务建设资本就需要创新发展，以匹配新兴法务经济主体建设需要。当然，在前述微观应用领域之外，法务资本完全可能出现新兴的应用领域。

从宏观层面来看，法务资本可以应用于法务经济领域、传统经济领域、传统法务领域等各个领域。就法务资本而言，这些领域又都包含诸多细分领域，大部分仍属法务经济活动的待开发领域，即便是在法务经济领域，法务资本仍有诸多创新空间。例如，在法务金融领域中，不仅法务金融资本形态需要不断创新，法务保险资本、法务保理资本、法务基金资本、法务信托资本等法务金融资本在具体应用领域上仍有较大创新空间。可以说，法务资本向新兴领域延伸渗透的过程就是法务经济活动创新拓展的过程，也是法务经济生态逐步拓展和构建的过程。站在法务经济生态的角度逆向来看，仍然有诸多应用领域有待法务资本去探索应用。

总之,法务资本的应用创新是在法务资本创新理论指导下,从初始来源到存在形态、从组合方式到应用领域的综合创新。随着整个法务经济生态的创新发展,法务资本实践应用将会迎来更大的创新空间和创新需求。

第三节　法务资本管理创新

法务资本是法务经济核心要素,将会不断创新发展从而匹配法务经济活动的创新发展。就法务经济主体而言,其不仅需要积极创新法务资本的微观管理,更加需要创新法务资本的宏观管理,从而在维护法务资本法律属性基础之上,提高法务资本整体效能、降低法务资本潜在风险。鉴于前文已从多个角度阐述了法务资本的微观管理,本节将重点围绕法务资本的宏观管理展开论述。

法务经济主体需要从宏观发展视角管理法务资本。作为一种法务经济要素,法务资本需要积极介入法务经济活动并完成自身循环,法务经济主体显然需要在这一微观过程之中管理法务资本的具体应用。从整体发展视角来看,法务资本将会在不同的法务经济活动之间流转,甚至需要介入其他法务经济主体主导的法务经济活动之中,这也要求法务经济主体强化对法务资本的宏观管理,维护法务资本法律属性,提高法务资本整体效能,降低法务资本潜在风险。例如,法务产业资本是实施法务投资项目的必要基础,但是法务投资主体完全可能在一定时期内面临法务投资项目整体规模较小、部分法务产业资本循环停滞的状态,这必然会降低法务产业资本的整体效能。就法务投资主体而言,就需要对法务产业资本进行宏观管理,设法提高法务资本的整体效能。需要强调的是,法务资本宏观管理并非只是考量法务资本的经济效能,而是需要从法务经济主体良性、持续发展的层面,追求实现维护法务资本法律属性、提高法务资本整体效能、降低法务资本潜在风险等综合目标。

在法务资本及整个法务经济生态创新发展的背景下,法务资本宏观管理同样需要积极创新。在法务经济发展初期,法务资本整体规模较小,相对于法务经济活动需求相对不足,而且存在形态、应用领域等较为简单,自身的流转性、组合性又相对较低。因此,法务经济主体主要将目光集中于法务资本在具体法务经济活动中的微观管理,对于法务资本宏观管理的内在需求并不十分强烈。但是,随着法务资本及整个法务经济生态的创新发展,不仅法务资本有了更为精细化、多样化的发展,而且法务经济主体、法务经济要素、法务经济活动乃至整个法务经济生态都将更为精细、庞杂,各要素相互之间的关联也更为紧密。对于法务经济主体而言,其固然需要进一步创新法务资本的微观管理,但法务资本宏观管理的重要性和必要性也将更为突出,尤其是在法务经济主体进一步体系化发展背景之下,法务资本在体系内乃至体系外的流转将更为频繁,这也要求法务经济主体必须创新发展法务资本宏观管理。此外,整个法务经济生态发展也更为快速,法务资本之间不仅交流互通的需求更为强烈,而且也为此创造了更为成熟的整体环境,这在进一步加速和扩展法务资本流转的同时,也对法务经济主体提出了更高管理要求。对于法务经济主体而言,必然需要持续创新法务资本宏观管理。

法务资本宏观管理需要在法务情报、法务科技、法务人才等创新支持下,实现综合创新和体系创新。正如前文所述,法务资本宏观管理需要实现维护法务资本法律属性、提高法务资本整体效能、降低法务资本潜在风险等综合目标,从而支持法务经济主体良性、持续发展。换言之,法务资本宏观管理是一项系统性工程。就法务经济主体而言,需要创新法务情报、法务科技、法务人才等法务经济要素,支持自身不断创新法务资本宏观管理。例如,在法务资本不断创新发展的背景下,法务经济主体需要创新开发新的法务科技系统,创新支持法务资本宏观管理。同时,法务经济主体还需要在此基础之上,创新法务资本宏观管理理念、规则、模式等,实现法务资本宏观管理的综合创新。需要特别说明的是,法务经济主体需要对包括法务资本在内的各种法务经济要素进行宏观管理。或者说,法务资本宏观管理只是法务经济宏观管理中的有机组成部分,因此,法务资本宏观管理体系创新需要置于法务经济宏观管理创新之下方能完成。

总之,法务资本是法务经济的核心要素,法务资本创新是涵盖理论创新、应用创新、管理创新等诸多领域的综合创新,也是整个法务经济体系创新中的核心内容。

结　语

基于大量法务资本实践创新和理论创新,CLEAR 最终决定写作本书并将法务资本理论推向市场,以期为各方主体发展和创新法务资本提供些许理论参考。成书在即,仅将作者在创作期间的一些感悟分享给各位读者,同时作为本书结语。

正如本书反复论述的,法务资本是法务经济活动的核心要素,也是整个法务经济生态的血液。在法务经济发展初期,一方面,法务资本孕育了法务经济主体、法务经济要素和法务经济活动,成为整个法务经济形成的核心支撑;另一方面,法务资本的相对不足又成为制约法务经济发展的关键因素。在法务经济成熟阶段,法务资本将是法务经济向传统法务领域、传统经济领域扩展的核心支点,也是在此基础上拓展狭义法务经济生态、构建广义法务经济生态的核心要素。可以说,法务经济活动乃至整个法务经济生态都是围绕法务资本而构建。正因如此,法务资本理论也成为 CLEAR 法务经济理论中的核心组成。

虽然法务资本是极为重要的法务经济要素,但是无论是法务经济活动抑或法务资本均是创新事物,都需要在传统法务活动和传统资本占据绝对主流的背景之下实现创新发展。诚然,法务经济活动和法务资本因此拥有了巨大的创新发展空间,但是从另一个角度来看,两者的形成发展必然面临诸多困难挑战,甚至有在巨大创新风险面前突然夭折的风险。在某种意义上,法务资本成长于失败探索之上,法务资本理论形成于反复纠错之中。CLEAR 法务经济实践和法务资本发展也曾历经风险和波折,但是同样收获